COURS
DE THÈMES

A L'USAGE

DES CLASSES ÉLÉMENTAIRES

ET DES CLASSES DE GRAMMAIRE,

DIVISÉ EN TROIS PARTIES.

Par C. VILLEMEUREUX,

PROFESSEUR AU COLLÉGE DE HENRI IV

2e PARTIE.

PARTIE DE L'ÉLÈVE.

Prix : 2 fr. 25 c.

NOM DE L'ÉTABLISSEMENT.

NOM DE L'ÉLÈVE.

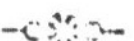

PARIS,

LIBRAIRIE CLASSIQUE DE Vᵉ MAIRE-NYON,

QUAI CONTI, 13.

COURS
DE THÈMES.

DEUXIÈME PARTIE.

Paris. — Imprimé par E. Thunot et Ce, 26, rue Racine.

COURS
DE THÈMES

A L'USAGE

DES CLASSES ÉLÉMENTAIRES

ET DES CLASSES DE GRAMMAIRE,

DIVISÉ EN TROIS PARTIES.

Iʳᵉ PARTIE. Exercices sur les Déclinaisons, sur les Conjugaisons régulières et irrégulières, sur les Prépositions et sur les premières règles de la Syntaxe.

IIᵉ PARTIE. Exercices élémentaires et raisonnés sur la Syntaxe.

IIIᵉ PARTIE. Exercices sur la Méthode. Gallicismes et Idiotismes. *Syntaxis ornata* (Syntaxe d'élégance).

PAR C. VILLEMEUREUX,

PROFESSEUR AU COLLÉGE ROYAL DE HENRI IV.

2ᵉ PARTIE.

CINQUIÈME ÉDITION.

Prix : 2 fr. 25 c.

PARIS,

LIBRAIRIE CLASSIQUE DE Vᵉ MAIRE-NYON,

QUAI CONTI, 13.

1855.

Tout contrefacteur ou débitant de contrefaçons de cet
ouvrage sera poursuivi conformément aux lois. Tous les
exemplaires sont revêtus de la griffe de l'Éditeur proprié-
taire.

AVERTISSEMENT.

Le Cours de Thèmes que nous publions aujour-
d'hui est divisé *en trois parties*. La *Première*
Partie contient des exercices élémentaires : 1° sur
les *Déclinaisons* et sur les *Conjugaisons* régulières
et irrégulières ; 2° sur les *Prépositions* ; 3° sur
les premières règles de la *Syntaxe*, depuis l'accord
des Noms jusqu'au régime indirect des Verbes.

La *Seconde* Partie traite de la *Syntaxe*.

La *Troisième*, outre les exercices sur les règles
de la *Méthode*, renferme un recueil de *Gallicismes*
et d'*Idiotismes*, dans lequel nous avons cherché
à exercer les élèves sur une *nouvelle Syntaxe*,
désignée dans les grammaires allemandes sous
le titre de *Syntaxis ornata* (Syntaxe d'élégance),
mais dont il est indispensable de connaître les
règles, puisqu'elles sont sanctionnées par l'u-
sage, comme celles de la Syntaxe élémentaire.

Dans la Première Partie de ce Cours, nous
avons donné le *tableau des terminaisons*, dans les
déclinaisons et dans les conjugaisons, et pour

faciliter encore plus le travail des commençans, nous avons *traduit* tous les *noms* et tous les *verbes* sur lesquels l'élève doit s'exercer. Nous avons aussi transcrit en entier le tableau des prépositions, que nous avons fait suivre d'exercices sur leur régime. Enfin dans la *Syntaxe élémentaire* nous donnons, avec l'explication des règles, la traduction de tous les mots employés dans les phrases qui renferment l'application de ces règles, en sorte que l'élève n'aura besoin de consulter ni son dictionnaire ni sa grammaire.

Dans la Seconde et dans la Troisième Partie, nous avons suivi le même plan, mais en nous bornant toutefois à traduire les mots qui auraient pu embarrasser les élèves, et à leur indiquer les tournures qu'ils doivent prendre et les changements qu'ils doivent faire dans la construction des phrases, pour éviter ces locutions barbares auxquelles ils s'habituent, et qu'ils doivent, dans la suite, désapprendre avec tant de peine.

Presque tous les exercices sont divisés en exercices *élémentaires* et en exercices *généraux.* Dans les premiers, l'élève apprend à faire l'application simple de la règle; dans les seconds, il trouve des phrases qui se rattachent également à la règle, quoiqu'elles paraissent d'abord s'en éloigner par le sens et par la construction des mots.

Nous avons voulu exercer les enfants sur les principes de la grammaire et, en même temps, les familiariser, autant que possible, avec la construction latine. Pour obtenir ce résultat, il nous a été nécessaire de nous servir d'*exemples détachés*, qui, pour la plupart, sont tirés des auteurs. Peut-être pensera-t-on, avec nous, que c'était là le seul moyen d'atteindre ce double but; car il serait difficile de composer, sur un sujet donné, des thèmes qui s'appliquassent parfaitement aux règles, sans employer des tours de phrase au moins étranges, pour ne pas dire plus.

Nous n'aurions point entrepris cette tâche ingrate et pénible, si nous n'avions été soutenu par l'espoir de hâter les progrès des élèves, en joignant les exemples aux préceptes. Si de plus habiles que nous se fussent chargés d'exécuter le plan que nous avons conçu, peut-être auraient-ils réussi à prouver, ce que nous aurions voulu prouver nous-même, qu'il n'est pas toujours vrai de dire : *Aliud est latinè, aliud grammaticè loqui.*

Espérons que cet ouvrage sera accueilli avec quelque bienveillance, et qu'à force de soins et de recherches, nous parviendrons à terminer ce qu'aujourd'hui nous regardons seulement comme une ébauche, qui a besoin, pour devenir moins imparfaite, des conseils de l'amitié et des leçons de l'expérience.

N. B. On verra, par la marche que nous avons suivie dans cette seconde partie, que notre intention a été d'offrir aux élèves une *grammaire pratique*. Nous avons donc transcrit les règles de la syntaxe en tête de chaque exercice ; mais comme nous donnons ces règles sans commentaire, il sera bon de consulter les notes explicatives, jointes au texte, dans notre grammaire.

Nous ferons observer de nouveau que ces exercices se composent d'exemples extraits ou imités des auteurs classiques, et que les élèves, en les traduisant par écrit *et surtout de vive voix*, doivent s'habituer à faire l'application des règles, sans se servir d'expressions impropres ni de tournures bizarres.

Nous nous sommes appliqué à rendre les notes de *cette troisième édition* plus claires et plus intelligibles, et nous espérons que nos efforts n'auront pas été inutiles.

SECONDE PARTIE.

EXERCICES

SUR

LA SYNTAXE.

NOTIONS PRÉLIMINAIRES.

1° L'adjectif s'accorde en *genre*, en *nombre* et en *cas*, avec le nom auquel il se rapporte. Ex. : Dieu saint, *Deus sanctus*, de Dieu saint, *Dei sancti*. La vierge sainte, *virgo sancta*, le temple saint, *templum sanctum*, les vierges saintes, *virgines sanctæ*, etc. Il en est de même du participe.

2° L'adjectif conjonctif *qui*, *quæ*, *quod*, s'accorde seulement en genre et en nombre. Ex : J'aime Dieu qui règne, *amo Deum qui regnat*. De la vierge sainte qui, *virginis sanctæ quæ*. *Qui* se met ordinairement au nominatif, parce qu'il sert de nominatif au verbe suivant.

Que relatif se met au cas que gouverne le verbe suivant. Dieu que j'aime, *Deus quem amo*. L'enfant que je favorise, *puer cui faveo*. *Faveo* gouverne le datif.

3° Les verbes *actifs* et ceux qui ont une signification active veulent leur régime à l'accusatif.

Un verbe est actif lorsqu'il peut se construire avec *quel-*

qu'un, *quelque chose*. Ex. : J'aime Dieu, *amo Deum*. On pourrait dire j'aime *quelqu'un*.

Le régime du verbe actif répond à la question *qui? quoi?* Ainsi, dans *j'aime Dieu*, *amo Deum*, vous reconnaissez que *Dieu* est le régime de j'aime, parce qu'en vous faisant la question *j'aime qui?* vous répondriez *Dieu*. Dieu est donc le régime et doit se mettre à l'accusatif. J'aime quoi? Rép. la patrie, *amo patriam*.

Il en est de même pour les prépositions. Ex. : Chez mon père : chez qui? chez mon père, *apud patrem meum*. Avec Pierre : *avec qui?* Rép. avec Pierre, *cum Petro*.

Il y a aussi des verbes qui se construisent avec le *datif*, d'autres avec l'*ablatif*. Le régime du *datif* répond à la question *à qui? à quoi?* Ex. : Il manque à Pierre. Il manque *à qui?* à Pierre, *deest Petro*. Le régime de l'ablatif répond à la question *de qui, de quoi? par qui, par quoi?* Ex. : Je suis aimé de Dieu, *de qui?* de Dieu, *amor à Deo*. (Les verbes passifs suivis d'un nom de chose animée (Dieu, les hommes et les bêtes) veulent ce nom à l'ablatif avec *à* ou *ab*. Le nom de chose inanimée se met à l'ablatif sans préposition. Ex. : Je suis accablé de chagrin, *mœrore conficior*). Je me sers de livres ; *de quoi?* de livres, *utor libris*. Je me réjouis de votre bonheur, *gaudeo tuâ felicitate*, etc.

Les adjectifs peuvent aussi avoir un régime. Ex. : Reconnaissant des bienfaits. *Reconnaissant de quoi?* des bienfaits, *memor beneficiorum. Memor* gouverne le génitif. Doué de vertu, *prœditus virtute. Prœditus* gouverne l'ablatif. Chose utile à l'homme, *res utilis homini*, etc.

N. B. Nous indiquerons le genre des noms quand il sera douteux, et le régime des verbes, des prépositions et des adjectifs quand nous le jugerons nécessaire. Ainsi, pour indiquer que *amo* gouverne l'accusatif, nous écrirons *amo*, *act. accus.* Pour indiquer le régime des prépositions, nous écrirons, par exemple, *sinè, ablat.*

Ludovicus Rex   Urbs Roma.

1° Quand deux ou plusieurs noms désignent une *seule et même*
personne, *une seule et même* chose, ces noms se mettent au
même cas.

Exemples :

Louis roi, *Ludovicus rex;* de Louis roi, *Ludovici regis*, etc
Ésope auteur, *Æsopus auctor;* à Ésope auteur, *Æsopo auctori.*
La ville de Rome, *Urbs Roma.* Les Latins disaient *la ville Rome.*
(La ville *qui s'appelle* Rome.)

Liber Petri.

2ⁿ Lorsque *de, du, des*, entre deux noms, ne peuvent pas se
tourner par *qui s'appelle*, on met le second au génitif.

Exemples.

Le livre de Pierre, *liber Petri;* la bonté de Dieu, *bonitas Dei.*

Bonitas divina.

3° Souvent, au lieu du génitif, on se sert d'un adjectif qui a la
même valeur. *Ex. :* la bonté de Dieu, *tournez* la bonté divine,
bonitas divina; le parlement de Paris, *tournez* le parlement
parisien *senatus parisiensis.*

EXERCICES ÉLÉMENTAIRES.

§ 1. Sylla [1], dictateur des Romains.

La cruauté du dictateur Sylla.

O Seigneur ! père des hommes, roi du ciel et de la terre.

Les victoires de César [2], consul romain.

A Cicéron [3], orateur.

A Virgile [4], poëte.

J'admire [5] Titus [6], empereur des Romains.

Je hais [7] Domitien [8], tyran cruel, frère de Titus, excellent prince.

J'ai vu la ville de Paris [9].

Je m'entretiens [10] avec Paul [11], homme savant.

Je viens [11] de [13] la ville de Lyon [14].

§ 2. Antoine, Octave et Lépide [1], triumvirs.

Les ouvrages d'Homère et de Virgile [2], grands poëtes.

La nourriture [3] des chevaux, animaux utiles.

Les richesses de Londres [4] et de Paris [5], villes célèbres.

La tempérance utile à Philippe et à Alexandre [6], princes adonnés [7] au vin.

L'amour de la patrie enflammait les Décius [8], guerriers généreux.

Je me sers [9] de livres, délassement [10] honnète.

Clovis [11] fondit [12] sur la Gaule [13] avec [14] les Francs [15], nation [16] belliqueuse.

Le fleuve [17] du Rhône [18] et la rivière [19] de Saône [20] baignent [21] la ville de Lyon [22].

§ 3. Une olympiade [1] est un espace de quatre ans, et un lustre est un espace de cinq ans.

Ninus [2], roi d'Assyrie [3], établit [4] le siége de son empire dans [5] la ville de Ninive [6].

La ville de Babylone [7] fut entourée [8] d'un [9] mur de briques [10] par [11] Sémiramis [12], femme [13] de Ninus [14].

Sardanapale [15], dernier roi des Assyriens, fut détrôné [16]

NOTES DES EXERCICES.

§ 1. 1 Sylla, æ, *masc.*

2 Cæsar, aris, *masc.*

3 Cicero, nis, *masc.*

4 Virgilius, ii, *m.*

5 Miror, ari, *dépon. accus.* — 6 Titus, i, *m.*

7 Odi, isse, *accus.* — 8 Domitianus, i, *m.*

9 Lutetia, æ, *fém.*

10 Confabulor, ari. — 11 Paulus, i, *m.*

12 Venio, ire. — 13 Ex, *ablat.* — 14 Lugdunum, i, *neut.*

§ 2. 1 Antonius, ii; Lepidus, i; Octavius, ii.

2 Homerus, i; Virgilius, ii.

3 Pabulum, i, *neut.*

4 Londinum, i, *neut.* — 5 Lutetia, æ, *fém.*

6 Philippus, i; Alexander, dri. — 7 Deditus, a, um, *régit le
dat.*

8 Decius, ii.

9 Utor, ti, *ablat.* (me *ne s'exprime pas*).—10 Oblectamentum, i.

11 Clodoveus. — 12 Irruo, ui. — 13 In, *accus.;* Gallia, æ, *f.* —
14 Cum, *ablat.* — 15 Francus, ci, *à l'abl.* — 16 Gens, tis,
fém.

17 Amnis, is, *masc.* — 18 Rhodanus, i, *m.* — 19 Flumen, inis,
neut. — 20 Arar, is, *m.* — 21 Alluo, is, ere, *acc.* — 22 Lugdunum, *neut.*

§ 3. 1 Olympias, adis (*un, une ne se rendent pas*).

2 Ninus, i. — 3 Assyrii, iorum (*des Assyriens*). — 4 Constituo,
is, ui, ere, *accus.* — 5 In, *abl.* — 6 Ninive, es, *fém.*

7 Babylon, nis, *fém.* — 8 Circumdo, das, dedi, datum, are,
ablat. — 9 *Ne se rend pas.* — 10 Coctilis, is, *adject.* — 11 A,
abl. —12 Semiramis, idis, *f.* — 13 Uxor, is, *f.* —14 Ninus, i.

15 Sardanapalus, i.—16 Tournez: **fut renversé du trône*, solium

* *N. B.* Par abréviation nous indiquerons le mot *Tournez* par la lettre T.

par [17] Arbacte [18], gouverneur [19] des Mèdes [20], peuple [21] alors très-courageux..

Cyrus [22], petit-fils [23] d'Astyage [24], roi des Mèdes, fonda [25] l'empire des Perses [26].

Alexandre [27] le Grand vainquit [28] le dernier roi des Perses, Darius [29], prince d'un grand courage, mais inhabile dans [30] l'art de la guerre [31].

Après [32] la mort d'Alexandre, son [33] royaume fut partagé [34] entre [35] les généraux macédoniens [36] vaillants et habiles guerriers, et vraiment dignes [37] du titre de roi.

EXERCICES GÉNÉRAUX.

§ 4. Papyrius [1], général des Romains, fit [2] vœu à Jupiter [3] d'une coupe [4] de vin, s'il était vainqueur [5] des Samnites [6].

Agésilas [7], roi de Lacédémone [8], louait [9] la justice comme [10] la première [11] de toutes les vertus.

La maison [12] de Tivoli [13], délices [14] d'Horace [15], était médiocre ; mais le poëte la [16] préférait [17] aux palais [18] des rois [19].

Les anciens [20] honoraient [21] la pauvreté, comme [22] l'école [23] de la tempérance et du courage.

Le temps apprend à vivre [24].

Les philosophes les plus éclairés [25], prenant la nature pour guide [26], reconnaissaient [27] un [28] Dieu unique [29].

Les Athéniens [30] furent vaincus [31] devant [32] Syracuse [33], ville [34] de Sicile [35], et cette défaite causa [36] la ruine [37] de la ville d'Athènes [38].

Pythagore [39] recommandait [40] à tous les hommes la frugalité, mère [41] de toutes les vertus.

Platon eut [42] la ville d'Athènes pour [43] patrie, et Socrate [44] pour maître [45].

Liber Petri.

Nous ne donnerons pas d'exercices particuliers sur cette règle, déjà développée dans les exercices précédents, et qui se représente presque dans toutes les phrases.

ii, *à l'abl.;* deturbo, as, avi, atum, are. — 17 A, *abl.* — 18 Arbactus, i. — 19 Præfectus, i. — 20 Medi, orum, *m.* — 21 Gens, tis, *fém.*

22 Cyrus, i. — 23 Nepos, tis. — 24 Astyages, is. — 25 Condo, is, didi, dere, *acc.* — 26 Persæ, arum, *masc.*

27 Alexander, ri. — 28 Vinco, vicis, vici, ere, *acc.* — 29 Darius, ii. — 30 Imperitus, a, um, *régit le génit.* — 31 Res, ei, *fém.;* militaris, is, *adj.*

32 Post, *acc.* — 33 Ejus. — 34 Divido, is, isi, sum, ere, *v. act.* 35 Inter, *acc.* — 36 Macedo, nis. (*acc. pl. en* as).— 37 Dignus, *régit l'abl.*

NOTES DES EXERCICES.

§ 1. 1 Papyrius, ii.—2 Facio, is, feci, factum, ere, *acc.*—3 Jupiter, *gén.* Jovis. — 4 Poculum, i (*en apposition avec* votum, *c'est-à-dire au même cas*). — 5 *S'il avait vaincu les,* si vicissem, es, *acc.* — 6 Samnites, um, *m.*

7 Agesilaus. — 8 Lacedæmonii, orum. — 9 Laudo, as, are, *acc.* — 10 Ut. — 11 Princeps, cipis.

12 Villa, æ, *f.* — 13 T. *par l'adj.* tiburtinus, a, um. — 14 Deliciæ, arum. — 15 Horatius, ii. — 16 Is, ea, id. *acc. fém.* — 17 Antepono, is, ere, *acc.* — 18 Ædes, dium, *f.* — 19 T. *par l'adj.* regius, a, um.

20 Veteres, um, *m. pl.* — 21 Colo, is, ere, *accus.* — 22 Ut. — 23 Magistra, æ, *f.*

24 T. *le temps est le maître* (magister) *de la vie.*

25 Doctissimus, a, um. — 26 T. *suivant la nature guide,* natura, æ; dux, cis; sequor, i, *acc.* pour *ne se rend pas.* — 27 Agnosco, cis, ere, *acc.* — 28 Unus, a, um. — 29 *Est rendu par* unus.

30 Atheniensis, is, *m.* — 31 Victus, a, um, sum, fui. — 32 Ad, acc. — 33 Syracusæ, arum, *f. pl.* — 34 Urbs, bis. — 35 Sicilia, æ. — 36 Affero, ers, attuli, acc. — 37 Exitium, ii. — 38 T. *à la ville d'Athènes,* Athenæ, arum.

39 Pythagoras, æ, *m.* — 40 Commendo, as, are, *acc.* — 41 Genitrix, tricis, *f.*

42 Sortior, iris, titus sum, *acc.* — 43 *Ne se rend pas.* —44 Socrates, is. — 45 Præceptor, is.

Bonitas divina pour *bonitas Dei.*

Non-seulement on peut remplacer le génitif par un adjectif qui a la même valeur, mais cette construction est presque la seule usitée avec les noms de pays, de secte, etc. Ex. : Socrate, philosophe d'Athènes, *Socrates, atheniensis philosophus.* Les rois de la famille d'Attale, *reges attalici.*

EXERCICES ÉLÉMENTAIRES.

§ 5. Stilpon [1], philosophe de *Mégare* [2], réprima [3] par la science [4] ses penchans vicieux [5].

Alexandre, dans [6] son [7] expédition d'*Asie* [8], respecta [9] tous les lieux consacrés [10].

Aristippe [11], philosophe *de la secte de Socrate* [12], regardait [13] la science et la vertu comme [14] les véritables ressources [15] de la vie.

Les comédies [16] de *Térence* [17] sont préférées [18] aux comédies [16] *de Plaute* [19].

Épaminondas [20] eut [21] pour [22] maître [23] Lysis [24] *de Tarente* [25], de *la secte de Pythagore* [26].

L'art *de l'imprimerie* [27] a été apporté [28] à Paris [29], par des Allemands [30], vers [31] *le milieu du* [32] quatorzième [33] siècle [34].

Le bélier [35], machine [36] *de guerre* [37] des anciens [38], était une [39] longue poutre [40], armée [41] d'une énorme tête *de fer* [42].

Les poésies d'*Homère* [43] faisaient les délices d'Alexandre [44].

On retrouve dans cet orateur [45] l'harmonie [46] *de Cicéron* [47].

Les murs du palais de Mausole [48] avaient [49] l'éclat [50] *du verre* [51].

Puer egregiâ indole, ou *egregiœ indolis*. — Récapitulation des règles précédentes.

Quand le nom qui suit *de* exprime une qualité ou une propriété bonne ou mauvaise, le blâme ou la louange, on peut mettre ce

---

EXERCICES GÉNÉRAUX
SUR CETTE RÈGLE ET SUR LES RÈGLES PRÉCÉDENTES.

§ 6. Solon [1], homme [2] d'*une* [3] *justice* et d'*une vertu remarquable*, donna [4] des lois à la ville d'Athènes [5].

Les Athéniens [6], peuple d'*un caractère inconstant*, n' [7] observèrent [8] pas [9] longtemps ces lois.

NOTES DES EXERCICES.

§ 5. 1 Stilpo, nis.—2 Megaricus, a, um.—3 Comprimo, is, ressi, imere, *acc.* — 4 *A l'ablatif sans exprimer par.* — 5 T. *sa nature vicieuse.*

6 In, *abl.*—7 *Ne se rend pas.*—8 Asiaticus, a.—9 T. *s'abstint de*, abstineo, ui, ab, *abl.* — 10 Loca sacra, orum.

11 Aristippus. — 12 *Secte ne se rend pas.*—Socraticus, a, um.—13 Habeo, es, ere, *acc.* — 14 Ut. — 15 Præsidium, ii.

16 Fabula, æ, *fém.* — 17 Terentianus, a, um. — 18 Antepono, is ere. — 19 Plautinus, a, um.

20 Epaminondas, æ, *m.* — 21 Habeo, es, ui, ere, *acc.* — 22 *Ne se rend pas.* — 23 Præceptor, is. — 24 Lysis, is. — 25 Tarentinus, a, um. — 26 Pythagoreus, a, um.

27 Typographicus, a, um. 28 Allatus, a, um, fui, — 29 Lutetia, æ, *accus. sans prép.* — 30 Quidam, Germanus. — 31 Circiter, *accus.* — 32 Medius, a, um. — 33 Quartus, a, decimus, a, um. — 34 Ætas, tatis, *fém.*

35 Aries, tis, *masc.* — 36 Tormentum. — 37 bellicus, a, um. — 38 Apud vetus, teris. — 39 Quidam, quædam. — 40 Trabs, bis, *fém.* — 41 Cui præfixa erat, *à laquelle était appliquée une,* etc. — 42 Immanis moles, *fém.*; ferreus, a.

43 Carmen, inis, *neut.*; homericus, a, um. — 44 T. *Alexandre était charmé admirablement des poésies,* Alexander miré delector, aris, ari, *abl.*

45 T. *cet orateur rapporte,* refero, fers, *acc.* — 46 Numerus, i, *masc.* — 47 Tullianus, a, um.

48 Mausolus, li. — 49 Mentior, iris, iri, *acc.* — 50 Pelluciditas, tatis. *f.* — 51 Vitreus, a, um.

---

nom au génitif ou à l'ablatif, en sous-entendant une des prépositions *à, de, ex, cum, in.* Ex. : Enfant d'un bon naturel, *puer egregiæ indolis,* ou *egregiâ indole.* (Voyez ci-après, question *quandò.*)

NOTES DES EXERCICES.

6. 1 Solon, is. — 2 Vir, i. — 3 *Dans ces phrases, un, une ne se rendent pas.* — 4 Scribo, scripsi, *accus.* 5 Athenæ, arum, *f.*

6 Atheniensis, is, *m.* — 7 Non. — 8 Observo, as, avi, *accus.* — 9 *Ne se rend pas.*

Lycurgue [10], législateur d'*une rare* [11] *sagesse*, forma [12] les Lacédémoniens [13] à [14] une discipline sévère.

Les Romains [15] durent [16] à Numa [17], second roi de Rome, les institutions très-salutaires [18].

Avant le règne de ce prince, les sénateurs romains, hommes *de mœurs grossières* [19], avaient mis en pièces [20] Romulus [21], fondateur de la ville de Rome.

Tarquin [22] le Superbe rendit [23] odieuse l'autorité *des rois* [24].

Il fut chassé [25] par [26] Brutus [27] et Tarquin [22] Collatin [28], qui furent les premiers consuls.

Porsenna [29], roi d'*Étrurie* [30], entreprit [31] en vain [32] de rétablir [33] les Tarquins dans [34] la ville.

Les Romains avaient [35] déjà le courage et la constance de ces soldats *de Sylla* [36] et *de César* [37] qui firent la conquête du monde [38].

Néron [39] fut un prince d'*une cruauté inouïe* [40].

§ 7. Les oiseaux *de nuit* [1], qui vivent [2] de proie [3], ont [4] l'ouïe [5] très-fine [6], le bec court et recourbé [7], et de fortes [8] serres.

Que les événements *de la veille* vous soient utiles [9] pour [10] le jour *présent* [11] et pour [12] *le lendemain* [13].

Le luxe, les richesses, l'avarice et tous les autres fléaux [14] de ce genre [15] ont perdu [16] les plus grands États [17].

Pendant cinq cents ans, les Romains ne distinguèrent d'autres heures [18] que [19] le temps *du matin* [20], *du midi* [21] et *du soir* [22].

L'armée que [23] Xerxès [24] conduisit [25] contre [26] les Grecs [27] était de sept cent [28] mille [29] hommes, et sa [30] flotte de douze cents [31] vaisseaux longs, que [32] suivaient [33] deux mille vaisseaux [34] *de transport* [35]

Tempus legendi.—Legendi historiam.—Legendæ historiæ.

De, entre un nom de chose inanimée et un infinitif français, se rend en latin par le gérondif en *di*, qui est un véritable génitif. Ex. : le temps de lire, *tempus legendi ;* de lire l'histoire, *legendi historiam*. Les gérondifs gouvernent le même cas que les verbes d'où ils viennent.

Si le verbe latin gouverne l'accusatif, au lieu du gérondif en *di* il est mieux d'employer le participe en *dus, da, dum*, que l'on

10 Lycurgus, gi, *m.* — 11 Singularis, is. — 12 Informo, as, avi, *accus.* — 13 Lacedæmonius, ii. — 14 Ad, *acc.*

15 Romanus, i. — 16 Debeo, es, ui, *acc.* — 17 Numa, æ, *m.* — 18 Saluberrimus, a, um.

19 Ferus, a, um. — 20 Discerpo, is, scerpsi, *acc.* — 21 Romulus, i, *masc.*

22 Tarquinius, ii, *m.* — 23 Facio, is, feci, *acc.* — 24 T. *royale* regius, a, um.

25 Expulsus fui. — 26 A, *abl.* — 27 Brutus, i. — 28 Collatinus, i.

29 Porsenna, æ. — 30 Etrusci, corum. — 31 Tento, as, avi. — 32 Frustrà. — 33 Reduco, is, cere, *acc.* — 34 In, *acc.*

35 T. *aux Romains était* (inerat). — 36 Syllanus, a, um. — 37 Cæsarianus, a, um. — 38 Subigo, is, egi; armis, orbis, is (*à l'accus.*), terrarum.

39 Nero. — 40 Inauditus, a, um; crudelitas, tatis, *fém.*

§ 7. 1 T. *par l'adj.* nocturnus, a, um.—2 Vivo, is, ere.—3 Raptum, i, *à l'abl.* — 4 *sont d'une ouïe, etc.;* sum, es. — 5 Auditus, ûs. *m. à l'abl.* — 6 Acerrimus, a, um, *abl.*—7 Aduncus, a, um. — 8 Tenax, cis.

9 T. *tirez avantage,* utilitatem cape; *des choses de la veille,* ex, *ablat.;* res, *el, fém.;* pridianus, a, um. — 10 Tum in, *acc.* — 11 Hodiernus, a, um; dies, ei. — 12 Tum in, *acc.* — 13 Crastinus, a, um.

14 Pestis, is, *f.* — 15 Hujus generis *ou* id genus (*à l'accusatif, en sous-entendant* ad, *selon*). — 16 Pessumdo, as, dedi, *acc.* — 17 Civitas, tatis, *f.*

18 Nulla per quingentos annos horarum distinctio fuit apud Romanos. — 19 Præter, *acc.* — 20 Matutinus, a, um. — 21 Meridianus, a, um. — 22 Vespertinus, a, um.

23 *Accus.* — 24 Xerxes, is, *masc.* — 25 Duco, cis, xi, *acc.* — 26 Adversus, *acc.* — 27 Græci, corum. — 28 Septingenti, æ, a. 29 Millia, ium. — 30 Ejus. — 31 T. *mille deux cents,* mille, *indécl.* ducenti, æ, a. — 32 Quas. — 33 Sequor, sequeris, qui. 34 *Vaisseaux au génit.* — 35 Onerarius, a, um.

---

met au génitif en le faisant accorder avec le nom en genre, en nombre et en cas. Ainsi au lieu de dire *tempus legendi historiam,* on dit mieux *tempus legendæ historiæ,* le temps de l'histoire devant être lue. — Cette construction peut avoir lieu toutes les fois qu'on peut reconnaître le genre du substantif, mais on ne doit pas l'employer quand elle formerait équivoque, comme avec le génitif neutre d'un pronom ou d'un adjectif. Dites donc *cupiditas plura cognoscendi* et non *plurium cognoscendorum. Facultas illud* (et non *illius*) *efficiendi.*

EXERCICES ÉLÉMENTAIRES.

§ 8. Le désir *de vivre* [1].

Le temps *d'étudier* [2].

La crainte *de perdre* [3].

Le projet *de combattre* [4].

Le moyen [5] *de vaincre* [6].

La nécessité *de mourir* [7] et *de* bien [8] *vivre.*

Le désir *de plaire* [9].

La passion [10] *de faire la guerre* [11].

L'espoir *d'acquérir* [12] *de la gloire.*

Le bonheur *de satisfaire* [13] ses parents.

La douceur [14] *de se* [15] *faire* [16] *des amis.*

Le danger *de voir* [7] les mauvais exemples, et *de fréquenter* [18] les méchants.

Je vous [19] donne [20] la permission [21] *de faire* [22] cela [23].

EXERCICES GÉNÉRAUX.

§ 9. Il y a [1] dans [2] nos âmes [3] un [4] désir insatiable [5] *de connaître* [6] *la vérité* [7].

Le meilleur [8] moyen [9] *d'augmenter* [10] *la mémoire* [11], c'est [12] l'exercice [13] et le travail.

Le consul Valérius, soupçonné [14] *d'aspirer à* [15] la tyrannie [16], abattit [17] sa maison, située [18] sur [19] une éminence [20].

L'économie [21] est la science *d'éviter* [22] les dépenses [23] superflues [24].

Le goût [25] *de l'agriculture* [26] est digne d'un homme bien né [27].

Le moyen [28] *de venger* [29] *une injure* est facile.

Le moyen *de reconnaître* [30] *un bienfait* est difficile.

La coutume [31] barbare [32] *d'immoler* [33] *des hommes* a existé [34] aussi chez [35] les Grecs et chez les Romains.

Catilina [36] avait formé [37] le projet [38] *de brûler* [59] Rome [40], *de massacrer* [41] les citoyens, *d'anéantir* [42] le nom romain.

Lorsque les soldats de César [43] avaient mis en désordre [44] les ennemis, ils ne [45] leur donnaient [46] pas [45] le temps [47] *de se* [48] *reformer* [49].

NOTES DES EXERCICES.

§ 8. 1 Vivo, is, ere.

2 Studeo, es, ere.

3 Amitto, is, ere.

4 Consilium, ii, *n.*; pugno, as, are.

5 Ratio, nis, *f.* — 6 Vinco, is, ere.

7 Morior, reris, mori. — 8 Rectè.

9 Placeo, es, ere.

10 Cupiditas, tatis. — 11 Bello, as, are.

12 Consequor, eris, equi, *acc.*

13 Satisfacio, is, cere, *dat.*

14 Suavitas. — 15 Sibi. — 16 Concilio, as, are, *acc.*

17 Video, es, ere, *acc.* — 18 Versor, aris, ari; cum, *abl.*

19 T. *à vous.* — 20 Concedo, is, ere, *acc.* — 21 Licentia, æ. — 22 Facio, is ere, *acc.* — 23 Hic, hæc, hoc.

NOTES DES EXERCICES.

§ 9. 1 Inest. — 2 In, *abl.* — 3 Animus, i, *m.* — 4 Quidam, quædam. 5 Cupiditas, *fém.*; inexplebilis. — 6 Video, *acc.* — 7 Verum, i, *neut.*

8 Optimus, a, um. — 9 Ars, tis, *fém.* — 10 Augeo, es, ere, *acc.* 11 Memoria, æ. — 12 T. est. — 13 Exercitatio, nis, *fém.*

14 Cum in suspicionem incurrisset. — 15 Appeto, is, ere, *acc.* — 16 Regnum, i, *n.* — 17 Dejicio, is, eci, *acc.* — 18 Positus, a, um. — 19 In, *abl.* — 20 Locus, ci, *m.*; editior, is.

21 Parcimonia, æ, *f.* — 22 Vito, as, are, *acc.* — 23 Sumptus, ûs. *m.* — 24 Supervacuus, a, um.

25 Studium, ii, *n.* — 26 T. *de cultiver la terre,* ager, agri; colo, is, ere, *act.* — 27 Liberalis, is, e.

28 Ratio, nis, *f.* — 29 Ulciscor, sceris, sci, *acc.*

30 Remunero, as, are, *acc.*

31 Consuetudo, inis, *f.* — 32 Immanis, is, e. — 33 Immolo, as, are, *acc.* — 34 Existo, is, stiti. — 35 Apud, *acc.*

36 Catilina, æ, *m.* — 37 Ineo, inis, inivi *ou* inii, *acc.* — 38 Consilium, ii, *n.* — 39 Incendio deleo, es, ere, *acc.* — 40 Roma, æ. — 41 Trucido, as, are, *acc.* — 42 Exstinguo, is, ere, *acc.*

43 Cæsarianus, um. — 44 Deturbo, as, avi, are, *acc.* — 45 *Ne... pas se rend par* non. — 46 *Leur se tourne par à eux,* eis do, as, are, *acc.* — 47 Facultas, tatis, *f.* — 48 Sui, se. — 49 Colligo, is, gere, *acc.*

Lorsque *de* est placé entre un nom et un infinitif qui n'a point de gérondif en *di*, on change le substantif en verbe, de cette manière : Il a le désir de vous être utile, T. il désire..., *cupit tibi prodesse.* Il tremblait de crainte d'être surpris, *contremiscebat ne deprehenderetur.* (Il craignait qu'il ne fût surpris.)

Culpa est mentiri. — Turpe est mentiri.

De entre un nom et un infinitif se rend par l'infinitif latin, lorsque cet infinitif peut servir de nominatif ou **sujet** à la phrase. Ex. . C'est un péché de mentir, T. mentir est un péché, *culpa est men-*

EXERCICES ÉLÉMENTAIRES.

§ 10. C'est une lâcheté *de déguiser* [1] la vérité.

Il y a de la honte [2] *à faire* [3] le mal [4].

Il est glorieux *de mépriser* les injures.

C'est une folie que [5] *de s'exposer* au [6] danger sans nécessité [7].

Il y a du mérite [8] *à bien faire* [9] tout ce qu'on fait [10].

Il est généreux *de rendre* [11] le bien pour le mal [12].

C'est un honneur [13] pour [14] les enfants [14] d'*être soumis* [15] à leurs [16] parents.

EXERCICES GÉNÉRAUX.

§ 11. Il est beau *de désirer* [1] la gloire acquise [2] par la vertu [3], mais c'est une honte *de* ne pas *préférer* la vertu à la gloire.

C'est même le devoir [4] d'un [5] bon citoyen *de sacrifier* sa réputation aux intérêts [6] de sa patrie.

Car c'est un honneur [7] *de s'exposer* au [8] déshonneur [9] pour bien faire [10].

Il fut glorieux pour Fabius [11] d'*être insensible* [12] à de vaines rumeurs [13], et d'*aimer* mieux [14] se faire craindre [15] de l'ennemi [16], que [17] de *se faire louer* [18] par des citoyens insensés.

Fabius imagina [19] un moyen [20] nouveau de vaincre [21] Annibal [22], tant de fois [23] vainqueur ; ce fut [24] *de* ne pas [25] *combattre* [26], et le succès justifia le plan qu'il avait suivi [27].

Il est intéressant [28] *de lire* l'histoire.

tir. (Le nominatif répond à la question *qui est-ce qui*, pour les personnes, *qu'est-ce-qui*, pour les choses. Qu'est-ce-qui est un péché? Mentir, *mentiri.*)

Il est honteux de mentir, *turpe est mentiri.* T. mentir est honteux. On remarquera que l'adjectif se met au neutre, lorsqu'il a un infinitif pour sujet. — L'infinitif peut servir de sujet à la phrase, non-seulement lorsqu'il est précédé de la préposition *de*, mais encore de la préposition *à.* Souvent il est élégant de se servir de l'adjectif neutre au lieu du substantif; *il y a de la honte à...* se tournera par *il est honteux de...*

NOTES DES EXERCICES.

§ 10. 1 Occulto, as, *act.*

2 Indecorus, a, um, est. — 3 Facio, is, ere, *acc.* — 4 Aliquid mali.

5 *Ne se rend pas.* — 6 Adeo, is, ire, *acc.* — 7 Sinè, *abl.* causa, æ.

8 Laus est.—9 Rectè ago, is, ere *(infin. passif).*— 10 Quidquid agitur

11 Rependo, is, ere, *acc.* — 12 *Le mal par le bien (bien à l'abl.)*

13 Laus est. — 14 T. *aux enfants*, nati, orum, *au dat.* — 15 Obsequor, eris, equi, *v. dépon. dat.* — 16 Suus, a, um.

NOTES DES EXERCICES.

§ 11. 1 Appeto, is, ere, *act.* — 2 Partus, a, um. — 3 *A l'abl.*

4 T. *bien plus il est de*, quin etiam... — 5 *Un ne se rend pas.* — 6 Posthabeo, es, ere, *acc.*; fama, æ; commoda, orum.

7 Decus, oris, *n.* — 8 Subeo is, ire, *acc.* — 9 Dedecus. — 10 Rectè agendi causa.

11 Fabius, ii, *dat.* — 12 T. *de n'être pas ému*, moveo, es, ere. — 13 *A l'abl.* — 14 Malo, lle. — 15 T. *être craint*, metuo, is, ere. — 16 Ab, *abl.* hostis, is. — 17 Quàm. — 18 T. *être loué*, laudo, as, are.

19 Comminiscor, sceris, mentus sum, isci, *acc.* — 20 Ars, tis, *fém.* — 21 Vinco, cis, cere, *acc.* — 22 Annibal, is. — 23 Toties. — 24 *Ne se rend pas.* — 25 Non. — 26 Pugno, as, are. 27 T. *la fortune justifia*, comprobo, as, avi, *acc.*; *le plan de lui*, consilium, ii; ejus.

Operæ pretium est.

Il ne vous viendra jamais dans l'esprit[29] *de préférer*[30] l'utile à l'honnête[31].

§ 12. Il y a de la méchanceté *à*[1] *se réjouir*[2] des maux d'autrui[3]; mais il y a une sorte[4] de sagesse *à se consoler*[5] des maux qu'on souffre[6] par l'exemple[7] de ceux qui en souffrent[8] de plus grands[9] encore[10].

N. B. Dans les phrases suivantes, l'infinitif ne peut pas servir de nominatif à la phrase : il faut donc employer le gérondif en *di*.

C'est l'occasion *de faire le bien*[11] qui nous porte[12] à la vertu.

Vous me demandez[13] ce que c'est que[14] la jeunesse : c'est le temps[15] d'*acquérir*[16] des connaissances[17] et de *faire*[18], pour ainsi dire[18], des provisions[19] pour[20] le reste de la vie[21].

Quelle est la plus douce jouissance[22] de l'homme[23] sur la terre[24] ? c'est le pouvoir *d'obliger* ses semblables[25].

Différentes manières de rendre ces locutions. — Au lieu de dire : c'est une lâcheté de trahir sa patrie, dites : Il est lâche celui qui trahit sa patrie, *ignavus ille qui prodit patriam.* C'est une folie de soutenir cela, *amens est si quis hoc asseverat.*

Deus sanctus.

L'adjectif et le participe s'accordent en genre, en nombre et en cas avec le nom auquel ils se rapportent. Ex. : Dieu saint, *Deus sanctus*, de Dieu saint, *Dei sancti.* Vierge sainte, *Virgo sancta,*

EXERCICES.

§ 13. Le souvenir des maux passés[1] est *agréable.*

Les véritables amitiés sont *éternelles.*

La colère est une *courte folie*[2].

Les Amazones[3] étaient des femmes *belliqueuses.*

L'histoire a coutume[4] d'être divisée[5] en[6] histoire[7] *ancienne*, en histoire[7] du *moyen âge*[8] et en histoire[7] *moderne*[9].

Dans les temps[10] les *plus reculés*[11], l'empire des Égyptiens[12] fut *très-célèbre.*

L'Égypte[13], pays *très-fertile*, a été le berceau[14] des arts.

29 Nunquam tibi venio, ire; in, *acc.; mens, tis. — 30 Antepono, is, ere, *act.* 31 Utilia, iuм, honesta, orum, *pl. neut.*

§ **12.** 1 T. *c'est une méchanceté de.* —2 Gaudeo, es, ere, *abl.* — 3 Alienus, a, um. — 4 Quidam, quædam, quoddam genus, eris, *n.* — 5 T. *à soulager la douleur*, levo, as, are, *acc.* — 6 Quæ ipsi patimur. — 7 *A l'abl.* — 8 T. *des souffrants*, patiens, tis, *régit l'acc.* — 9 Pejor, us, pejoris. — 10 Etiam.

11 T. *par l'occasion (abl.) de bien agir*, benè ago, is, gere. — 12 *Nous sommes portés à*, impello, llis, ere; ad, *acc.*

13 Quæro, is, ere; ex me. — 14 Quid sit. — 15 Ætas est. (Ce *ne se rend pas*) — 16 Comparo, as, are, *acc.* — 17 Doctrina, æ, *au sing.* — 18 Ut ità dicam. — 19 Viatica, corum, *pl. n. (On peut sous-entendre* comparare). —20 In, *acc.* — 21 T. *pour la* ⌐ *vie restante*, reliquus, a, um.

22 T. *quoi de*, quid, *neut.; plus doux*, dulce, dulcius, *quoi de plus agréable*, quid suave, ius. — 23 T. *à l'homme.* — 24 His in terris. — 25 T. *le pouvoir de bien mériter des hommes*, benè mereor, eris, eri; de, *abl.;* homo, inis.

-----

de la Vierge sainte, *Virginis sanctæ*, etc. Le temple consacré, *templum sacratum.*

Pater et filius boni, *mater et filia bonæ*. Quand un adjectif se rapporte à deux noms, on met cet adjectif au pluriel, parce que deux singuliers valent un pluriel. Ex. : le père et le fils bons, *pater et filius boni.* La mère et la fille bonnes, *mater et filia bonæ.*

N. B. Comme cette règle offre peu de difficultés, nous essayerons, dans les exercices suivants, de faire la récapitulation des règles précédentes, et nous suivrons cette marche à mesure que nous avancerons.

NOTES DES EXERCICES.

§ **13.** 1 Prœteritus, a, um.

2 Brevis, is, e, furor, is, *m.*

3 Amazones, um, *f.*

4 Solet. — 5 Divido, is, ere. — 6 In, *acc.* — 7 *Ne se rend pas.* — 8 Medius, a, um. — 9 Receptior, is.

10 *Abl. sans prépos.* — 11 Antiquissimus, a, um. — 12 Ægyptius, ii, *masc.*

13 Ægyptus, i, *f.* — 14 Seminarium, ii, *n.*

Là [15] le berger et le laboureur , *heureux et tranquilles*, ne craignent [16] pas *les glaces* de l'hiver [17] ou les pluies *excessives* [18].

Danaüs et Cécrops [19], *originaires* [20] d'Égypte, *transportés* [21] par hasard [22] dans [23] la Grèce, adoucirent [24] les mœurs [25] *sauvages* [26] des habitants.

La nation [27] égyptienne [28] et la nation des Hébreux [29], établies dans [30] *le même* pays, mais *très-différentes* [31] de mœurs [32] et de religion , se haïssaient [33] *mutuellement* [34].

Les Hébreux, *opprimés* [35] par [36] les Égyptiens, sortirent [37] de [38] l'Égypte , traversèrent [39] *de vastes* déserts , et s'établirent [40] enfin dans [41] la terre de Canaan [42].

Pater et mater boni. Virtus et vitium contraria.

Quand un adjectif se rapporte à deux ou plusieurs substantifs de genre différent, désignant des êtres animés , l'adjectif s'accorde avec le masculin de préférence aux deux autres genres , et avec le féminin de préférence au neutre. (Les Latins paraissent éviter cette dernière construction, et prennent un autre tour. *Voir* ci-après.)

Lorsque les substantifs sont des choses inanimées, l'adjectif qui

EXERCICES ÉLÉMENTAIRES.

§ 14. Le frère et la sœur *unis* [1] par la nature [2].

La paresse et le déshonneur *très-rapprochés* [3].

Les *vrais* [4] savants sont modestes.

Les actions [5] *courageuses* excitent [6] l'admiration.

Les actions *honteuses* excitent le mépris.

Antoine [7] et Cléopâtre [8] furent *vaincus* [9] par [10] Auguste [11].

Les richesses , l'honneur , la gloire sont *placés* [12] devant [13] vos yeux.

Il faut faire un usage modéré [14] des *plaisanteries* [15].

Les *véritables* grands hommes [16] recherchent [17] plutôt [18] la vertu que [19] la gloire.

15 Illic. — 16 Præmetuo, is, ere, *acc.* — 17 T. *la rigueur gla-
ciale de...* sævitia, æ; glacialis, e; hyems, is, *f.* — 18 Immo-
dicus, a, um.

19 Cecrops, pis. — 29 Oriundus, a, um; ex, *abl.* — 21 Delatus,
a, um. — 22 Casus, ûs, *abl.* — 23 In, *accus.* — 24 Excolo,
is, colui, ere, *acc.* — 25 Mores, um, *m. pl.* — 26 Ferus,
a, um.

27 Gens, tis, *f.* — 28 Ægyptius, a, um. — 29 Hebræus, a, um.
— 30 T. *habitant le...* Incolens, tis, *part. act.* — 31 Dissimil-
limus, a, um. 32 *A l'abl.* — 33 T. *se poursuivaient d'une
haine...* Se prosequor, eris, qui; odio. — 34 Mutuus, a, um.

35 Oppressus, a, um. — 35 Ab. *abl.* — 37 Demigro, as, avi. —
38 Ex, *abl.* — 39 Trajicio, is, jeci, *acc.* — 40 Consideo, es,
consedi, sidere, *v. n.* — 41 In, *abl.* — 42 Canaan, *indécl.*

---

s'y rapporte se met au pluriel neutre. (Il *n'y a d'animé que les
hommes et les bêtes.*)

Le père et la mère bons, *pater et mater boni.* Le vice et la
vertu contraires, *virtus et vitium contraria.*

Lucrèce et son esclave furent chastes, *Lucretia et ejus manci-
pium castitate floruerunt.*

Verè sapientes.

Lorsque deux adjectifs sont joints ensemble, le premier se
change ordinairement en adverbe. Les vrais sages, *verè sapientes.*
Les belles actions, *præclarè facta.*

NOTES DES EXERCICES.

§ 14. 1 Conjunctus, a, um. — 2 *A l'abl. sans prép.*

3 Dedecus, coris, *n.;* proximus, a, um.

4 T. *Les hommes,* vir, i, *vraiment...*

5 Factum, i, *n.* — 6 Moveo, es, ere, *acc.*

7 Antonius, ii, *m.* — 8 Cleopatra, æ, *f.* — 9 Victus, a, um, fut.
— 10 Ab, *abl.* — 11 Augustus, i, *m.*

12 Situs, a, um, sum. — 13 In, *abl.*

16 Parcè uti debemus. — 15 Facetè dicta, orum, *à l'abl.*

15 T. *les hommes* (vir, i) *vraiment grands.* — 17 Sequor, eris,
qui, *acc.* — 18 Potiùs. — Quàm.

EXERCICES GÉNÉRAUX.

§ 15. Les mœurs et les principes de Sparte et d'Athènes [1] étaient *contraires*.

Chez les Athéniens, les hommes [2] et les femmes [3], *adonnés* [4] aux plaisirs, vivaient dans [5] le luxe et la mollesse.

Chez les Lacédémoniens, les femmes et les hommes, *endurcis* [6] au travail, *accoutumés* [7] à la tempérance, méprisaient [8] le luxe et les plaisirs.

Les goûts [9] et les occupations des deux peuples étaient *différents* [10].

Les arts, la culture des terres [11], le commerce [12], la marine [13], *regardés* comme *vils* [14] chez les Spartiates, n'étaient pas moins estimés [15] chez les Athéniens que [16] l'art de la guerre [17].

Le sol de l'Attique était stérile et aride.

Pour se procurer [18] les fruits [19], le bétail et le blé *nécessaires* à [20] leur [21] subsistance [22], les habitants tournèrent [23] leur [24] industrie au [25] commerce, aux métiers [26] et aux arts, aussi [27] *utiles* que [28] l'agriculture chez les nations policées [28].

§ 16. *Les belles actions* des Athéniens n'excitent [1] pas moins l'admiration [2] que [3] les exploits [4] et les victoires des Spartiates.

Les peuples et les villes de la Grèce *exposés* [5] aux invasions des Barbares furent plus d'une fois [6] *sauvés* [7] par le courage [8] des Athéniens.

La ville d'Athènes ne se distingua [9] pas moins par les philosophes et les orateurs *célèbres* qui naquirent dans son sein [10].

Socrate, *ce vrai sage* [11], fut l'ornement de sa patrie.

Les belles paroles et les *sages* préceptes de ce philosophe ont été *recueillis* [12] par Platon [13] et d'autres grands écrivains, disciples de Socrate : *ses* actions *justes* et *honnêtes* lui [14] avaient mérité [15] le respect de la Grèce entière [16], et cependant il fut condamné [17] à boire [18] la ciguë.

Turpe est mentiri.

L'adjectif qui ne se rapporte à aucun nom précédent se met au neutre, et le verbe qui suit se met ordinairement au présent de l'infinitif. Ex. :

NOTES DES EXERCICES.

§ 15. 1 Spartani, orum; Athenienses, ium.

2 Vir, i. — 3 Femina, æ. — 4 Deditus, a, um, *régit le dat.* — 5 Diffluo, is, ere, *abl. sans prépos.*

6 Induratus, a, um, *régit l'abl.* — 7 Assuetus, a, um, *avec le datif ou l'ablatif.* — 8 Aspernor, aris, atus sum, ari, *acc.*

9 Studium, ii, *n.* — 10 Diversus, a, um.

11 Agricultura, æ, *f.* — 12 Mercatura, æ, *f.* — 13 Res maritimæ. — 14 T. *qui étaient regardés*, qui, quæ, quod; abjectus, a, um; ducor, ceris, ci. — 15 Non in, *abl.;* minor, oris; honor, is; habeor, eris, eri. — 16 Quàm. — 17 Res militaris.

18 Ad comparandus, a, um; sibi. — 19 Terræ fruges, *f.* — 20 Ad, acc. — 21 *Ne se rend pas.* — 22 Victus, ùs, *m.* — 23 Verto, is, ti; sum, ere, *acc.* — 24 Suus, a, um. — 25 Ad, *acc.* — 26 Artificium, ii. — 27 Non minus utilis, e; quàm. — 28 T. *polies par les mœurs*, moribus excultus, a, um.

§ 16. 1 Moveo, es, ere, *acc.* — 2 T. *une moindre admiration*, minor, is. — 3 Quàm. — 4 Bellicum facinus, noris.

5 Obnoxius, a, um. — 6 Non semel. — 7 Servo, as, avi, atum. — 8 Virtus, tutis, *à l'abl. sans prép.*

9 Inclaresco, inclarui, *v. n.* — 10 *On peut tourner par* felici philosophorum et oratorum partu.

11 *Cet homme*, vir ille; *vraiment...*

12 Excipio, is, epi, eptum, ere, *v. act.* — 13 A Plato, nis. — 14 T. *ses à lui actions justes...* Sua ei rectè...—15 Concilio, as, avi, *acc.* — 16 Universus, a, um. — 17 Jubeo, es, ssi, ssum. — 18 Haurire, *acc.*

Il est honteux de mentir, *turpe est mentiri.* (T. mentir est honteux.)

Il est honteux d'être paresseux, *turpe est esse pigrum* (*Pigrum* est à l'acc. masc., on s.-ent. *hominem*).

EXERCICES.

§ 17. Il est beau *de vaincre* [1] ses ennemis ; mais il est plus glorieux encore *de vaincre* ses passions.

Il y a de la folie [2] *à donner* [3] des conseils aux autres et *à* ne pas *prendre garde* [4] à soi [5].

Il est agréable *de se rappeler* [6] ce qu'on a trouvé dur [7] *à* *supporter* [8].

Il y a de la honte [9] non *à apprendre* [10], mais *à* ne pas *vouloir* [11] apprendre.

Nous trouvons [12] qu'il est [13] beau d'*exceller* [14] dans la science, et honteux d'*être dans l'ignorance* [15].

Il n'[16]est jamais [16] utile *de faire* une faute [17], parce qu'il est toujours honteux *de la faire* [18].

Il est difficile *de parvenir* en cette vie à la [19] véritable félicité.

Remarques sur l'emploi des adjectifs.

1° L'adjectif s'emploie quelquefois substantivement, en vertu d'un substantif s.-entendu. Ex. : Le *pauvre* est partout méprisé , *pauper* (homo) *ubique jacet*. Cette substitution se rencontre encore plus souvent au pluriel. Ainsi quand on désigne les *mœurs* , l'*état*, on omet souvent le mot *homines*. Ex. : Les riches, *divites*. Les gens de bien , *boni*. Et avec le neutre : beaucoup de choses,

---

EXERCICES.

§ 18. Quelquefois les *riches* envient [1] le sort *des pauvres*. Alexandre [2] leva *des soldats* dans [3] le Péloponnèse [4].

Il y a [5] la même [6] différence [7] entre *un* [8] *homme instruit* [9] et *un ignorant* [10] qu'entre [11] un cheval dompté [12] et un cheval indompté [13].

Il voulait en dire *davantage*, mais la mort l'en empêcha [14].

Il dit [15] *quelques mots* [16].
Alexandre a fait [17] *beaucoup de choses* [18] mémorables [19].

NOTES DES EXERCICES.

§ 17. 1 Vinco, is, cere, *acc.*

2 T. *il est sot de.* Sum, es; stultus, a, um. — 3 Do, as, dedi, dare, *acc.* — 4 Non autem caveo, es, ere. — 5 Sui, sibi.

6 Memini, isse. — 7 T. *ce qui a été dur à être supporté,* quod durus, a, um; sum, es, fui. — 8 Tolero, as, atum.

9 T. *il est honteux de,* turpis, e; sum, es. — 10 Disco, is, scere. — 11 Nolo, non vis, nolle.

12 Duco, cis, cere. — 13 *Ne se rend pas.* — 14 Excello, is, llere. — 15 T. *de ne pas savoir,* nescio, is, ire.

16 *Ne... jamais,* nunquam. — 17 Pecco, as, are. — 18 *Ne se rend pas.*

19 T. *d'atteindre, en cette vie, la...* Assequor, eris, equi, *acc.*

---

multa (negotia). Cependant cet usage est beaucoup plus restreint en latin qu'en francais, et l'on ne doit se le permettre qu'autant que l'adjectif, par sa terminaison, ne laisse point d'équivoque à craindre.

2° En latin, comme en français, on se sert du singulier, au lieu du pluriel, pour désigner une classe d'hommes. Ex. : Le soldat (*pour* les soldats) doit obéir à son général. *Miles* (*pour* milites) *imperatori parere debet.*

NOTES DES EXERCICES.

§ 18. 1 Invideo, es, ere, *dat.*

2 Alexander. — 3 Miles, litis; conduco, xi, *act.*; e, *abl.* — 4 Peloponnesus, i, *f.*

5 Intersum, es, est. — 6 Idem, eadem, idem. — 7 Discrimen, minis, *neut.* — 8 Un *ne se rend pas.* — 9 Doctus, i. — 10 Indoctus, i. — 11 T. *laquelle,* qui, quæ, quod, inter. — 12 Domitus, a, um. — 13 Indomitus.

14 T. *La mort arrêta* (s.-ent. *lui*) *voulant dire plus.* Plures, plura; volentem; dico, is, cere; mors; intercipio, cepi, cipere, *act.*

15 Dico, dixi, *act.* — 16 Pauci, cæ, a.

17 Facio, feci, *act.* — 18 Multus, a, um. — 19 Dignus, a, um; memoria, æ.

3° Si un participe passif se rapporte à deux substantifs de genre et de nombre différents, le participe s'accorde en genre et en nombre avec le substantif qui désigne l'idée principale, c'est-à-dire avec le nom de personne préférablement au nom de chose, avec le nom propre préférablement au nom commun. Ex. : Balbus fut appelé la trompette de la guerre civile, *Balbus tuba belli civilis est*

EXERCICES.

§ 19. Attila [1], roi des Huns [2], *fut appelé* [3] le fléau [4] de Dieu.

Néron [5] et Caligula, empereurs romains, ont été *traités de* bêtes féroces [6] par [7] les historiens.

La reine Sémiramis *passa pour* [8] un jeune garçon [9].

La colère m'a toujours *paru* [10] un vice odieux.

L'envie m'a toujours *paru* la marque [11] d'une âme basse [12].

Le génie a toujours *été regardé* [13] comme [14] une [14] chose rare.

Lorsque les substantifs sont de genre différent, et désignent, les uns des *êtres animés*, les autres des *objets inanimés*, l'adjectif se met au neutre ou au genre des êtres animés, ou bien il s'accorde avec le dernier substantif. Ex. : Les esclaves et les armes ont été livrés, *servi atque arma sunt traditi.* Les vaisseaux et les captifs pris à Chio, *naves et captivi ad Chium capta.* Le salut, les

EXERCICES.

§ 20. Cicéron [1] défenseur de la république, son [2] éloquence et son [2] courage étaient *odieux* à Antoine [3].

Toutes les vertus, tous les grands hommes *étaient suspects* à Domitien [4].

Tous les arts, tous les métiers [5], tous les artistes *étaient méprisés* à Sparte [6].

Vous, votre père, votre fortune [7], votre salut, vous m'[8]êtes *très-chers.*

appellatus, et non *appellata*. Si les deux substantifs ont à peu près la même valeur, et désignent les objets inanimés, le participe s'accorde avec le plus voisin. Ex. : La pauvreté m'a paru un lourd fardeau, *paupertas mihi onus visum est grave*, ou en changeant l'ordre des mots : *visa est mihi paupertas onus grave*.

NOTES DES EXERCICES.

§ 19. 1 Attila. — 2 Huni, Hunorum. — 3 Vocatus, a, um; fui. — 4 Flagellum, i.

5 Nero, nis. — 6 Vocatus, a, um; fui; bellua, æ, *f.*; ferus, a, um. — 7 A, *abl.*

8 Creditus, a, um; fui. — 9 *Jeune garçon*, puer, i, *masc.*

10 Mihi visus, a, um; sum.

11 Indicium, ii, *neut.* — 12 Abjectus, a, um.

13 Existimatus sum, es. — 14 *Ne se rend pas.*

---

enfants, la fortune de tous vous sont très-chers, *tibi omnium salus, liberi, fortunæ sunt carissimæ.*

Cependant l'usage le plus ordinaire est de construire l'adjectif avec un seul des substantifs et de le sous-entendre pour les autres ; dans ce cas, l'adjectif s'accorde tantôt avec le premier, tantôt avec le dernier substantif. Ex. : Thrasybule et son isolement furent *méprisés* par les tyrans, *Thrasybulus* contemptus *est à tyrannis atque ejus solitudo.* Les envieux haïssent la vertu et le bonheur d'autrui, *invidi virtutem et bonum* alienum *oderunt.*

NOTES DES EXERCICES.

§ 20. 1 Cicero. — 2 Ejus. — 3 Antonius, ii.

4 Domitianus, i.

5 Artificium, ii. — 6 T. *chez les Spartiates.* Apud, *acc.;* Spartani, orum.

7 Fortunæ, arum. — 8 T. *à moi.*

*Deus est sanctus. Credo Deum esse sanctum.—Refert
adolescentis esse impigrum.*

L'adjectif ou le substantif, c'est-à-dire l'attribut qui suit immédiatement le verbe *sum*, se met au même cas que le nom ou pronom qui précède le verbe et auquel il se rapporte. Ex. : Dieu est saint, *Deus est sanctus*, Je crois que Dieu est saint, *Credo Deum esse sanctum.* En latin l'on dit : Je crois Dieu être saint. Il

---

EXERCICES ÉLÉMENTAIRES.

§ 21. Le langage [1] de la vérité est simple.

La science et la vertu sont les véritables ressources [2] de la vie.

Timoléon [3] de Corinthe [4] fut [5] un *grand homme* [6].

Un malheureux est une chose sacrée.

Le lion devient [7] quelquefois *la proie* des plus petits oiseaux.

Celui qui [8] meurt [9] *malheureux* ne meurt pas trop tôt [10].

Les *attaques* [11] soudaines [12] de la fortune paraissent [13] toujours *terribles* [14].

L'habitude devient [15] une *seconde* [16] *nature.*

Le *temps* [17] fuit [18] *sans retour* [19].

L'envie attaque [20] *avec fureur* [21] la vertu et la gloire.

Cicéron [22] fut appelé [23] le *père* de la patrie.

EXERCICES GÉNÉRAUX.

§ 22. Auguste [1], reconnu [2] *empereur*, fut victorieux par terre [3] et par mer [3].

A Auguste succéda [4] *Tibère* [5], prince cruel et dissimulé [6], qui fit périr [7] par le poison [8] l'illustre [9] Germanicus.

Après la mort de Tibère [10], l'insensé [11] Caligula devint [12] *le maître* [13] du monde [14].

Bientôt ce monstre [15] tomba sous les coups de [16] Chéreas [17].

Claude [18], empereur stupide, déshérite [19] son fils Britannicus, et adopte [20] Néron, fils d'Agrippine [21].

ne m'est pas permis d'être paresseux, *mihi non licet esse pigro.*
On pourrait dire aussi *pigrum*, sous-entendu *me ; me esse pigrum.*
Nous voulons être heureux, *volumus esse beati.* — Si cependant
le nom qui précède était au *génitif*, il faudrait mettre l'*adjectif* à
l'accusatif. Ex. : Il importe à un jeune homme d'être laborieux,
refert adolescentis esse impigrum (sous entendu *ipsum*). — On
observe la même règle après tout autre verbe quand l'attribut le suit
immédiatement. Ex. . Le geai revint tout chagrin, *graculus rediit
mœrens.* Aristide mourut pauvre, *Aristides mortuus est pauper.*
Je m'appelle lion, *ego nominor leo.*

NOTES DES EXERCICES.

§ 21. 1 Sermo, nis, *m.*

2 Præsidium, ii, *n.*

3 Timoleon, tis. — 4 Corinthius, a, um. — 5 Existo, is, exstiti. —
6 Vir, i.

7 Fio, is, fieri.

8 Qui (*s.-ent.* homo). — 9 Morior, reris, mori. — 10 Immaturè.

11 Ictus, ûs, *m.* — 12 Repentinus, a, um. — 13 Videor, eris, eri.
— 14 Gravissimus, a, um.

15 Fio, fis, fieri. — 16 Alter, a, um.

17 Ætas, tatis, *f.* — 18 Fugio, is, ere. — 19 Irrevocabilis, e.

20 Insector, aris, ari, *acc.* — 21 Furens, tis.

22 Cicero, nis. — 23 T. *entendit*, audivit (*ne gouverne pas l'accus.
en se sens*).

NOTES DES EXERCICES.

§ 22. 1 Augustus, i, *m.* — 2 Consalutatus, a, um. — 3 *A l'ablat.
sans préposit.*

4 Augustum excepit. — 5 Tiberius, ii. — 6 Falsus. — 7 T. *qui en-
leva*, tollo, is, sustuli, *act.* — 8 Venenum, i, *abl.* — 9 Clarissi-
mus, a, um ; vir, i.

10 T. *Tibère mort*, exstinctus, a, *à l'abl.* — 11 Demens. — 12 Fio,
factus sum. — 13 Dominus, i. — 14 Orbis, is, terrarum

15 Bellua, æ, *f.* — 16 T. *fut tué par*, interfectus, a, fuit à, *abl.*
17 Chereas, æ.

18 Claudius. — 19 Exhæredo, as, *act.* — 20 Adopto, as, *act.* —
21 Agrippina, æ.

Celle-ci empoisonne [22] Claude ; alors commence le règne de [23] *Néron*, le plus cruel des princes.

Agrippine , sa mère , est mise à mort par son ordre [24].

Il est condamné [25] par [26] le sénat, et se tue lui-même [27].

Ensuite règnent et périssent [28] successivement [29] Galba , Othon [30] et Vitellius.

Vespasien est élu [31] empereur.

Avec son règne [32] renaissent [33] le bonheur et la paix.

A Vespasien succéda Titus, les délices et l'amour du genre humain.

Mais ce prince donna [34] au monde [35] une courte [36] joie, et Néron sembla renaître dans la personne de Domitien [37].

Ce prince fut tué après un règne de trois ans [38].

Refert adolescentis esse impigrum. — Mihi non licet esse pigro ou *pigrum. — Fuit magi animi, non esse supplicem victori.*

Avec *licet*, l'emploi du datif est plus ordinaire. Il en est de même avec *dare*, *concedere*, accorder ; *necesse est*, il est nécessaire,

EXERCICES ÉLÉMENTAIRES.

§ 23. Il était permis [1] à Thémistocle [2] (*Thémistocle pouvait*) rester [3] *oisif* ; mais il préféra [4] la gloire au repos [5].

Il n'a point été donné [6] à l'homme d'être *heureux* sur la terre [7].

Il lui [8] importe d'être *ferme* [9] *et courageux* dans [10] l'adversité [11], et *modéré* dans [10] la prospérité [12].

Il importe à un prince d'être toujours *généreux* envers ses ennemis vaincus.

Il n'est point d'une grande âme d'être *avide* de vengeance.

Il vaut mieux pour [13] un homme médiocre être *obscur* que d'être *exposé* au grand jour [14].

Trajan eut le bonheur [15] d'être en même temps [16] *un bon prince* et *un grand capitaine* [17].

Il est nécessaire à un roi d'être à la fois [18] *bon et sévère*.

22 Veneno tollo, is, *act.* — 23 T. *alors commence à régner*, incipit regnare.

24 T. *lui ordonnant*, is jubens, tis, *abl.*; interficior, eris, i; Agrippina mater.

25 Damno, as, atum. — 26 A, *abl.* — 27 Se ipse interficio, is, *act.*

28 Cado, is, ere, *neut.* — 29 *L'un après l'autre*, alius, a, ud, post, *acc.* alius, a, ud. — 30 Otho, onis.

31 Vespasianus consaluto, as, are.

32 *Lequel régnant*, *à l'abl.* — 33 Renascor, sceris, sci, *dép.*

34 Facio, is, feci, *act.* — 35 Terræ, arum. — 36 Brevis, e. — 37 *Et Domitien régénéra Néron*, Nero, nis; regenero, as, avi, *act.* Domitianus.

38 T. *trois ans (abl.) après qu'il eut obtenu la royauté*, postquam regnum adeptus essem, esses; interfectus, a, um, fui.

---

satius est, il vaut mieux; *contigit*, il est arrivé. Ex. : il vous est nécessaire d'être courageux, *vobis necesse est fortibus viris esse.* Vous avez le bonheur d'être en même temps un grand citoyen et un grand général, *maximo tibi et civi et duci esse contigit*, etc. Voir les notes de la Gram. lat., § 252.

NOTES DES EXERCICES.

§ 23. 1 Licuit. — 2 Themistocles, clis. — 3 Vivo, is, ere; *v. neut.* — 4 Antepono, is, sui, *act.* — 5 Otium, ii.

6. Non concessum fuit. — 7 T. *sur* (in) *ces terres*, hi, hæ, hæc, terræ, arum.

8 *Au génit.* — 9 Constans, tis. — 10 Inter, *acc.* — 11 Adversa, orum, *pl. n.* 12 Prospera, orum, *n. pl.*

13 T. *il est mieux à.* — 14 T. *qui, (lui) étant dans une lumière trop claire*, quàm in clariori luce versans, tis.

15 Trajanus, i, *au dat.* contigit. (*Il échut à Trajan.*) — 16 Et. 17 Dux, cis.

18 Et.

Après les verbes *soleo*, j'ai coutume, *audeo*, j'ose, *possum*, je puis, *debeo*, je dois, on met au nominatif l'adjectif ou le substantif qui sert d'attribut. Ex. Il a coutume de paraître triste, *solet tristis videri*. Osez être sage, *aude sapiens esse.* — Avec *volo* on met l'infinitif et le nominatif, si le sujet est le même pour les deux verbes,

---

EXERCICES.

§ 24. Les sots, dans la prospérité[1], ont coutume d'être *insolens*.

Tous les hommes veulent être *heureux*; mais ils ne savent pas reconnaître[2] ce qui fait[3] le vrai bonheur.

Un général doit être *maître*[4] de lui-même[5] au fort[6] du combat.

Osez être l'*ennemi*[7] des méchans[8].

Les anciens[9] Romains avaient coutume[10] d'être *intrépides* dans les combats, et *humains* après la victoire.

Un père sage veut[11] que ses *enfans* deviennent *savans*[12] parce qu'il sait[13] que la *science* est *un trésor*[14] *assuré*[15].

Un homme de bien[16] peut être *malheureux*, mais il ne[17] sera jamais[17] *méprisable*.

Je voudrais que tous les *hommes* fussent[18] *vertueux*[19], afin qu'ils fussent[20] tous *heureux*.

Avidus laudum.

Les adjectifs *avidus*, avide; *cupidus*, qui désire; *studiosus*, qui a du goût pour; *peritus*, habile dans; *expers*, qui manque; *patiens*, qui souffre; *rudis*, qui ne sait pas; *memor*, qui souvient;

EXERCICES ÉLÉMENTAIRES.

§ 25. Thémistocle[1] rendit[2] les Athéniens[3] *très-habiles*[4] dans les combats de mer[5].

La recherche[6] de la vérité[7] est *propre*[8] à l'homme, qui seul[9] de tous les animaux[10] *participe à*[11] la raison.

comme *volo eruditus fieri*, je veux devenir savant, et l'accusatif avec l'infinitif, si le sujet est différent, *volo te eruditum fieri*, je veux que tu deviennes savant. On peut aussi employer l'accusatif quand le sujet des deux verbes est le même, pourvu qu'il soit exprimé, *volo* me *eruditum fieri*.

NOTES DES EXERCICES.

§ 24. 1 Res, rerum, prosperæ, arum.

2 T. *ils ne reconnaissent* pas, sed non dispicio, is. — 3 Quid afferam, as.

4 Compos, tis. — 5 T. *de soi*, sui. — 6 Medio in ardore.

7 Audeo, es, ausus sum, ere... inimicus, a, um. — 8 *Au dat.*

9 Vetus, teris. — 10 Soleo, es, itus sum, ere.

11 Cupio, is. — 12 T. *ses enfans*, liberi, orum (*à l'accus. devenir*, fio, fieri; *savans*. — 13 Scio, is. — 14 T. *la science* (*à l'acc.*) *être trésor*, thesaurus, i, *masc.* — 15 Certus, a, um.

16 Vir bonus. — 17 Nunquàm.

18 T. *je voudrais*, velim, *tous les hommes* (*à l'acc.*) *être.* — 19 Virtute præditus, a, um. — 20 T. *afin qu'ils soient*, ut...

immemor, qui ne se souvient pas; *plenus*, plein, et en général ceux qui viennent des verbes, gouvernent *le génitif.*

Exemples :

Avide de louanges, *avidus laudum;* habile dans la musique, *peritus musicæ;* plein de vin, *plenus vini.* (On trouve quelquefois *plenus* avec un ablatif : *plenus vino.*)

NOTES DES EXERCICES.

§ 25. 1 Themistocles, is. — 2 Facio, is, feci, facere, *acc.* — 3 Atheniensis, is. — 4 Peritus, a, um. — 5 Bellum, i, *n.;* navalis, e, *au sing.*

6 Investigatio, nis, *f.* — 7 Verum, i. — 8 Proprius, a, um, *gén.* — 9 Unus, a, um. — 10 Animans, tis. — 11 Sum, es, particeps. icipis.

Les Siciliens [12] *avaient beaucoup de goût pour* les [13] tragédies d'Euripide [14].

L'âne *sait endurer* [15] les coups, et *supporte avec beaucoup de patience* [16] la fatigue et la faim.

Un esprit [17] *inquiet* [18] *de* l'avenir est malheureux [19].

Les bêtes sont *privées* [20] *de* la raison et de la parole [21].

Les hommes légers *ne prévoient pas* [22] l'avenir.

Vivez [23] *en pensant* [24] *à la mort* [25].

Le peuple *désire et craint* [26] *la* nouveauté [27].

L'empereur Galba *ne désirait point* [28] l'argent d'autrui [29]; il était *économe* [30] *du* sien et *avare* [31] *de* celui de l'État [32].

Certains animaux *craignent* [33] la lumière.

L'homme dont l'esprit n'est point cultivé [34] *n'est pas maître* [35] de sa colère.

Épaminondas *aimait* [36] *la* vérité.

La vertu *procure* [37] *le* plaisir.

Tous les jeunes gens bien nés [38] *désirent* [39] *la* gloire.

Les anciens Gaulois [40] n'étaient point *indifférens pour* [41] la religion.

Celui qui [42] *aime* [43] ses parens, *aime* aussi [44] sa patrie.

Démosthène [45] *aimait* [46] *à* entendre [47] Platon [48].

L'homme *ne connaît point* [49] le sort qui l'attend [50].

Celui qui [51] *a la conscience* [52] d'avoir bien vécu [53] *ne s'inquiète pas de* [54] l'avenir [55].

EXERCICES GÉNÉRAUX.

Cupidus videndi urbem, videndæ urbis.

§ 26. Marius, désireux [1] *d'obtenir* [2] le consulat, *oublia* toute espèce [3] de bienséance [4], et représenta [5] Metellus, son général, comme [6] un homme *avide du* [7] commandement [8], *inhabile dans* [9] l'art militaire [10], *ne sachant quel* parti prendre [11] dans les occasions importantes [12] et ne *désirant* point [13] terminer [14] la guerre de Jugurtha [15].

Marius, au contraire [16], *avait la conscience* [17] *de* ses propres talens [18], *connaissait* [19] l'art de manier [20] l'esprit [21] des soldats, n'était *point accoutumé* [22] au luxe et à la

12 Siculus, i. — 13 T. *étaient très-amateurs des..* sum, es, stu-
diosissimus, a, um. — 14 Euripides, is.

15 Sum, es, tolerantissimus, a, um. — 16 Patientissimus, a, um.

17 Animus, i, *m.* – 18 Anxius, a, um. — 19 Miser, a, um

20 Expers, tis. — 21 Sermo, nis.

22 Sum, es, improvidus, a, um.

23 Vivo, is, ere. — 24 Memor. — 25 Lethum, i, *n.*

26 Sum cupidus, a, um, et pavidus, a, um. — 27 Novæ, arum;
res, rerum.

28 Non appetens. — 29 Pecunia, æ; alienus, a, um. — 30 Parcus,
a, um. — 31 Avarus, a, um. — 32 T. (*de l'argent*) *public*, pu-
blicus, a, um.

33 Sum timidus, a, um.

34 T. *d'un esprit inculte*, ingenium incultum. — 35 T. *est im-
puissant*, impotens, tenuis.

36 Fui, isti, diligens, tis.

37 T. *est créatrice du...* sum, es, efficiens.

38 Ingenuus, a, um. — 39 Sum, es, appetens, tis.

40 Vetus, eris, Gallus, i. *m.* — 41 Negligens, tis *ou* incuriosus, a,
um.

42 Qui. — 43 Amans sum, es. — 44 Idem amans sum.

45 Demosthenes, is. — 46 Fui, isti; studiosus. — 47 Audio, is, ire,.
act. — 48 Plato, nis, *m.*

49 Nescius, a, um. — 50 Futurus, a, um.

51 Qui. — 52 Sum, es; conscius sibi. — 53 *D'une vie bien passée*,
vita, æ, bene actus, a, um. — 54 T. *est tranquille* (*au sujet*)
de... securus, a, um; sum, es. — 55 Futurum, i.

NOTES DES EXERCICES.

§ 26. 1 Cupidus. — 2 Adipiscor, sceris, sci, *acc.* — 3 T. *fut entièrement oublieux*, prorsùs immemor sum, fui. — 4 Decorum,
i. — 5 Depingo, is, nxi, *act.* — 6 Ut. — 7 Avidus. — 8 Imperium,
ii. — 9 Imperitus. — 10 Res, rei militaris. — 11 Dubius consilium, ii; capio, iendus, a, um. — 12 T. *si quelque chose grave
arrivait*, si qua res gravis incideret. — 13 Minimèque cupidus
ou cupiens. — 14 Conficio, conficiendus, a, um. — 15 Bellum,
i, jugurthinum, i.

16 Verò. — 17 Sibi conscius eram, as. — 18 Sua, æ, industriæ, æ,
au sing. — 19 Gnarus eram, as. — 20 Tracto, as, are, *acc.* — 21
Animus, i. — 22 T. *était non accoutumé*, insuetus, a, um. —

mollesse, *supportait très-bien* [23] les fatigues [24] de la guerre, était *maître* [25] *de* lui-même [26] au milieu [27] des plus grands dangers , et s'[28]il *ignorait* [29] l'art de tromper [30] l'esprit [31] de ses auditeurs [32] par de beaux discours [33], s'il *n'avait* point de *goût pour* [34] des sciences frivoles [35], *il savait* [36] se faire admirer [37] de ses [38] compagnons d'armes [39] par sa valeur [40] et son habileté [40] dans la guerre [41].

Marius, ayant ainsi parlé de lui au peuple en termes magnifiques [42], *obtint* enfin ce qu'il désirait [43] ; mais en se montrant [44] moins *jaloux* [45] de sa gloire que de ses intérêts [46], il perdit la réputation d'homme de bien , perte [47] vraiment irréparable [48].

Voyez ci-après (Méthode) *de* entre un nom et un verbe qui n'a point de gérondif en *di*. Comme désireux d'être récompensé, loué, etc., *cupidus mercedis, laudis*. Je suis désireux d'être présent, *cupio me adesse*, etc.

Similis patris ou *patri*.

Similis, semblable ; *par*, *æqualis*, égal ; *affinis*, allié ; *communis*, commun ; *peculiaris* et *proprius*, particulier, *superstes,*

EXERCICES ÉLÉMENTAIRES.

§ 27. La mort est *commune* [1] à tous les âges.

Le mensonge *approche* [2] du parjure.

La vertu et la science *appartiennent en propre*[3] à l'homme.

La gloire et la vertu *survivent* [4] à la puissance et aux richesses.

Le sommeil *ressemble* [5] à la mort.

Mon frère *me ressemble*.

Othon [6] *ressemblait assez* [7] de figure [8] à Tibère [9].

Il y eut à Rome plus de rois [10] *semblables* à Romulus qu'à Numa.

Caton ne voulu pas *survivre* [11] à la liberté.

Les richesses *n'appartiennent en propre* [12] à personne [13].

Point d'esclave [14] qui ne soit *allié* [15] aux rois, point de roi qui ne soit *allié* [16] aux esclaves.

La vertu *appartient* [16] au pauvre comme au riche.

23 Tolerantissimus eram, as. — 24 Labor, is, *masc.* — 25 Compos, potis. — 26 Sui, sibi. — 27 Inter. *acc.* — 28 Quod si. — 29 Rudis essem, es. — 30 Decipio, is, ere, *act.* — 31 Animus, i, *m.* — 32 Audiens, tis. — 33 Speciosus, a, um, oratio, nis, *fém. à l'abl.* — 34 Non studiosus essem, es. — 35 Vanus, a, um ; ars artis, *f.* — 36 Haud inscius eram, as. — 37 Admirationem sibi concilio, as, are — 38 Suus. — 39 Commilito, nis. — 40 *Abl. sans prépos.* — 41 T. *de la guerre.*

42 Cùm hæc de se magnificè dixissem, es ; ad populum. — 43 T. *fut maître de son vœu*, votum, ti ; tandem compos, potis. — 44 T. *lorsqu'il se montra*, præbeo, es, ui, *act.* — 45 Anxius *ou* studiosus. — 46 Utilitas, tis, *f. (au singulier).* — 47 Damnum, i, *n.* — 48 Nequaquam reparabilis, e.

---

qui survit, gouvernent le génitif ou le datif. (Cependant on dit toujours *meî, tuî, nostrî, vestrî similis, dissimilis*, et non *mihi, tibi, nobis, vobis*.) Ex. : Semblable à son père, *similis patris* ou *patri*. Allié au roi, *affinis regis* ou *regi*.

NOTES DES EXERCICES.

§ 27. 1 Communis, e.

2 Affinis, e ; sum, es.

3 T. *sont propres....* proprius, a, um ; sum, es.

4 Superstes, stitis ; sum, es.

5 Similis, e ; sum, es.

6 Otho, nis, *m.* — 7 Non absimilis, e. — 8 Facies, iei, *à l'abl.* — 9 Tiberius, ii.

10 T. *à Rome (au génit.) plus de*, plures, *rois furent.*

11 T. *être survivant*, sum, es, esse ; superstes, stitis.

12 Sum proprius, a, um. — 13 Nullus, ius, i.

14 T. *personne esclave*, nemo servus. — 15 T. *non allié*, affinis, e.

16 T. *est commune*, communis, e ; sum.

Adjectifs qui gouvernent le datif.

Mihi utile est.

Utilis, utile à ; *commodus*, avantageux à ; *infensus*, *iratus*, irrité contre ; *assuetus*, accoutumé à ; *aptus*, *idoneus*, propre à, etc., gouvernent le datif. Il en est de même de tous les adjectifs dont la signification est incomplète, c'est-à-dire dont la qualité se rapporte à un autre objet. La signification d'un adjectif est incomplète lorsqu'il demande après lui une préposition suivie de

EXERCICES ÉLÉMENTAIRES.

§ 28. Le travail est *utile* [1] *à* tous les hommes.

L'oisiveté est *nuisible* [2] *à* la vertu.

Le souvenir de vos maux passés vous [3] sera *agréable* [4].

La présence [5] d'un homme de bien est *désagréable* [6] *au* méchant.

Miltiade [7] fut *plus ami* [8] *de* la liberté de ses concitoyens que [9] de sa propre [10] domination.

La frugalité est *ennemie* des festins somptueux [11].

L'ingrat, comme [12] le tigre, est l'*ennemi* [13] de son bienfaiteur [14].

Alexandre [15] *irrité contre* [16] Clitus, son meilleur ami [17], le tua dans [18] un festin.

Un homme *accoutumé* [19] à la mollesse est *incapable* [20] d'une action courageuse [21].

La jeunesse est le temps *propre* [22] au travail.

Il n'y a point de [23] chemin *inaccessible* [24] à la vertus.

Le faux [25] *touche* [26] au vrai [27].

Les maux sont *voisins* [28] des biens.

Les vices sont *tout près* [29] des vertus.

La Gaule est *voisine* [30] de l'Italie.

Les Maures sont *près de* l'Espagne [31].

Rien [32] *n'a plus de rapport avec* [33] nos âmes [34] que l'harmonie [35].

La pauvreté est *parente* [36] de la vertu.

son régime, comme *propre à, irrité contre. — Sage, juste,* ont une signification complète. (Voy. Gramm. lat., § 255. Notes.) Tels sont les adjectifs qui signifient *utile* ou *nuisible, agréable* ou *désagréable, ami* ou *ennemi, facile* ou *difficile, convenable* ou *contraire, égal* ou *inégal, semblable* ou *différent, propre à ;* les adjectifs et les adverbes qui expriment la *proximité* et la *parenté ;* les adjectifs en *bilis,* comme *flebilis.*

Ex. : Cela m'est utile, *id mihi utile est.* Corps accoutumé à supporter le travail, *corpus assuetum tolerando laborem,* ou mieux *tolerando labori.*

NOTES DES EXERCICES.

§ 28. 1 Utilis, e.

2 Noxius, a, um.

3 T. *à vous.* — 4 Jucundus.

5 Aspectus, ûs, *m.* — 6 Ingratus, a, um.

7 Miltiades, is, *m.* — 8 Amicior, *avec le datif.* — 9 Quàm. — 10 Suus, a, suum.

11 Inimicus, a, *avec le dat.;* luxuriosus, a; epulæ, arum, *f. pl.*

12 Ut. — 13 Infestus, a. — 14 Homo, inis, de se benè meritus, i.

15 Alexander, dri, *m.* — 16 Iratus, *régit le dat.* — 17 T. *très-ami à lui,* ipse, a, um. — 18 Virum (*le*) interficio, is, feci, *act.;* inter.

19 Assuetus, a, um. — 20 Impar. — 21 Fortiter aliquid ago, is, geré (*gérond. en* do).

22 Conveniens, tis, *ou* aptus, a, um.

23 T. *aucun est,* nullus, a, sum. — 24 Invius, a.

25 Falsa, orum, *pl. n.* — 26 Finitimus, a, um. — 27 Vera, orum, *pl. n.*

28 Vicinus, a, um.

29 Confinis, e.

30 Conterminus, a, um.

31 Proximè, *adv. acc. ou dat.;* Hispania, æ.

32 *Rien ne,* nihil, *n.* — 33 Magis cognatus, a, um, *avec le dat.* — 34 Mens, tis, *f.* — 35 Quàm numeri, orum, *m. pl.*

36 Consanguineus, a, um.

La mort de Germanicus *fit couler les larmes de* [37] tous les Romains.

La flamme est toujours *près de* [38] la fumée.

La vieillesse est *agréable* [39] lorsqu'elle [40] *ressemble* [41] *à* la jeunesse [42].

Les grandes richesses sont *exposées* [43] à de grands dangers.

Le mulet, né d'un [44] âne et d'une jument, est *très-utile pour* [45] porter et traîner les fardeaux.

EXERCICES GÉNÉRAUX.

§ 29. Après Domitien [1], prince cruel et plus *semblable* à Néron [2] qu'à Vespasien [3], son père, et qu'à Titus son frère, régna Nerva.

Il [4] eût été *capable* [5] *de* rétablir [6] les affaires [7] ; mais déjà vieux [8] et *se défiant* [9] de ses forces, il choisit [10] Trajan [11] *pour son* successeur [12].

Ce prince [13] *comparable* [14] aux plus grands hommes [15] de l'antiquité et des temps modernes [16], fut *l'ami de* tous les gens de bien, et *l'ennemi déclaré* [17] des méchans, et surtout des délateurs.

A ces temps si *avantageux pour* [18] l'empire [19] succédèrent [20] ceux [21] d'Adrien [22], mêlés [23] de bien et de mal [24].

Les bonnes qualités [25] dans [26] ce prince *approchaient* [27] *des* vices.

Sa [28] sévérité était *voisine de* [29] la cruauté, son courage *tenait de* [30] la témérité.

Irrité contre [31] l'architecte Apollodore [32] qui avait critiqué [33] un temple bâti par son ordre [34], il le fit mourir [35].

Il était *accoutumé* [36] à vivre avec frugalité [37], et à supporter [38] les fatigues [39] de la guerre.

Aussi [40] la discipline militaire fut-elle maintenue [41] sous son règne [42].

Quoiqu'il fût *esclave* [43] de ses passions et de ses goûts dépravés, cependant il n'était point *incapable* [44] d'apprécier [45] la vertu, car il adopta [46] Antonin [47] le Pieux, qui adopta lui-même Marc-Aurèle [48] le sage [49] et le philosophe.

37 T. *Germanicus mourut pleuré de...* Germanicus occidit flebilis, *avec le dat.*

38 Proximus, a, um.

39 Gratus, a, um. — 40 T. *qui*, quæ. — 41 Parilis, is. — 42 Ju-
venta, æ.

43 Obnoxius, a, um.

44 Natus ex, *abl.* — 45 Utilissimus, *avec le dat.*

NOTES DES EXERCICES.

§ 29. 1 Proximus post Domitianum. — 2 Nero, nis. — 3 Vespasianus, i.

4 Ille quidem. — 5 Par, is, *avec le dat.* — 6 Restituo, is, ere,
acc. — 7 Res, ei, *f.* — 8 Senior. — 9 Diffidens, tis, *avec le
dat.* — 10 Eligo, is, egi, ere, *acc.* — 11 Trajanus, i. — 12 T.
successeur à soi, sibi.
13 Vir ille princeps. — 14 Conferendus, a, um, *avec le dat. ou
l'abl. avec* cum. — 15 Vir, i, *m.* — 16 Prisca et recentior ætas,
tis. — 17 Infensissimus, a, um.

18 Tam prosper, um. — 19 Res publica. — 20 Succedo, is, cessi,
dat. — 21 T. *le temps*, ætas, tatis. — 22 Adrianus, i. — 23 Mis-
tus, a, um, *régit l'abl.* — 24 Bona, mala, orum, *pl. n.* que.
25 Egregiæ dotes. — 26 Apud, *acc.* — 27 Finitimus, a, um.

28 *Ne se rend pas.* — 29 Proximus, a, um. — 30 Affinis, e; sum,
es, eram.

31 Iratus, a, um. — 32 Apollodorus, i. — 33 Improbo, as, avi,
are, *acc.* 34 Eo jubente exstructus, a, um. — 35 T. censorem
morte mulcto, avi, are.
36 Assuetus sum, es. — 37 Vita, æ; parcè et frugaliter degendus,
a, um. — 38 Tolero, as, are. — 39 Labor, is, *m.*
40 Itaque. — 41 Vigeo, es, vigui, *v. neut.* — 42 T. *lui régnant*,
à l'abl. is, ejus; regnans, tis.

43 Quamvis mancipatus. — 44 Impar. — 45 Rectè æstimo, as,
are, *act.* — 46 Adopto, as, avi, *acc.* — 47 Antoninus, i. — 48
Marcus Aurelius. — 49 Sapiens, tis; vir, i.

Adjectifs qui gouvernent le datif, ou l'accusatif avec *ad, in, ergà, adversùs.*

Au lieu du datif, on peut aussi, avec les adjectifs qui expriment l'*affection* ou *la haine*, se servir des prépositions *in, ergà,*

EXERCICES.

§ 30 Les arts *nécessaires* à [1] la vie [2] sont innombrables.

L'homme qui pardonne le *plus difficilement* est celui qui [3] est le plus souvent en faute [4].

Une terre *propre* [5] aux vignes est *favorable* [6] aux arbres.

L'ignorant [7] n'est *propre* [8] à rien [9], n'est *utile* [10] à rien.

Soyez *bon* [11] envers tous les malheureux.

Celui qui est *enclin* au mensonge [12], tombe facilement dans le parjure [13].

Temps *propre* [14] à l'ouvrage.

La modestie, vertu *convenable* [15] à la prospérité [16].

Extérieur [17] *convenable* [18] à un rang élevé [19].

Le nom de la personne doit se mettre au datif, ainsi qu'on l'a vu dans *id mihi utile est.*

Adjectifs qui gouvernent l'accusatif avec *ad.*

Propensus ad lenitatem.

Propensus, pronus, proclivis, porté à, et tous les adjectifs qui marquent un *penchant*, une *inclination* ou une *disposition* à quelque chose, gouvernent l'accusatif avec *ad.* Ex : Porté à la douceur, *propensus ad lenitatem.*

Quand ces adjectifs sont suivis d'un infinitif français, on met en

EXERCICES ÉLÉMENTAIRES.

§ 31. Le cheval est *né* [1] *pour* la course, le bœuf *pour* labourer.

L'homme est *né pour* la justice.

Non-seulement nous sommes *portés* [2] à apprendre [3], mais encore [4] à enseigner [5].

adversùs ; et avec les adjectifs qui signifient *convenable, propre à, porté à,* la chose se met à l'accusatif avec *ad,* ou quelquefois au datif. Ex. : Bon envers tout le monde, *in omnes benignus.* Enclin au vice, *proclivis vitio* ou *ad vitium.* Préparé au crime, *paratus flagitio* ou *ad flagitium.*

NOTES DES EXERCICES.

§ 30. 1 Necessarius, a, um ; ad. — 2 Victus, ûs, *m.*

3 T. *il est le plus difficile à donner le pardon, celui qui...* maximè difficilis est ad ; do, das, are, *acc.;* venia, æ, qui. — 4 Pecco, as, are ; sæpissimè.

5 Aptus, a, um, *avec le dat.* — 6 Utilis, e, *avec le dat.*

7 Homo indoctus. — 8 Aptus ad, *acc.* — 9 Nulla res, ei. — 10 Utilis, e, ad.

11 Benignus in.

12 Ad mentior, iris. — 13 Facilè pejero, as, *ou* delabor eris ; ad perjurium.

14 Conveniens, *avec le dat.*

15 Conveniens ad. — 16 Res secundæ.

17 Forma. — 18 Conveniens in , *acc.* — 19 Amplitudo , dinis.

latin cet infinitif au gérondif en *dum.* (Le gérondif en *dum* est un véritable acousatif.) Ex. : Prompt à se mettre en colère, *pronus ad irascendum;* à venger une injure, *ad ulciscendum injuriam,* et mieux *ad ulciscendam injuriam.*

On trouve aussi l'accusatif avec *in* lorsque l'adjectif ou le participe exprime un mouvement figuré. Ex. : Qui s'abandonne à la colère, *effusus in iram.* Prompt à s'effrayer, *promptus in pavorem.*

NOTES DES EXERCICES.

§ 31. 1 Natus.

2 Propensus, a, um. — 3 Disco, is, scere. — 4 Sed etiam. — 5 Doceo, es, ere.

Les gens craintifs [6] sont *enclins* [7] à croire le mal [8].

Certains [9] oiseaux *apprennent facilement* [10] à imiter la voix humaine.

Le fer est *nécessaire* [11] à la culture de la terre [12].

Tous les Lacédémoniens étaient *prêts à* [13] sacrifier [14] leur [15] vie pour la patrie.

Les Gaulois *sont tout feu pour* [16] entreprendre [17] la guerre.

Les sots sont *enclins* [18] *à* l'orgueil.

Les singes sont naturellement imitateurs [19].

EXERCICES GÉNÉRAUX

SUR LES ADJECTIFS.

§ 32. Antonin [1] le Pieux, toujours en paix [2], fut toujours *prêt* [3] à faire la guerre.

Marc-Aurèle [4], toujours en guerre [5], fut toujours *prêt à* donner [6] la paix à ses ennemis.

Commode [7], fils de Marc-Aurèle, ne fut point *porté* [8], comme lui [9], à *cultiver* [10] la vertu; mais *enclin* [11] à tous les vices, et *semblable à* Néron [12], il parut [13] *né* pour [14] le malheur [15] du monde [16].

Prompt à [17] satisfaire [18] ses passions [19] les plus extravagantes [20], il *s'irritait contre* [21] ceux qui n'étaient point *disposés* à céder sur le-champ à tous ses désirs [22], et les faisait mourir [23] dans les plus cruels supplices [24].

Ce monstre [25] périt [26] de la mort des tyrans [27].

Pertinax fut ensuite *élevé* [28] sur [29] le trône.

Il paraissait [30] *propre à* faire renaître [31] le gouvernement [32] des Antonins [33], et *disposé* [34] à corriger [35] les abus [36]; mais il fut massacré par [37] les soldat prétoriens [38], *habitués* [39] depuis longtemps [40] à la révolte [41].

Didius Julianus acheta [42] l'empire, et le sénat, toujours *prêt* à accepter [43] le maître que lui imposaient [44] les soldats, *s'empressa de reconnaître* [45] le nouvel [46] empereur.

6 Meticulosi homines. — 7 Pronus, a, um. — 8 Credendus, a,
um; deteriora, um, *pl. n.*

9 Quidam, quædam. — 10 Docilis, e, sum; ad.

11 Necessarius, a, um. — 12 T. *aux champs devant être culti-*
vés; ad; colo, is, ere, *etc.*

13 Paratus ad. — 14 Profundo, is, dere, *acc.* — 15 *Ne se rend*
pas.

16 Gallis alacer et promptus est animus ad. — 17 Suscipio, is,
ere, *acc.*

18 Proclivis, is.

19 *Sont, par la nature* (naturâ), *faits à l'imitation;* factus, a,
um, *etc.*

NOTES DES EXERCICES.

§ 32. 1 Antoninus. — 2 T. *cultiva toujours la paix,* pax, cis;
colo, ui, *act.* — 3 *Toujours prêt à,* paratus.

4 Marcus Aurelius. — 5 T. *fit toujours la guerre,* gero, is, essi,
rere, *acc.* bellum. — 6 Concedo, is, ere, *acc.*

7 Commodus, i, *m.* — 8 Propensus. — 9 Ut pater. — 10 Colo,
is, ere, *acc.* — 11 Proclivis, e. — 12 Nero, nis. — 13 Videor,
eris, isus sum. — 14 In, *acc.* — 15 Pernicies, ei, *f.* — 16 Genus, neris, *n.;* humanus, a, um.

17 Promptus, a, um. — 18 Expleo, es, ere, *acc.* — 19 Libidines,
um, *f. pl.* — 20 Stolidissimus, a, um. — 21 Irascor, sceris, sci,
dat. — 22 T. *prêts à toute obéissance,* paratus, a, um; ad,
acc.; omnis, e; obsequium, ii, *n.* — 23 T. *les tuait,* neco,
as, are, *acc.* — 24 *A l'abl. sans exprimer dans.*

25 Bellua, æ, *f.* — 26 Pereo, peris, ii. — Eâ nece quâ tyranni.

28 Eveho, is, evexi, ectum. — 29 In, *acc.*

30 Ille quidem videor, eris. — 31 Regenero, as, are, *acc.* — 32 *Ne*
se rend pas. — 33 T. *les Antonins,* Antoninus, i. — 34 Paratus,
a, um. — 35 Corrigo, is, gere, *acc.* — 36 Morum pravitas, tis,
f. au sing. — 37 Interficio, is, feci, fectum; à, *abl.* — 38 Præto-
riani, orum. — 39 Assuetus, a, um. — 40 Jam dudùm. — 41 T.
à se révolter, rebello, as, are, *v. n.*

42 Mercor, aris, atus sum, *acc.* — 43 T. *à servir,* inservio, is,
ire, *dat.* — 44 T. *imposé par,* impositus, a, um, à, *abl.* —
45 Pronus sum, fui; ad obsequium, ii. — 46 T. *du nouvel.*

Adjectifs en *bundus.* — *Populabundus agros.*

Les adjectifs en *bundus* gouvernent le même cas que les verbes d'où ils viennent. Ex. : Ravageant les campagnes, *populabundus*

EXERCICES.

§ 33. Tandis que [1] Rome était agitée [2] par des séditions , les ennemis, *ravageant* [4] les campagnes, s'avançaient [5] quelquefois jusqu'aux [6] portes de la ville.

Les Athéniens, *félicitant* [7] Alcibiade [8] de ses victoires [9], se reprochaient [10] de l'avoir exilé [11].

Celui-ci, se rappelant [12] ses anciennes disgrâces [13], recevait *en pleurant* [14] ces marques d'affection [15].

Épaminondas *mourant* [16] baisa [17] son bouclier, comme [18] le compagnon de sa gloire et de ses travaux.

Plusieurs [19] chefs de pirates se réunirent [20] pour [21] voir Scipion [22] retiré dans [23] sa maison de Literne [24].

Après l'avoir contemplé longtemps *avec respect* [25], ils se retirèrent [26], laissant devant le vestibule les présents [27] qu'on a coutume [28] de consacrer [29] aux Dieux [30].

Socrate [31] *occupé de ses réflexions* [32], restait [33] quelquefois immobile pendant une journée entière [34].

Les derniers [35] empereurs des Romains, *évitant* [36] les camps, achetaient [37] à prix d'or [38] l'amitié des Barbares.

Adjectifs qui gouvernent l'ablatif.

Præditus virtute.

Præditus, doué de ; *dignus*, digne de ; *indignus*, indigne de ; *contentus*, content de, etc., gouvernent l'ablatif.

---

agros. Félicitant son ami, *gratulabundus amico* —Ces adjectifs servent surtout à exprimer l'état ou l'action, comme *moribundus*, mourant; *vitabundus*, qui évite. Leur usage paraît restreint à un certain nombre de locutions.

NOTES DES EXERCICES.

§ 33. 1 Dùm, *subj.* — 2 Exagito, as, are, *act.* — 3 *A l'abl. sans prép.* — 4 Populabundus, a, um. — 5 Accedo, is, ere, *v. n.* — 6 Ad, *accus.*

7 Gratulabundus, a, um, *régit le dat.* — 8 Alcibiades, is. — 9 *A l'acc.* — 10 Ipsi se increpo, as, are. — 11 Quòd talis vir, i, ejicio, is, ejeci, *acc.;* in exsilium.

12 Reminiscens, *avec l'acc.* — 13 Pristina, æ; temporis acerbitas, tis. — 14 Lacrymabundus. — 15 *Cette bienveillance,* hæc benevolentia, æ; accipio, is, *acc.*

16 Moribundus. — 17 Osculor, atus sum, *acc.* — 18 Velut.

19 Complures. — 20 Convenio, is, eni, *v. n.* — 21 Ad. — 22 Scipio, nis. — 23 Se tenentem in, *abl.* — 24 Villa, æ; literninus, a, um.

25 Quùm diù eum contemplatus, a, um, essem, es; venerabundus, a, um. — 26 Abeo, abis, ii, ire. — 27 T. *des dons étant placés,* positus, a, um (*abl. pl.*) donum, i, *abl. pl.* — 28 T. *qui ont coutume,* soleo, es, ere. — 29 *D'être consacrés,* consecror, aris, ari. — 30 Dii, deorum.

31 Socrates, is. — 32 Cogitabundus, a, um. — 33 Sto, as, are. — 34 *A l'accus. sans exprimer pendant.*

35 Postremus, a, um. — 36 Vitabundus, a, um, *régit l'acc.* — 37 Mercor, aris, ari, *acc.* — 38 Aurum, i, *abl. prix ne se rend pas.*

Il en est de même de tous les adjectifs qui admettent après eux la question *de quoi, avec quoi, par quoi.* Cet ablatif exprime la cause et la manière.

Les adjectifs qui marquent *abondance, disette, privation, éloignement,* gouvernent aussi l'ablatif.

EXERCICES ÉLÉMENTAIRES.

§ 34. Les plaisirs des sens [1] ne sont pas *dignes de* [2] l'ex-cellence [3] de l'homme.

Xerxès *comblé de* [4] toutes les faveurs [5] de la fortune, non *content de* [6] son infanterie, de sa cavalerie, de la multitude de ses vaisseaux, de ses immenses trésors [7], proposa [8] une récompense [9] à celui qui inventerait [10] un nouveau plaisir.

Les erreurs humaines sont *dignes de* [11] pardon.

Une âme [12] élevée [13] est *libre de* [14] toute inquiétude.

L'aigle, *pourvu de* [15] grandes ailes, de fortes [16] serres, et d'un bec tranchant, est né pour vivre de rapine [17].

Combien de gens [18] sont *indignes de* [19] la lumière [20], et cependant le jour se lève [21] pour eux [22].

L'esprit [23] est *doué* [24] d'un mouvement éternel.

L'homme *privé* [25] de raison est semblable à la brute [26].

Le lion, *accablé* [27] de vieillesse et *privé* [28] *de* ses forces, reçut un coup de pied [29] de l'âne.

Le riche, *malade* [30] d'inquiétudes [31], est plus malheureux que [32] le pauvre *content* [33] de peu [34], et *libre* [35] *de* toute crainte [36].

Les adjectifs suivans gouvernent le génitif et l'ablatif.

EXERCICES.

§ 35. Celui qui [1] *possède la* [2] science a des richesses as-surées [3].

Beaucoup d'hommes paraissent être *dépourvus de* [4] rai-son.

Si vous êtes *riches en* [5] argent et *pauvres de* [6] vertus, vous serez méprisé [7].

La pauvreté est *féconde en* [8] vertus.

La Gaule est *fertile et peuplée* [9].

Le prodigue *manque de* [10] tout [11].

EXERCICES GÉNÉRAUX.

§ 36. A Didius succéda [1] Sévère, prince *digne de* l'amou des Romains.

Mais Caracalla, son [2] fils, *souillé de* [3] tous les crimes, tua [4] son frère Géta, et fut tué lui-même par un centurion.

NOTES DES EXERCICES.

§ 34. 1 Corpus, oris, *au sing.* —2 Dignus, a, um. — 3 Præstantia, æ.

4 Refertus, a, um.—5 Dona, orum, et munera, um.—6 Contentus, a, um.—7 Infinitum, i; auri pondus, eris.—8 Propono, is, sui, *acc.* — 9 Præmium, ii, *n.* — 10 Invenissem, es, *acc.*

11 Dignus, a, um.

12 Animus, i, *m.* — 13 Excelsus, a, um. — 14 Liber, era, um.

15 Instructus, a, um.—16 Robustus, a, um.—17 Rapto vivere, vivo, is.

18 Quàm multi.—19 Indignus, a, um.—20 Lux, cis, *f.*—21 Orior, eris, riri. — 22 T. *à eux.*

23 Mens, tis, *f.* — 24 Præditus, a, um.

25 Destitutus.—26 Fera, æ.

27 Confectus, a, um.—28 Desertus, a, um.—29 T. *fut frappé du pied par l'âne*, calce impetitus sum, fui; ab, *abl.*

30 Æger.—31 Cura, æ. *f.* — 32 Quàm. — 33 Contentus.—34 Parvum, i.—35 Solutus *ou* liber.—36 Metus, ûs, *m.*

NOTES DES EXERCICES.

§ 35. 1 Qui.—2 Compos, tis, sum.—3 Certus, a, um.

4 Expers, tis.

5 Dives, vitis.—6 Inops, pis.—7 T. *vous viendrez dans le mépris*, in contemptum venio, is, ire.

8 Fecundus, a, um.

9 T. *est fertile en fruits et en hommes*, fertilis, e; fruges, um; et; homo, hominis.

10 Egenus, a, um.—11 Omnes; res, rerum, *f.*

NOTES DES EXERCICES.

§ 36. 1 T. Didium excipio, is, cepi, ere, *act*

2 Ejus.—3 Contaminatus.—4 Interficio, is, feci, ere, *act.*

Après lui [5], Macrin régna peu de temps [6].

Héliogabale [7], élevé à [8] l'empire, à l'âge de quatorze ans [9], *sans avoir aucune* vertu [10], surpassa [11] en infamie [12] Caligula, Néron et Domitien.

Il fut assassiné à l'âge de dix-huit ans [13].

Doué des plus heureuses [14] qualités, Alexandre Sévère [15] était *digne de* l'empire.

Le sénat, *charmé des* [16] vertus du jeune [17] prince, et *délivré des* [18] craintes [19] que [20] lui avaient inspirées [21] tant de [22] cruels tyrans, faisait des vœux [23] pour la durée de son règne [24].

Les soldats, *contenus par* [25] une discipline sévère, et *endurcis aux* [26] fatigues de la guerre, étaient dociles aux ordres [27] de leurs [28] généraux [29].

Tout [30] présageait [31] un heureux avenir [32] aux Romains.

Mais ce bon prince, *exempt de* [33] tous les vices, fut assassiné par [34] des traîtres, à l'instigation [35] de Maximin.

§ 37. *Fier de* [1] ses forces et de son courage qui *tenait de* la férocité [2], Maximin [3] se fit [4] élire [5] empereur.

Il fut tué [6] par les Prétoriens, et, avec lui, périt son [7] fils, jeune homme d'un esprit cultivé, et *digne d'un* meilleur sort.

Peu de temps auparavant [8], Gordien [9], proconsul d'Afrique, *vénérable par* son [10] âge, *distingué par* [11] sa naissance [12] et par son mérite [13], avait été élevé [14] à l'empire, et détrôné [15] presque aussitôt par [16] Capélien, gouverneur [17] de Numidie.

Alors deux princes, Maxime et Balbin [18], sont choisis par [19] le sénat.

Mécontens [20] de ce [21] choix, et se croyant [22] *frustrés de* [23] leurs droits [24], les soldats se révoltent [25], et les deux empereurs, *privés de* [26] tout secours, sont massacrés.

Depuis longtemps [27] le sénat *était dépouillé de* [28] son autorité.

Les généraux, *comptant sur* [29] l'appui [30] de leurs [31] soldats, se regardaient comme [32] *affranchis de* [33] toute espèce [34] de déférence [35] envers cet ordre, et le peuple, *fatigué des* [36] discordes civiles, *accablé de* [37] misère, se soumettait [38] sans résistance [39] au joug qu'on lui imposait [40].

5 Exstincto Caracallà.—6 Parùm diù.

7 Heliogabalus.—8 Evectus ad, *acc.*—9 Agens, *régit l'acc.* quartus decimus annus, i.—10 Omnis, e; que; expers virtus, tis.—
11 Vinco, is, vici, cere, *act.*—12 Flagitiorum turpitudo, dinis, *abl.*

13 T. *la dix-huitième année (abl.) de son âge.*

14 Optimus, a, um.—15 Alexander Severus.

16 Delectatus.—17 Junior, is.—18 Solutus.—19 Metus, ûs, *au sing.*—20 *Accus.*—21 Injicio, jeci, ere.—22 Tot.—23 Votis exposco, is, ere. — 24 T. *afin qu'il régnât longtemps*, ut, *subj* ille diù regnarem, es.

25 Cohibitus, a, um.—26 Induratus, a, um.—27 Dicto audiens, tis; eram, as.—28 Suus, a, um.—29 *Au dat.*

30 Omnia. — 31 Portendo, is, ere. *acc.*—32 Rerum status, ûs.

33 Purus, a, um; ab.—34 A, *abl.*—35 Impulsus, ûs, *à l'abl.*

§ 37. 1 Ferox, cis. — 2 T. *qui était approchant à...* affinis sum, eram; feritas.—3 Maximinus.—4 *Fit qu'il fut élu*, efficio, feci; ut, *subj.*—5 Consalutarer, reris.

6 Interficio, feci, fectum; à, *abl.*—7 *Ne se rend pas.*

8 Paùlò antè.— 9 Gordianus.— 10 *Ne se rend pas.*—11 Clarus.-
12 Genus, eris, *n.*—13 Virtus, tutis.—14 Evehor, evectus sum; ad, *acc.*—15 Deturbatus solium, ii, *abl.*—16 A, *abl.*—17 Capelianus, i.

18 Maximus et Balbinus.—19 Eligor, electus sum, es; à, *abl.*

20 Offensus, a, um.—21 Qui, quæ, quod.—22 Seque arbitror, aris, ari, *acc.*—23 Fraudatus, a, um. — 24 Suum jus, juris, *au sing.*
—25 Rebello, as, are, *v. neut.*—26 Nudatus, a, um.

27 Jampridem.—28 Spoliatus sum, eram.

29 Fretus, a, um. — 30 Præsidium, ii, *n.* — 31 Suus, a, um. —
32 Existimo, as, are; se. — 33 Immunis, e. — 34 Omnis, is, e, *espèce ne se rend pas.*—35 Observantia, æ, *f.*—36 Plebs, *fém.;* fessus; a.—37 Confectus.—38 T. *subissait*, subeo, is, ire, *acc.*
39 Non reluctante animo.—T. *le joug imposé à soi.*

Mirabile visu.

Après les adjectifs *admirable à*, *facile à*, *difficile à*, l'infinitif français, lorsqu'il peut se tourner par *à être*, se rend par le supin en *u*. Ex.: chose admirable à voir, *res visu mirabilis*, ou *mi-*

EXERCICES ÉLÉMENTAIRES.

§ 38. Ce qu'il y a de[1] *mieux*[2] *à faire*[3] est toujours ce qu'il y a de *mieux*[4] *à entreprendre*[5].

La chair du paon est dure *et difficile à digérer*[6].

Le fer est de tous les métaux le plus *difficile à mettre en œuvre*[7].

Rien de[8] *plus utile à entendre* que[9] le langage[10] de la vérité.

Tout ce qui[11] est *honnête à faire* est toujours utile.

L'univers[12] offre[13] un septacle *admirable à voir*.

Les actions[14] *dignes d'être connues*[15] ne sont pas toujours celles dont on parle le plus[16].

Voilà un événement[17] *incroyable à raconter*[18].

Rien de plus *difficile à trouver*[19] qu'un[20] ami fidèle.

Rien n'est[21] si[22] *agréable à lire*[23] que[24] l'histoire des anciens temps[25].

Il y a bien des choses[26] *dures à supporter*[27].

Le visage[28] d'un homme irrité est *hideux* et *horrible à voir*[29].

Il *n'est pas permis de faire*[30] ce *qu'il n'est pas permis de* dire[31].

Le sage, *s'il est permis de le dire*[32], ressemble[33] à Dieu.

Qu'est-il besoin[34] *de dire* que la vertu doit être désintéressée[35]?

Difficile est studere ediscendis.

Si le verbe latin n'a point de supin, tournez la phrase de cette manière :

rabile visu. Quand on n'exprime pas le mot *chose*, l'adjectif latin se met au neutre ; on sous-entend *negotium.*

On trouve aussi le supin en *u* avec *dignus*, digne de ; avec *fas*, il est permis ; *nefas*, il n'est pas permis ; *opus est*, il est besoin, etc.

NOTES DES EXERCICES.

§ 38. 1 *Ce qu'il y a de*, quod. — 2 Optimus, a, um. — 3 Facio, feci, factum. — 4 Semper est optimus, a, um. — 5 Incipio, cepi, ceptum.

6 Concoquo, is, xi, coctum.

7 Tracto, as, avi, atum.

8 Nihil, *neut.* — 9 Quàm. — 10 Sermo, nis, *m.*

11 Quidquid, *n.*

12 Hæc rerum universitas. — 13 Exhibeo, es, erc, *acc.*

14 Factum, i, *n.* — 15 Dignus, a, um ; cognosco, novi, gnitum. — 16 *Qui sont le plus vantées*, quæ maximè prædicor, aris.

17 Res illa est. — 18 Incredibilis, e ; memoro, as, avi, atum.

19 Invenio, nis, veni, ventum. — 20 Quàm.

21 Nihil, *n.* — 22 Tàm. — 23 Jucundus, a, um ; lego, lectum. — 24 Quàm. — 25 Prisca, æ ; ætas, atis.

26 Multa, *pl. n.* incidunt. — 27 Durus, a, um ; tolero, atum.

28 Facies, ei, *f.* — 29 Fœdus et horrendus, a, um ; video, visum.

30 Nefas est facio, feci, factum. — 31 Quod nefas est dico, xi, ctum.

32 Si fas est, dico, xi, ctum (*le ne se rend pas*).—33 Similis sum.

34 Quid opus est. — 35. T. *la vertu (à l'acc.) devoir être désintéressée*, gratuitus, a, um ; esse debere.

La leçon est difficile à étudier, *tournez :* il est difficile d'étudier la leçon, *difficile est studere ediscendis.*

Avec *facilis, difficilis, jucundus*, les meilleurs écrivains se servent souvent de *ad* avec le gérondif en *dum.*

L'emploi du supin en *u* se bornant à un certain nombre de verbes, on préfère, en général, la tournure par l'infinitif.

EXERCICES ÉLÉMENTAIRES.

§ 39. Le bonheur est *difficile à atteindre* et plus difficile encore *à conserver* [1].

L'hospitalité est *agréable à exercer* [2].
La géographie est une science *agréable* [3] *à étudier.*
Dieu *est facile à servir* [4] tandis que [5] les hommes *sont difficiles* [6] *à contenter* [7].

La véritable gloire *est difficile à acquérir* [8].
La religion nous donne des préceptes *utiles à suivre* [9].
L'avarice est une maladie [10] *difficile à guérir* [11].

L'ambition ouvre une carrière [12] *pénible à parcourir* [13].

Une petite fortune [14] est quelquefois plus *difficile à faire* [15] qu'une grande [16].

Le mal *est facile à faire* [17] et *difficile à réparer* [18].
Le sentier de la vertu *est rude* [19] *à gravir* [20], mais il [21] conduit au [22] bonheur.
Les ouvrages des grands écrivains *sont bons à consulter* [23] et propres [24] *à former* [25] le goût [26].

Doctior Petro ou *quàm Petrus.*

Après le comparatif exprimé par un seul mot latin, on met le nom à l'ablatif en suprimant *que*, on l'on exprime le *que* par *quàm*, et l'on met ordinairement le nom qui suit *quàm* au même cas que le comparatif. Ex. Plus savant que Pierre, *doctior Petro* ou *quàm*

EXERCICES ÉLÉMENTAIRES.

§ 40. Le Danemark [1] est plus fertile [2] que la Suède [3].
Les méchants sont souvent plus riches [4] que les gens de bien [5].
L'Europe est plus petite [6], mais elle est plus puissante et plus éclairée [7] que l'Asie, l'Afrique et l'Amérique.
Je ne connais pas [8] de plus grand fléau [9] en amitié [10] que la flatterie.

NOTES DES EXERCICES.

§ 39. 1 T. *il est difficile d'atteindre*, assequi, or, eris (*acc.*), *le bonheur, et plus difficile*, difficilius etiam, *de le (ne se rend pas), conserver*, retineo, es, ere.

2 T. *il est agréable d'exercer*, indulgeo, ere, hospitio.

3 T. *qu'il est agréable d'étudier*, cui, etc.

4 Servio, is, ire. *dat.* — 5 T. *tandis que*, verò, *se met après le premier mot de la phrase.* — 6 T. *il est difficile de.* — 7 Satisfacio, is, cere, *dat.*

8 Consequor, eris, equi, *acc.*

9 T. *qu'il est utile de suivre*, quibus pareo, es, ere, *etc.*

10 Ejus modi morbus est. — 11 *Qu'il est difficile de guérir*, cu. medeor, eris, eri, *dat., etc.*

12 Inducit in curriculum. — 13 T. *qu'il est pénible de parcourir*, quod emetior, iris, iri, *acc.*; arduus, a, um.

14 Modicæ, arum; opes, um. — 15 T. *il est plus difficile de faire une...*, colligo, gere, *acc.* — 16 T. *que d'en acquérir une grande*, quàm amplus, a, um; comparo, as, are, *act.*

17 Patro, as, are. — 18 Sarcio, is, cire.

19 Arduus, a, um. — 20 Scando, is, ere, *acc.* — 21 Hic, illa, illud, verò. — 22 Duco, cis, ere, ad, *acc.*

23 Consulo, ere, *acc.* — 24 Illa quidem aptus, a, um. — 25 Informo, as, are, *acc.* — 26 Judicium, ii, *n.*

Petrus. Je ne connais personne plus savant que Paul, *neminem novi doctiorem Paulo* ou *quàm Paulum.*

Le comparatif d'infériorité s'exprime par moins, *minùs*, et le *que* par *quàm.* Le comparatif d'égalité s'exprime par si, aussi, *tàm* et le *que* par *quàm.* Ex. : Moins savant que Pierre, *minùs doctus quàm Petrus.* Aussi savant que Pierre, *tàm doctus quàm Petrus.* Il n'est pas si savant que vous, *non est tàm doctus quàm tu.*

NOTES DES EXERCICES.

§ 40. 1. Dania, æ. — 2 Fertilis. — 3 Suecia, æ.

4 Dives, ditior, is. — 5 Vir, i; bonus, i.

6 Parvus, minor. — 7 Doctus, ior.

8 T. *je ne connais aucun*, nullus, a, um; novisse, novi, *acc.* — 9 Pestis, is, *f.* — 10 In amicitiis.

L'esclavage est pire [11] que tous les maux.

Il n'y a rien de [12] plus utile à l'homme que la bonté [13].

L'argent vaut moins [14] que l'or, l'or vaut moins que la vertu.

Rien de [15] plus fort que l'habitude.

La beauté [16], bien souvent, plaît moins que les manières [17]

Rien ne [18] choque plus [19] un homme de mérite [20] que applaudissements des sots.

Il n'y a pas [21] d'ami plus fidèle qu'un bon livre.

La chèvre est plus forte, plus légère, plus agile et moins timide que la brebis.

Je pense [22] qu'une paix assurée est [23] meilleure qu'une [24] victoire qu'on espère [25].

Je ne [26] favorise [27] personne [28] plus que [29] *vous.*

Lacédémone [30] n'a pas produit de plus grand homme [31] que Lycurgue [32].

Je pense que la science est [33] plus précieuse que les richesses.

Rien n'est si [34] agréable à Dieu que la piété et l'innocence.

Quoi de [35] si absurde que d'avoir du goût pour [36] les frivolités [37] !

Felicior quàm prudentior. — Feliciùs quàm prudentiùs.

Quand, après un comparatif, le *que* est suivi d'un adjectif ou d'un adverbe, cet adjectif ou cet adverbe se met encore au comparatif et au même cas que le premier. Ex. : Il est plus heureux que prudent, *felicior est quàm prudentior.* Plus heureusement que prudemment, *feliciùs quàm prudentiùs.*

EXERCICES ÉLÉMENTAIRES.

§ 41. La véritable valeur a plus de prudence que d'emportement [1].

Alexandre était plus téméraire que brave.

Les lois de Dracon [2] étaient plus sévères [3] que justes [4],

Le sort [5] des rois est souvent plus à plaindre [6] qu'à envier [7].

11 Malus, pejor.

12 T. *rien n'est*, nihil, *n.* — 13 Facilitas, tatis.

14 Vilius est.

15 Nihil, *n.*

16 Forma. — 17 Lepidi mores, um.

18 Nihil. — 19 Graviter, viùs, offendo, is, *acc.* — 20 Præstanti ingenio vir, i.

21 Nullus est.

22 Censeo, es. — 23 T. *une paix assurée être*, pacem certam esse. — 24 Quàm, *une ne se rend pas.* — 25 T. *espérée*, speratus, a, um.

26 Ne *ne se rend pas devant les mots négatifs, tels que* nemo, nullus, nihil. — 27 Faveo, es, *dat.* — 28 Nemo, minis. — 29 Magis quàm.

30 Lacedæmon. — 31 T. *n'a produit*, gigno, is, genui, *acc.; personne*, neminem virum, *plus grand.* — 32 Quàm Lycurgus, gi.

33 Existimo scientiam esse.

34 Tàm.

35 Quid, *n.* — 36 Delector, aris, ari, *abl.* — 37 Nugæ, arum.

Si l'un des deux adjectifs ou des deux adverbes n'a pas de comparatif, on exprime toujours plus par *magis* et l'on met les deux adjectifs ou les deux adverbes au positif. Ex. : Ils envoyèrent un général plus téméraire qu'habile, *miserunt ducem magis temerarium quàm peritum.* On doit honorer Dieu avec plus de piété que de magnificence, *Deus colendus est magis piè quàm magnificè.*

NOTES DES EXERCICES.

§ 41. 1 T. *est plus prudente qu'emportée*, fervidus, dior.

2 Draco, nis. — 3 Asper, a, um, ior. — 4 Æquus, a, um, ior.

5 Conditio, *f.* — 6 Miserandus, a, um, *sans comparatif.* — 7 Invidendus, a, um.

Les richesses sont souvent plus nuisibles[8] qu'utiles.

La plupart[9] des hommes montrent plus de courage dans[10] les dangers que de constance dans le malheur[11].

Les parents[12], par une tendresse aveugle[13], font plus de mal que de bien[14] à leurs enfants[15].

Souvent un ami donne[16] à son ami un conseil plus utile qu'agréable.

Les Athéniens firent[17] la guerre en Sicile[18] avec plus d'ambition que de bonheur[19].

§ 42. Le renard a plus d'adresse que de force[1], et emploie[2] plus d'esprit[3] que de mouvement[4] pour[5] se saisir de[6] sa proie.

Plus circonspect[7] qu'audacieux, il varie sa conduite suivant les circonstances[8].

Quoique aussi infatigable[9] et même[10] plus léger[11] que le loup, il ne se fie pas[12] entièrement à la légèreté de sa course[13].

Plus attentif à veiller à sa conservation[14] que désireux[15] d'atteindre sa proie, il sait se mettre en sûreté[16], en se pratiquant un asile[17], où il se retire[18] dans les dangers pressants[19].

Le loup ressemble beaucoup[20] au chien par sa conformation[21].

Cependant il a[22] la tête plus large que le chien de ferme[23], les oreilles plus courtes et droites[24].

Cet animal a plus de férocité que de courage[25], aussi[26] attaque[27]-t-il rarement seul[26] les bergeries.

Deux se réunissent pour cela[28].

L'un fait semblant d'attaquer[29], et fuit devant le chien, qui le poursuit[30] avec plus d'ardeur que de prudence[31]; l'autre, qui était en embuscade[32], se précipite alors sur[33] le troupeau.

Si le berger le repousse[34], il court rejoindre[35] son compagnon et dévore avec lui le chien abandonné de[36] son maître[37].

8 Noxius, a, um, *sans compar.*

9 Plerique.—10 Se gerunt fortiter, fortiùs; inter, *acc.*—11 Constanter, tiùs; inter adversa.

12 Parentes, um, *pl.* — 13 Inconsultus, i; amor, is, *m.* — 14 Malè, *comp.* pejus; quàm benè, meliùs; cousulo, is, *dat.*—15 Sui, suæ, sua; liberi, orum.

16 Aperio, is, *acc.*

17 Gero, is, gessi, *acc.* — 18 Sicilia, æ; *abl.* — 19 Cupidè, iùs; .... feliciter, ciùs.

§ 42. 1 T. *est plus adroit que fort*, ou mieux : *vaut plus par l'adresse que par la force*, Magis valeo, es; solertia, æ (*abl.*) quàm vires, ium (*abl.*). — 2 Utor, eris, uti, *abl.* —.3 Ingenium, ii. —4 T. *que du corps*, corpus, oris, *n.* — 5 Ad, *acc.* — 6 Occupo , as, are, *acc.*

7 Cautus, a, um. —8 T. *A lui, selon le temps*, pro tempore, *est une conduite*, agendi ratio, nis, *f., variée.*

9 T. *non moins supportant*, patiens, tis (*avec le gén.*), *la fatigue*, labor, is. — 10 Etiam. — 11 Levis, *par la course*, cursu. — 12 Fido, is, ere, *dat. ou abl. de la chose.* — 13 Pedes, dum.

14 Studiosus, a (*avec le génit.*), tuendus, a; vita, æ. — 15 Appetens, tis. — 16 T. *il pourvoit à son salut*, salus, tis; consulo, is. — 17 T. *un asile étant préparé*, paratus, a, um; sibi perfugium, ii, *à l'abl.* — 18 Quò se recipio, is. — 19 Instans, tis; periculum, i, *n., abl. sans prép.*

20 Simillimus. —21 Forma, æ, *abl.*

22 T. *à lui cependant*, illi tamen. — 23 Villaticus, a, um. — 24 Erectus, a, um.

25 *Cet animal*, fera, æ, *est plus féroce*, sævus, a, um, *que courageux.* —26 Rarò igitur unus.—27 Adorior, eris, iri, *acc.*

28 Bini ad hoc convenio, is, ire.

29 Irruptio, nis; minor, aris, ari, *acc.* — 30 Qui fugienti instat 31 Acriter, acriùs; prudenter, tiùs. — Tùm alter qui in, *abl.* insidiæ, arum; lateo, es, ere. — 33 Irruo, is, ere; in, *acc.*

34 Quod si à pastor, is (*abl.*), fugor, aris. — 35 T. *il se hâte vers* propero, as, are; ad, *acc.* — 36 Desertus, a, um; à, *abl.* — 37 Dominus, i.

1° *Magis pius quàm tu.*—2° *Majore virtute præditus.* —
3° *Doctior est quàm putas.*

1° Quand l'adjectif latin n'a point de comparatif, on exprime
plus par *magis*, alors le *que* s'exprime par *quàm*, ordinairement

---

EXERCICES ÉLÉMENTAIRES.

§ 43. La voix des petits[1] oiseaux est plus *agréable*[2] que
celle[3] des grands oiseaux[4].

Je pense[5] que Socrate est plus *illustre*[6] qu'Alexandre.

Le mécanisme[7] de la nature est peut-être plus *admirable*[8]
dans les petites[9] choses que dans les grandes[10].

Rien n'est plus *glissant*[11] que les degrés qui[12] conduisent[13] à la fortune.

L'homme de bien qui élève ses pensées vers[14] Dieu est
plus *pieux*[15] que le méchant qui charge[16] les autels d'of-
frandes[17].

Le travail est plus *nécessaire*[18] au bonheur que vous ne le
pensez.

Les Romains ont été quelquefois[19] plus *féroces*[20] que les
nations qu'[21]ils appelaient[22] barbares.

Les gens du peuple[23] sont souvent plus *magnanimes*[24]
que les grands[25].

Rien n'est plus *insolent*[26] qu'un sot[27] dans la prospérité[28].

Jamais[29] la fortune n'est plus *à craindre*[30] que lorsqu'elle
nous comble de ses faveurs[31].

Majori virtute præditus.

2° Quand l'adjectif français se rend en latin par deux mots (un
adjectif qui n'a pas de comparatif et un nom), on exprime, en
général, *plus* par *major, majus; moins* par *minor, minus*, que
l'on fait accorder avec le nom. : Plus vertueux, *majori virtute
præditus*; moins vertueux, *minori virtute præditus*, au lieu de

avec même cas après que devant (voir ci-après les observations)
Ex : Il est plus pieux que vous, *magis pius est quàm tu.* Presque
tous les adjectifs qui finissent par *eus*, *ius* et *uus*, n'ont ni comparatif ni superlatif.

NOTES DES EXERCICES.

§ 43. 1 Minor, is. — 2 Canorus, a, um. — 3 Vox, cis. — 4 Major,
is, *oiseaux ne se rend pas.*

5 Arbitror. — 6 T. *Socrate être plus illustre*, inclytus, a, um,
à l'acc.

7 Artificium, ii, *n.* — 8 Mirus, a, um. — 9 Minimus, a, um.
10 Maximus, a, um.

11 Lubricus, a, um. — 12 Per quos. — 13 Ascendendum est ad,
acc.

14 Mentem erigo, is; ad. — 15 Pius. — 16 Onero, as, *acc.* — 17
Donum, i, *abl.*

18 Necessarius, a, um.

19 Interdùm. — 20 Ferus, a, um. — 21 Qui, quæ, quod, *acc.* —
22 Voco, as, *acc,*

23 Plebeius, ia, ium; homo, inis. — 24 Magnanimus, a, um. —
25 Proceres, um.

26 Protervus, a, um.—27 Insipiens, tis.—28 Fortunatus, a, um.

29 *Jamais ne*, nunquàm. — 30 Metuendus, a, um.—31 Pleniori
manu bona sua nobis dilargitur.

---

magis, minùs virtute præditus. Cependant on dirait : *Nemo
magis quàm Titus præditus fuit hâc animi bonitate quæ*, etc.,
personne ne fut plus doué que Titus de cette bonté qui, etc.

On peut aussi employer d'autres tournures, suivant le sens des
adjectifs. Ex. : Plus populeux, *populo frequentior ;* plus vertueux
que riche, *virtutibus copiosior quàm pecuniâ.*

EXERCICES.

§ 44. Personne n'est plus *vertueux* que celui dont la vertu est désintéressée [1].

Nul général n'avait été plus heureux que Marius, cependant nul homme ne [2] fut accablé de *plus* de revers [3].

Londres [4] est *plus peuplé* [5] que Paris.

Épaminondas n'était pas *moins vertueux* que Socrate [6].

Henri IV [7] est un de nos plus grands rois [8] : jamais prince ne [9] *fut doué à un plus haut degré* [10] de cette bonté, de ce courage qui [11] excitent [12] à la fois [13] l'amour et le respect.

Les grands hommes [14] sont ordinairement *plus vertueux que riches*.

Les Gaulois étaient *plus impétueux* [15] dans [16] les combats que *constans* dans les revers [17].

Doctior est quàm putas.

3° Si le *que*, après le comparatif, est suivi d'un verbe, on exprime toujours *que*, et l'on met en latin le même temps que dans

---

EXERCICES.

§ 45. On voit le passé [1] meilleur qu'il *ne l'a été;* on trouve le présent [2] pire qu'il *ne l'est;* on espère l'avenir [3] plus heureux qu'il *ne le sera*.

La mort est une chose moins terrible [4] que nous *ne l'imaginons* [5].

Il vaut mieux être utile [6] aux méchans à cause [7] des bons, que *de ne* pas *être utile* [8] aux bons à cause des méchans.

Quoi de plus absurde [9] que *de* ne pas *apprendre* [10], parce qu'on est resté longtemps sans apprendre [11] ?

Il vaut souvent mieux [12] dissimuler [13] une injure que *de s'en venger* [14].

Le plaisir cause [15] plus [16] d'ennui et le travail plus [16] de plaisir *que vous ne pensez*.

NOTES DES EXERCICES.

§ 44. 1 Gratuitus, a, um.

2 Nemo. — 3 T. *se servit d'une fortune plus grave*, utor, usus sum, *abl.*, gravis, ior; fortuna, æ.

4 Londinum, *neut.* — 5 Populo frequens, tis.

6 Socrates, is.

7 Henricus Quartus. — 8 Nostros inter rex, gis; maximus emineo, es. — 9 Nullus unquàm vir princeps. — 10 T. *ne fut plus doué.* — 11 Quæ. — 12 Moveo, es, *act.* — 13 Simul.

14 Vir, i.

15 T. *aux Gaulois était une âme plus impétueuse*, animus alacer, cris, crior. — 16 Inter, *acc.* — 17 Adversa, orum, *pl. n.*

le français. Ex. : Il est plus savant que vous ne pensez, *doctior est quàm putas* (*ne* qui suit le comparatif français ne s'exprime pas en latin). Rien n'est plus honteux que de mentir, *nihil turpius est quàm mentiri* (*de* ne s'exprime pas).

NOTES DES EXERCICES.

§ 45. 1 Præterita videntur. — 2 Præsentia habentur. — 3 Futura sperantur.

4 Tetra minùs et gravis. — 5 *Le ne se rend pas*, puto, as.

6 Satius est prodesse, *dat.* — 7 Propter, *acc.* — 8 Deesse, *dat.*

9 Quid, *n.;* stultus, a, um. — 10 Disco, is, scere.
11 T. *parce que longtemps*, diù, *tu n'auras pas appris*, disco, didici, didicero.

12 Præstat. — 13 Dissimulo, are, *act.* — 14 Ulciscor, sceris, sci, *acc.*

15 Affero, affers, *act.* — 16 Plùs, *génit.*

Quand nous recevons un bienfait [17], nous devons imiter les champs [18] fertiles qui rendent beaucoup plus [19] *qu'ils n'ont reçu* [20].

Récapitulation des règles précédentes, et *Observations* sur la Syntaxe du comparatif.

1° Certains verbes, tels que *malo*, j'aime mieux; *præstat*, il

---

EXERCICES.

§ 46. 1° Il *vaut mieux* [1] se faire aimer de ses ennemis que de s'en faire craindre [2].

Un bon prince *aime mieux* [3] défendre [4] son royaume par la justice [5] que par les armes.

Il *vaut mieux* se vaincre soi-même [6] que *de vaincre* ses [7] ennemis [8].

Le sage *aime mieux* acquérir [9] de la science que des richesses.

2° Après le comparatif on ne peut pas supprimer que, *quàm*, et mettre le nom qui suit à l'ablatif, si ce nom n'est ni sujet ni régime direct, c'est-à-dire si la comparaison ne se fait pas avec le *nom exprimé* qui suit *que*, mais avec un nom sous-entendu,

---

EXERCICES.

2° Rome n'a pas produit [1] plus de grands [2] hommes *que la Grèce.*

Les riches ont plus de besoins [3] *que les pauvres.*

L'Irlande produit [4] une plus grande quantité [5] de blé *que l'Angleterre* [6].

Le lion a [7] plus de noblesse et de générosité *que le tigre* [8].

3° Cependant, dans cette comparaison, qu'on appelle *comparaison oblique*, on met élégamment à l'ablatif les mots suivans : *opinione, spe, æquo, justo, solido, dicto*, etc. Ex. : J'ai ressenti

17 *Provoqués par un bienfait*, beneficio provocati. — 18 Ager,
gri, *m.* — 19 Multò plùs. — 20 Accipio, cepi.

---

vaut mieux, expriment une comparaison, et se construisent avec
quàm. Ex. : Il vaut mieux pardonner que de se venger, *præstat
ignoscere quàm ulcisci*.

NOTES DES EXERCICES.

§ 46. 1° 1 Præstat. — 2 T. *inspirer à ses ennemis l'amour de
soi que la crainte*, injicio, is, ere, *acc.*; suî amor, is.; me-
tum incutere.

3 Malo, mavis. — 4 Tueor, eris, eri, *acc.* — 5 Æquitas, tatis, *abl.*

6 Se ipsum. — 7 *Ne se rend pas.* — 8 Hostis, is, *m.*

9 Comparo, as, *acc.*

---

comme : L'Amérique a de plus grands fleuves que l'Europe, *America majores habet fluvios quàm Europa*, et non *majores fluvios Europâ*. Le terme de la comparaison est sous entendu ; c'est
le nom *fleuves :* des fleuves plus grands que *les fleuves.*

NOTES DES EXERCICES.

2° 1 Gigno, is, genui, *acc.* — 2 Plures et major, is.

3 Dives, vitis; majore laborant inopiâ.

4 Hibernia fero, fers, *acc.* — 5 Magnus, a, um; copia, æ. —
6 Britannia.

7 T. *au lion est.* — 8 T. *un caractère*, indoles, *plus noble et
plus généreux qu'au tigre.*

---

une douleur plus vive qu'on ne le pense généralement, *opinione
omnium majorem cepi dolorem* (plus grande que l'opinion). Cet
ablatif est gouverné par *pro*, que l'on exprime quelquefois.

EXERCICES.

3° Une raillerie mordante [1] passe [2] de [3] bouche en bouche [4] plus vite [5] *qu'on ne saurait l'exprimer* [6].

Vous vous êtes levé [7] plus tôt [8] *que de coutume* [9].

Cicéron [10] étouffa [11] les complots [12] de Catilina plus tôt [13] qu'*on ne l'espérait* [14].

L'un [15] prend de lui plus de soins [16] *qu'il ne faut* [17], l'autre [15] se néglige [18] plus *qu'il ne convient* [19].

4° Nous ferons également remarquer l'emploi élégant de *qui*, *quæ*, *quod*, à l'ablatif avec son antécédent devant le comparatif.

EXERCICES.

§ 47. 4° Les lettres procurent [1] des jouissances telles [2] *qu'il* n'en est pas de plus douces [3].

Jamais combat ne fut plus célèbre [4].

Chez les anciens [5] Romains, on décernait [6] une couronne de gazon [7] à celui qui avait sauvé [8] l'armée, et il n'y avait pas de récompense plus glorieuse [9] chez le premier peuple du monde [10].

Nul peuple, dans l'antiquité, ne fut plus belliqueux que les Athéniens [11].

Les Phéniciens sont [12] les plus hardis navigateurs dont il soit parlé dans l'histoire [13].

5° Lorsque le verbe sous-entendu ne peut pas être suppléé par celui qui précède, on ajoute alors *quàm est* ou *quàm fuit*, etc., au nom qui suit *que*. Ex. : Germanicus perdit son frère Drusus, (qui

---

EXERCICES.

5° Octave [1] disait qu'il serait [2] mieux préparé [3] *à défendre sa vie* [4] *que César ne l'avait été* [5].

NOTES DES EXERCICES.

3° 1 Dicterium, ii, *n.;* mordax, cis. — 2 Circumferor, rris, rri
3 T. *par*, per, *acc.*—4 T. *les bouches*, ora, *pl. n.* — 5 Citiùs.
6 T. *que la parole*, dictum, i.

7 Surgo, is, surrexi, *v. neut.* — 8 Maturiùs. —9 Solitum, i.

10 Cicero, nis. —11 Exstinguo, is, xi, *acc.* — 12 Nefarius, a,
um; consilium, ii, *n.* — 13 Citiùs. — 14 T. *que l'espérance*
spes, ei.

15 Alter. —16 Plus se colo, is. — 17 T. *que le juste*, justum, i,
abl. — 18 Se negligo, is. — 19 Justum, i, *abl.*

Ex. : Rien n'est plus funeste que ce fléau, *quâ peste nihil perni-
ciosius.*

NOTES DES EXERCICES.

§ 47. 4° **1** Affero, fers, *acc.* —2 Ejus modi gaudium. — 3 Quo nihil
dulcius.

4 Qui, quæ, quod; pugna, æ, *f.*; nullus, a, um; unquàm nobilis, nobilior.

5 Vetus, teris. — 6 *Était décernée*, decerno, is, ere. —7 Grami-
neus, a, um.—8 Servo, as, are, *acc.* — 9 Qui, quæ, quod,
nullus, a, um, fuit nobilis, ior, merces, *f.* — 10 Princeps, cipis;
orbis, bis, terrarum.

11 T. *la nation des Athéniens fut celle (en comparaison) de
laquelle nulle ne fut plus belliqueuse.* Gens Atheniensium; is,
ea; sum, es; qui, quæ, quod; nullus, a, um; priscis ætatibus;
belli studiosus, a, um, sior.

12 Gens Phœnicum; is, ea; sum, es. —13 T. *(en comparaison)
de laquelle* qui, quæ, quod, *aucune plus audacieuse en navi-
guant est rapportée*, nullus, a, um; audax, cior; in navigando
memoror, aris.

était) plus jeune que lui, *Drusum Germanicus, minorem natu,
quàm ipse erat, fratrem amisit.*

NOTES DES EXERCICES.

5° 1 Octavius. —2 T. *soi*, suî, sibi, se *(acc.), devoir être.* —
3 Munitus, ior; fore. —4 Ad tuendus, a, um; vita, æ. —5 Quàm
Cæsar fuissem, es.

Les Perses [6] trouvèrent [7] Alexandre plus équitable que Darius [8].

L'orgueil et l'ambition peuvent rendre [9] l'homme plus féroce [10] *que les bêtes elles-mêmes* [11].

Cicéron vainquit [12] Catilina, ennemi plus redoutable [13] qu'*Annibal* [14].

Je viens de [15] Berlin [16], ville [17] moins grande [18] *que Paris*.

6° Dans les expressions : supérieur à, *superior*, *præstantior*, inférieur à, *inferior*, le nom qui suit *à* doit se mettre non au datif,

---

EXERCICES.

6° Toutes les grandeurs [1] humaines sont au-dessous [2] *de la vertu* [3].

Celui qui [4] meurt [5] injustement [6] et contre [7] les lois est plus heureux et plus grand [8] *que ses juges*.

La vertu est toujours supérieure *à la fortune*.

Épaminondas n'est inférieur [9] *à aucun* [10] des grands hommes de l'antiquité.

L'expérience est supérieure [11] *à l'art*.

Il y a [12] un [13] courage [14] civil [15] qui ne le cède point [16] *au courage guerrier* [17].

7° On se sert souvent du comparatif au lieu du positif pour donner plus ou moins de force à l'expression. Ex. : Vous me paraissez triste, *tristior mihi videris*.

EXERCICES.

7° On trouve *beaucoup* de tigres [1] dans les régions les plus chaudes de l'Asie.

Le lion pris *jeune* [2] se montre [3] plus doux [4] et plus docile que sa nature ne semble le comporter [5].

Cet accident m' [6] a paru [7] *grave* [8].

Ce *jeune* [9] prince est d'un heureux caractère.

Les hommes se trompent [10] *souvent* [11].

6 Persæ, arum, *m.* — 7 T. *se servir de...* utor, usus sum, *abl.*

8 Quàm Darius sum, fui. — 9 Efficio, is, cere, *acc.* — 10 Magis ferus, a, um. — 11 Ipse, a ; bellua, æ, *f.*

12 Vinco, vici, *act.* — 13 Hostis magis metuendus, a, um. — 14 Annibal, is.

15 Venio. — 16 Berolinum, i, *abl. sans prép.* — 17 Ex urbs, bis. — 18 Amplus, a, um.

---

mais plutôt à l'ablatif. Ex. : Il n'y a rien de supérieur à la vertu, *nihil virtute præstantius.*

NOTES DES EXERCICES.

6° 1 Dignitas, tatis, *f.* — 2 Inferior, is. — 3 *A l'abl.*

4 Qui. *Celui ne se rend pas.* — 5 Morior, eris, mori. — 6 Iniquè. 7 Contrà, *acc.* — 8 Superior.

9 Inferior. — 10 *Aucun* avec une négation (*ne aucun*), nullus, a, um.

11 Præstantior.

12 T. *il est*, sum, es. — 13 Quidam, quædam. — 14 Fortitudo, *f.* — 15 Domesticus, a, um. — 16 T. *non inférieur.* — 17 Militaris, is.

NOTES DES EXERCICES.

7° 1 T. *des tigres se présentent plus fréquents*, frequentior, is, occurro, is, *v. n.*

2 Junior. — 3 Se præbeo, es. — 4 Mitis, e. — 5 Ferre videtur.

6 T. *à moi.* — 7 Videor, visus sum. — 8 Gravis, ior.

9 Juvenis, junior.

10 Erro, Erro, as. — 11 Sæpè, sæpiùs.

SUPERLATIF.

Altissima arborum ou *ex arboribus* ou *inter arbores.* —
Ditissimus urbis , — *harum regionum.*

Le superlatif veut le nom pluriel qui le suit au génitif, ou à l'ablatif avec *ex* , ou à l'accusatif avec *inter*. Ex. : Le plus haut des arbres, *altissima arborum* , ou *ex arboribus* , ou *inter arbores.*
— Le superlatif s'accorde en genre avec le nom pluriel qui le suit, lorsqu'il se rapporte à ce nom , c'est-à-dire quand ce nom est sous-

EXERCICES ÉLÉMENTAIRES.

§ 48. L'homme qui n'a[1] aucune [2] vertu est le plus malheureux des hommes.

Platon [3] fut le plus savant des philosophes de la Grèce.

La ville de Syracuse [4] était la plus belle et la plus grande de toutes les villes grecques.

Auguste fut le plus rusé [5] des tyrans.

Titus fut le meilleur des princes.

Le tigre est le plus féroce [6] des animaux [7].

Rome fut la plus remarquable [8] de toutes les villes.

Le vent [9] du midi [9] est le plus chaud des vents.

Le chemin qui conduit à [10] la gloire est le plus escarpé [11] et le plus glissant [12] de tous.

La gloire est la plus belle et la plus noble des récompenses [13].

Les républiques [14] les plus remarquables [15] de la Grèce étaient Athènes et Lacédémone [16].

Alexandre est le conquérant [17] le plus célèbre [18] des anciens temps [19].

EXERCICES GÉNÉRAUX.

§ 49. Le cerf, comme [1] le plus noble *habitant des bois* [2], occupe [3] dans les forêts les lieux [4] ombragés [5] par les cimes [6] des plus hautes futaies [7].

Le chevreuil [8], comme [9] étant d'une espèce inférieure [10] ,

entendu devant le superlatif. On pourrait dire *arbor altissima arborum.* Mais on dit *ditissimus urbis*, *ditissimus harum regionum*, parce que le mot sous-entendu n'est ni *urbs*, ni *regio*, mais *homo.* — Quand l'adjectif latin n'a pas de superlatif, on se sert de *maximè* avec le positif. Ex.: Le plus remarquable de tous, *maximè omnium conspicuus.*

Souvent, au lieu du superlatif, on se sert avec élégance du comparatif, en tournant la phrase de cette manière: Néron le plus cruel des tyrans, *Nero quo nullus fuit crudelior tyrannus* (en comparaison duquel aucun, etc.)

NOTES DES EXERCICES.

§ 48. 1 T. *destitué de toute*, destitutus, *rég. l'abl.* — 2 Omnis.

3 Plato, nis, *m.*

4 Syracusæ, arum, *f.*

5 Callidus, a, um.

6 Sævus, a, um. — 7 Fera, æ.

8 Conspicuus, a, um, *sans superl.*

9 Auster, tri, *m.*

10 Duco, is, ad, *acc.* — 11 Arduus, a, um. — 12 Lubricus, a, um, *sans superl.*

13 Præmium, ii, *neut.*

14 Civitas, tatis. — 15 Conspicuus, a, um. — 16 Athenæ, arum; Lacedæmon, is, *f.*

17 Domitor gentium. — 18 Celeber, bris, e. — 19 Priscæ, arum; ætates, tatum.

NOTES DES EXERCICES.

§ 49. 1 Ut. — 2 Sylvicola, æ, *m.* — 3 Teneo, es, *acc.* — 4 T. *les parties des forêts*, pars, tis. — 5 Quæ obumbrantur, *avec l'abl.* — 6 Cacumen, minis, *n.* — 7 Altissimus, a, um; arbor, is, *f.*

8 Capreolus i, *m.* — 9 Ut pote. — 10 T. *inférieur par l'espèce*,

content d'habiter sous des lambris plus bas [11], se plaît dans [12] le feuillage le plus épais [13] des jeunes taillis [14].

C'est le plus leste, le plus gracieux, le plus éveillé des hôtes de nos bois [15].

Il n'en est point dont les membres soient plus souples, les mouvemens plus prestes [16], qui bondisse avec plus de légèreté [17].

Il se plaît dans les endroits [18] les plus secs et les plus élevés [19] des forêts, et où [20] l'air est le plus pur [21].

Pyrrhus, roi d'Épire [22], était le prince de son siècle le plus habile [23] dans le métier des armes [24], et le plus entre-prenant [25].

Moïse [26], ce chef célèbre [27] des Hébreux [28], le plus ancien des historiens [29], le plus sublime des philosophes [30], le plus sage des législateurs [31], a été admiré par les plus grands hommes de l'antiquité [32].

Optimus quisque illi favet.

Quand le superlatif pluriel n'est pas suivi d'un génitif, il faut

---

EXERCICES.

§ 50. Prions[1] *nos plus fidèles amis* [2] de nous avertir[3] librement de nos défauts [4].

Les plus honnêtes gens peuvent *faire une faute*[5]; mais ils s'en repentent [6] aussitôt.

Les plus braves soldats ne sont pas toujours exempts de crainte ; mais ils rappellent leur [7] courage à l'approche du danger [8].

Parmi les animaux, ainsi que [9] parmi les hommes, *les plus cruels* sont [10] généralement [11] les plus lâches.

Le tigre, malgré sa férocité [12], prend la fuite [13] à la vue d'un danger qu'il ne connaît pas [14]; tandis qu'un seul lion

genus, eris, *à l'abl.*, — 11 T. *content d'une demeure plus basse*,
contentus (*avec l'abl.*); humilior, is; domus, ùs, *f.* — 12 Gaudet
versari inter, *acc.* — 13 Frondes, dium, *f. pl.*; densus, a, um.
— 14 Recens, tis; sylva, æ.

15 T. *il est celui (en comparaison) duquel aucun entre les hôtes
des bois*; is est qui, quæ, quod; nullus inter (*acc.*), sylvicola,
æ, *est plus leste, etc.*, promptus, a, um; venustus, a, um;
alacer, cris, cre.

16 T. *aucun ne se sert d'un mouvement plus facile des membres,
plus preste du corps*, nullus utor, eris, ti (*abl.*); facilis, e; mem-
bra, orum; expeditus, a, um; corpus, oris; motus, ùs. — 19
T. *aucun plus léger ne fait des sauts*, nullus levior saltus, ùs;
edo, is, ere, *acc.*

18 Delector, aris, *abl.*; præsertim loca, corum, *pl. n.* — 19 Editus, a, um. — 20 Ubi. — 21 Liquidior spiro, as; aër.

22 Epirotæ, arum. — 23 T. *fut celui (en comparaison) duquel
aucun entre les princes*, is sum, fui; qui, quæ, quod; nullus
inter, *acc.*; vir, i, princeps, cipis; sua, æ; ætas, tatis; peritus,
tior. — 24 Ars, tis; bellica, æ. — 25 Nullus in suscipiendo audax, cior.

26 Moses, is, *m.* — 27 Celeberrimus ille dux. — 28 Hebræus, i.
— 29 Qui, quæ, quod; nullus inter, *acc.*; historicus, ci, *m.*;
antiquus, quior. — 30 Inter, *acc.*; philosophus, i; sublimis,
ior. — 31 Sapiens, tior; inter, *acc.*; legislator, is. — 32 T. *a été
à admiration aux plus grands hommes entre les anciens*,
vetus, teris.

---

ajouter *quisque* au superlatif latin. Ex. : Les plus honnêtes gens
le favorisent, *optimus quisque illi favet.*

NOTES DES EXERCICES.

§ 50. 1 Rogemus, *acc.* — 2 Amicissimus quisque. — 3 T. *afin qu'il
nous avertisse*, ut moneo, es, eam. — 4 *Gén. ou abl. avec* de.

5 Pecco, cas, are. — 6 Peccati eos pœnitet.

7 *Ne se rend pas.* — 8 Instans, tis; periculum, i, *à, l'abl.*

9 Ut. — 10 T. *chaque (animal s.-entendu) le plus cruel est*, cru-
delissimus, a, um; quisque, quodque. *N'oubliez pas que dans
toutes ces phrases le pluriel est remplacé par le singulier.* —
11 Plerumquè.

12 T. *quoiqu'il soit très-féroce*, ferus, *sans superl.* — 13 In,
acc.; fuga, æ; vertor, eris, ti. — 14 T. *un danger inconnu,*

du désert [15] attaque [16] souvent une caravane entière [17], et *les chasseurs les plus adroits et les plus intrépides* ne peuvent [18] l'*obliger à fuir* [19], tant qu'il [20] est dans la plaine [21].

Validior manuum.

Quand on ne parle que de deux choses, au lieu du superlatif

EXERCICES.

§ 51. Carthage [1] et Rome furent ingrates envers [2] leurs deux plus grands citoyens.

Mais Rome fut *la plus ingrate*, car elle exila Scipion après ses victoires [3].

Si deux hommes aspirent à [4] votre amitié, choisissez [5] non *le plus riche*, *mais le plus honnête.*

Lorsque deux rivaux [6] se disputent [7] la palme, *le plus habile* n'est pas toujours *le plus heureux.*

Souvent nous voyons *le mieux* [8] et nous choisissons [9] *le pire.*

Lorsque les daims se trouvent [10] en grand nombre [11] dans les parcs [12], ils forment ordinairement deux troupes [13] bien distinctes [14], bien séparées [14], et qui bientôt deviennent ennemies [15], parce qu'elles veulent également [16] occuper *le meilleur* endroit [17] du parc.

Ces deux troupes [18] s'attaquent avec [19] ordre [20] et se battent [21] avec courage [22], et le combat se renouvelle [23] tous les jours [24] jusqu'à ce que [25] *les plus forts* chassent *les plus faibles* [26] dans *le plus mauvais* pays [27].

Les noms que l'on appelle *partitifs*, c'est-à-dire qui marquent la partie d'un plus grand nombre, comme *unus*, *quis*, *aliquis*, *nemo*, *multus*, *plerique*, *solus*, *quilibet*, etc., gouvernent le même cas que le superlatif. Ex. : Un des soldats, *unus militum* ou

ignotus, a, um; *menaçant*, ingruens, tis, *à l'abl.* — 15 Unus
vero ex, *abl*; leones, um; *habitans du désert*, incolæ, arum;
desertum, ti. — 16 Aggredior, eris, gredi, *acc.* — 17 Totum
agmen viatorum. — 18 Nec potest; *chaque chasseur le plus
adroit*, peritus, tissimus; strenuus, issimus. — 19 Eum in *acc.*;
fuga, æ; verto, vertere. — 20 Quamdiù. — 21 In, *abl.*, patens,
tis; campus, pi, *m.*; versor, aris, ri.

---

qui est dans le français, on met le comparatif en latin. Ex. : La
plus forte des deux mains, *validior manuum.*

NOTES DES EXERCICES.

§ 51. 1 Carthago, ginis, *f.* — 2 In, *acc.*

3 Nam victrix victorem expello, is, puli; Scipio, nis.

4 Appeto, tis, *acc.* — 5 Eligo, is, *acc.*

6 Æmulus, i, *m.* — 7 Contendo, is; inter se de, *abl.*

8 Meliora. — 9 Sequor, eris, qui, *acc.*

10 *Se trouver*, versor, aris, ari. — 11 T. *plus nombreux*, frequentior, is. — 12 Vivarium, ii. — 13 T. *ils ont coutume de se parta-
ger en*, soleo, es; scindere se in, *acc.*; duo, æ; turma, æ. — 14
T. *séparées par une différence certaine*, distinctus, a, um;
certus; quidam, quoddam; discrimen, inis, *n.*, *abl.* — 15
T. *entre lesquelles naissent bientôt des inimitiés.* — 16 T. *du
désir commun d'occuper*, ex, *abl.*; communis cupiditas, tatis;
occupo, as, are, *acc.* — 17 Locus, ci.
18 T. *les troupes rivales*, rivalis turma, æ. — 19 Congredior,
eris, di. — 20 Ordo, inis, *abl.* — 21 T. *combattent*, pugno, as,
are. — 22 Fortiter. — 23 *Elles renouvellent le combat*, redinte-
gro, as, *acc.* — 24 Singuli, orum; dies, erum, *abl.* — 25 Donec,
subjonct. — 26 *La troupe la plus forte chasse la plus faible*,
turma fortis, e; amando, as, are *act.*, *au subjonctif*; infirmus,
a, um. — 27 In, *acc.*; malus, pejor; locus, ci, *m.*

---

ex militibus ou *inter milites*. Qui de nous, *quis nostrùm* et non
pas *nostrî*. On ne se sert de *nostrî*, *vestrî*, qu'après un verbe ou un
nom qui n'est point partitif, comme : Ayez pitié de nous, *miserere
nostrî*. La meilleure partie de nous-mêmes, *melior pars nostrî*.

EXERCICES ÉLÉMENTAIRES

§ 52. Un seul[1] *des soldats* de César[2] mit en fuite[3] dix Barbares.

Qui *de nous* sait profiter du[4] présent ?

Quelqu'un[5] d'*entre vous*, *de vous*, peut prétendre à[6] la victoire.

Quel'homme est heureux ? peut-être aucun[7] *de ceux* qui le paraissent[8].

Plusieurs, beaucoup[9] *de ceux* que nous croyons nos amis[10] sont nos ennemis cachés[11].

La plupart[12] *des hommes* estiment plus[13] la gloire que la vertu.

Le méchant est *son* propre bourreau[14].

L'homme vicieux[15] rougit[16] *de lui-même*[17].

Dieu ne peut avoir pitié[18] *de nous*[19], si nous n'avons pas pitié des autres.

Jeunes gens, votre âme[20] est la meilleure[21] partie de *vous-mêmes*[22].

Qui *de nous* peut se flatter[23] de vivre[24] jusqu'à demain[25] ? Personne *de nous*.

Vous avez un chef[26] qui se *souviendra de vous*[27], et qui *s'oubliera lui-même*[28].

Ego audio. — Tu rides, ego fleo.

Tout verbe, quand il n'est pas à l'infinitif, s'accorde avec son nominatif en nombre et en personne. Ex. : J'écoute, *ego audio;* vous enseignez, *tu doces.* — On sous-entend ordinairement le pronom nominatif; ainsi l'on dit simplement *audio, doces, legit.* Il faut cependant l'exprimer quand il y a deux verbes dont le sens est opposé, ou quand la phrase contient quelque chose de vif. Ex. : Vous riez et je pleure, *tu rides, ego fleo,* Vous osez parler ainsi ? *tu loqui sic audes ?*

Petrus et Paulus ludunt.

Quand un verbe a deux nominatifs, on met ce verbe au pluriel, parce que deux singuliers valent un pluriel. Ex. : Pierre et Paul jouent, *Petrus et Paulus ludunt.*

NOTES DES EXERCICES.

§ 52. 1 Unus. — 2 Cæsarianus, a, um. — 3 Fugo, as, avi, *act.*

4 T. *met à profit le...* lucro appono, is, ere, *act.*

5 Aliquis. — 6 Spero, as, are, *acc.*

7 Nullus *ou* nemo. — 8 Videor, eris, eri, *le ne se rend pas.*

9 Multus, a, um. — 10 Qui quæ, *acc. pl.;* credo, is, ere, *act.*, *amis à nous.* — 11 Clùm nobis sunt inimici.

12 Plerique, æque, aque. — 13 Pluris facio, is, ere, *acc.*

14 T. *le bourreau de soi*, sui tortor, is, *m.*

15 *A l'accus.* — 16 Pudet (*pour* pudor tenet). — 17 Suî, sibi.

18 Misereor, ertus sum, ereri, *génit.* — 19 Nos, nostri.

20 Animus. — 21 *Il ne s'agit que de deux parties.* — 22 Vos, vestrî.

23 Confido, is, dere. — 24 T. *soi, acc., devoir vivre.* — 25 Crastinus, a, um; dies, ei.

26 T. *un chef commande à vous*, dux vobis impero, as. — 27 T. *se souvenant de vous*, vos, vestrì; memor, is. — 28 *Oublieux*, immemor, *de soi.*

Ego et tu valemus.

Si les nominatifs d'un même verbe sont de différentes personnes, le verbe s'accorde avec la première de préférence aux deux autres, et avec la seconde de préférence à la troisième. Ex. : Vous et moi nous nous portons bien, *ego et tu valemus.* Vous et votre frère vous causez, *tu fraterque garritis.*

En français, la première personne se nomme après les autres, c'est le contraire en latin.

Turba ruit ou ruunt.

Quand le nominatif est un nom collectif, le verbe peut se mettre au pluriel; cependant le singulier est préférable.

On appelle collectif un nom qui, quoique au singulier, signifie plusieurs personnes ou plusieurs choses. Ex. : La foule se précipite, *turba ruit* ou *ruunt.*

EXERCICES GÉNÉRAUX.

§ 53. Tarquin[1] le superbe fut le dernier[2] roi de Rome[3].

Brutus et Tarquin Collatin[4] furent les premiers consuls.

La vérité n'est pas toujours cachée[5].

Le front, les yeux, le visage mentent[6] souvent.

La nation scythe[7] a toujours passé pour[8] très-ancienne.

Les Romains furent souvent vaincus par Annibal.

Le temple de Janus[9] fut fermé par Auguste, qui pacifia l'univers[10].

La flatterie et l'orgueil renversent[11] souvent la puissance[12] des rois.

L'amour des plaisirs et le dégoût[13] du travail conduisent les hommes à[14] leur perte[15].

L'or et le fer servent[16] aux hommes à[17] asservir[18] et à tuer[19] leurs semblables[20].

Tu loqui sic audes. Ego et tu valemus.

§ 54. Ton frère m'aime; *toi*, tu me hais[1].

Moi, j'ai chassé[2] les tyrans; *vous, vous* les introduisez; *moi*, j'ai établi[3] la liberté qui n'existait pas[4]; *vous, vous* ne voulez pas la[5] conserver[6].

Quoi[7]! disait la mouche à la fourmi[8], *tu* oses[9] *te* comparer[10] à moi[11]! j'habite[12] dans les palais et dans les temples, tandis que *toi*, *tu*[13] rampes[14] dans la fange[15].

Moi, je ne fais[16] rien, et je jouis[17] des meilleures choses.

Toi, *tu* es obligée[18] de traîner[19] avec peine[20] dans ta demeure[21] un grain de blé pour subsister[22].

§ 55. Alors la fourmi lui[1] répondit; *Toi* et *moi*, j'en conviens[2], nous menons[3] une[4] vie bien différente[5].

Tu es méprisée de tout le monde, *et moi* j'entends faire partout mon éloge[6].

Tu meurs[7] de faim[8] pendant l'hiver,[9], *et*[10] *moi je* me retire[11], en sûreté[12], dans[13] ma maison bien fournie[14].

NOTES DES EXERCICES.

§ 53. 1 Tarquinius. — 2 Ultimus. — 3 T. *des Romains.*

4 Collatinus.

5 Occulto, as, are, *act.*

6 Mentior, iri, *dép.*

7 Scythicus, a, um; gens, tis, *fém.* — 8 Habeor, eris, bitus, a, um, sum.

9 Janus, i. — 10 Orbis, is, terrarum.

11 Everto, is, ere, *acc.* – 12 Opes, opum.

13 Tædium, ii, *n.* — 14 Ad, *acc.* — 15 Pernicies, ei, *leur ne se rend pas.*

16 Prosum, prodes, esse, ad id. — 17 Ut, *avec le prés. du subj.* — 18 In servitutem redigo, is, gere, *act* — 19 Interficio, is, ere, *act.* — 20 T. *les hommes;* homo, minis.

NOTES DES EXERCICES.

§ 54. 1 Odi, disti, osus sum, odisse, *acc.*

2 Ejicio, jeci. — 3 Instituo, ui. — 4 Non sum, eram. — 5 Là *se tourne par le participe*, institutus, a. — 6 Tueor, eri, *acc.*

7 Quid! — 8 Dicebat musca, formicam increpans. — 9 Audeo, es. — 10 Confero, fers, ferre, *act.* — 11 *Dans ces phrases, rapprochez les mots qui forment opposition :* tu te mihi. — 12 Commoror, rari. — 13 *T. mais toi*, tu verò. — 14 Hæreo, es. — 15 Lutum, i.

16 T. *je ne travaille*, laboro. — 17 Fruor, frui, *abl.*

18 Cogo, is, ere, *act.* — 19 Molior, iri, *acc.* (*à l'inf. prés.*). — 20 Multus, a, um; labor, is, *m.*, *à l'abl. sans prép.* — 21 In, *acc.*, cavum, i, *neut.* — 22 T. *d'où tu subsistes*, undè victitem, es.

§ 55. 1 T. *à elle.* — 2 Fateor, eri, *en ne se rend pas.* — 3 Duco, is, cere, *act.* — 4 *Ne se rend pas.* — 5 Longè dispar, is.

6 T. *tu entends mal de tous et moi bien*, tu malè audio, is; ab omnes, ium; ego benè.

7 Intereo, is, ire. — 8 *A l'abl.* — 9 Hibernum, i, tempus, oris, *abl. sans prép.* — 10 Verò, *se met après moi.* — 11 Recipio, is, ere, *act.* — 12 Incolumis. — 13 In, *acc.* — 14 Copiosus, a, um; domus, ûs, *fém.*

Toi et *moi* nous sommes données [15] pour exemple [16] à la jeunesse; *moi*, comme [17] l'exemple [17] du travail et de l'industrie, *toi*, comme celui [17] de la paresse et de la misére.

Laquelle de nous deux mérite la préférence [18]?

Turba ruit ou ruunt.

§ 56. Vous et moi nous comprenons [1] dans quel but [2] Phèdre et La Fontaine ont composé cette fable [3].

L'un et l'autre [4] *ont voulu* faire voir [5] que [6] le mérite réel [7], quoique obscur, l'emporte sur [8] l'orgueil et la présomption [9].

Mais *le vulgaire* [10] *est* souvent *trompé par* [11] une vaine apparence [12].

Les *gens les plus médiocres* [13] peuvent jouir, pour un temps, de quelque réputation [14].

La foule les [15] admire [16].

Les uns [17] vantent [18] leur [19] génie [20], les autres [17] leurs talens [21]; jusqu'au moment où ces hommes [22], paraissant au grand jour [23], retombent [24] dans [25] le mépris et dans l'oubli.

Observations sur l'accord du verbe avec le nominatif ou sujet.

Avec un nom collectif, le verbe se met rarement au pluriel en prose, excepté avec *uterque*, l'un et l'autre, tous deux; *quisque*; chacun; *pars*, *pars*, pour *alii*, *alii*, les uns les autres, *alius —*

EXERCICES.

§ 57. Le même jour [1], *les deux* généraux [2] *font sortir* [3] leur [4] armée de [5] leurs [6] camps.

Chacun [7] *disant* [8] qu'il n'y avait plus là [9] de Fourches [10] (Caudines) et de défilés impraticables [11], *frappe* [12] également [13] ceux qui résistent [14] et ceux qui fuient [15].

Tout *le reste* fut condamné à être décimé [16].

Ils *se regardent* [17] les uns les autres [18], *attendant qui commencera* [19] le combat.

Une partie [20] des vaisseaux *fut engloutie* [21], plusieurs [22] *furent jetés* [23] sur [24] le rivage.

15. Propono, is, ere, *act.* — 16 T. *à exemple.* — 17 *Ne se rend pas.*

18. Uter, tra; *est préférable à l'autre,* utri anteponendus, a.

NOTES DES EXERCICES.

§ 56. 1 Intelligo, is, ere. — 2 T. *où regarde,* quò spectet. — 3 T. *cette fable écrite par,* scriptus, a; à, *abl.,* Phædrus et Fontanus.

4. Uterque. — 5 T. *montrer,* ostendo, is, ere. — 6 *Ne se rend pas* — 7 Solidum decus, *à l'acc.* — 8 T. *l'emporter sur,* præsto, are, *dat.* — 9 Arrogantia, æ.

10 Vulgus *ou* turba. — 11 Decipio, is, ere, *act.* — 12 *A l'abl. sans prép.*

13 Homines maximè vulgares. — 14 T. *peuvent être, pour un temps, dans quelque estime,* ad tempus aliquà esse in existimatione.

15 *A l'acc.* — 16 Miror, ari, *acc.*

17 Alius, a, ud. — 18 Prædico, as, *acc.* — 19 Istorum. — 20 Præclarum ingenium. — 21 Eximiæ dotes. — 22 Donec isti. — 23 Prodiens, euntis; in, *acc.;* clarus, a; lux, cis, *f.* — 24 Recido, is, ere. — 25 In, *acc.*

---

alium (accus.) ou *alter — alterum,* à cause de l'idée de pluralité que supposent ces expressions.

N. B. Dans les phrases suivantes, tirées des auteurs, les verbes se trouvent au pluriel.

NOTES DES EXERCICES.

§ 57. 1 *A l'abl.* — 2 Ducum uterque. — 3 Educo, is, cere, *acc.* — 4 Suus. — 5 E, *abl.* — 6 *Ne se rend pas.*

7 Pro se quisque. — 8 Memorans, tis. — 9 T. *non ces choses être,* non hæc (*acc. pl. neut.*) esse. — 10 Furcula, æ, *acc.;* nec Caudium. — 11 Saltus, us, *m.;* invius, a, um, *à l'acc.* — 12 Cædo, is, ere, *acc.* — 13 Pariter. — 14 Resistens, tis. — 15 Fusus, a, um.

16 T. *la multitude restante,* cætera multitudo; *chaque dixième,* decimus quisque; *choisis pour le supplice,* ad supplicium lectus, i.

17 Circumspecto, as, *acc.* — 18 *L'un,* alius, *l'autre,* alium. — 19 T. *afin qu'ils commencent,* ut, incipiam, as, *acc.*

20 Pars. — 21 Haurio, hausi, haustum. — 22 Pars. — 23 Ejicio, is, jeci, jectum. — 24 In, *acc.*

Les uns [25] *furent mis* [26] en [27] croix, les autres [28] *furent exposés* [29] aux bêtes.

VERBES QUI GOUVERNENT L'ACCUSATIF.

Amo Deum. — Imitor patrem. — Servire servitutem.

Tous les verbes actifs, ou ceux qui ont une signification active, gouvernent l'accusatif. Ex. : J'aime Dieu, *amo Deum.* J'imite mon père, *imitor patrem.* Les lâches sont dans un pénible esclavage, *ignavi homines durissimam serviunt servitutem.*

On voit par ce dernier exemple que les verbes neutres peuvent aussi gouverner l'accusatif, lorsqu'ils ont une signification active.

Ils prennent cette signification, 1° lorsqu'ils se composent d'une préposition, comme *invadere*, envahir ; *decurrere*, parcourir, des-

---

EXERCICES. —*Amo Deum.*

N. B. Le régime direct peut être marqué par *de*, *du*, *des*, mais il faut toujours le mettre à l'accusatif et non au génitif.

§ 58. Une bonté soutenue [1] triomphe [2] *des méchants.*

Tout le monde [3] hait [4] *l'ingrat.*

L'étude [5] des lettres nourrit [6] *la jeunesse*, et charme [7] *la vieillesse.*

Le temps use [8] *les pierres* [9] et *le diamant.*

La première apparence [10] trompe [11] *bien des gens* [12].

Le faux a quelquefois [13] *l'apparence* du vrai.

La crainte étouffe [14] *la voix.*

Le vif argent [15] corrode [16] et perce [17] *les vases* [18].

L'insensé désire [19] *des richesses*, le sage acquiert [20] *de la science.*

Un travail opiniâtre [21] vient à bout *de* [22] *tout* [23].

L'envie *s'attaque à* [24] ce qu'il y a *de plus grand* [25].

La fortune ne cache [26] point *de basses inclinations* [27].

Imitor patrem.

§ 59. Le sage suit [1] Dieu qui [2] est un [2] guide infaillible [3].

25 Pars. — 26 Actus, a, um. — 27 In, *acc.* — 28 Pars. — 29 Objicio, jicis, jeci, jectum.

---

cendre; *inire*, aller dans; *obire*, aller autour; *præterire*, passer, etc.

2° Lorsqu'ils sont employés comme verbes actifs. Ex. : *Horreo tenebras*, j'ai horreur des ténèbres. *Doleo vicem tuam*, j'ai pitié de ton sort. *Olet unguenta*, il sent les parfums. *Redolet antiquitatem*, il a un parfum d'antiquité.

3° Lorsque le verbe est accompagné d'un substantif de même racine, ce substantif se construit ordinairement avec un adjectif. Ex. : *Vitam jucundam vivere*, mener une vie agréable. *Longam viam ire*, faire une longue route, etc.

4° L'usage permet de construire l'accusatif neutre des pronoms avec des verbes intransitifs. Ex. : *Hoc lætor*, je me réjouis de cela. *Hoc non dubito*, je ne doute pas de cela. *Unum omnes student*, ous veulent la même chose, etc.

NOTES DES EXERCICES.

§ 58. 1 Pertinax. — 2 Vinco, cis, *acc.*

3 Omnes. — 4 Odisse, odi, *acc.*

5 Studia, *n. pl.* — 6 Alo, is, ere, *acc.* — 7 Oblecto, as, *acc.*

8 Tero, is, *acc.* — 9 Silices, *masc. ou fém. pl.*

10 Frons, *f.* — 11 Decipio, is, *acc.* — 12 T. *beaucoup*, multi, æ, a.

13 Quædam falsa, *pl. n.;* fero, ers, *acc.*

14 T. *ferme*, præcludo, is, *acc.*

15 Argentum vivum. — 16 Exedo, is *ou* exes, est, *acc.*   17 Perrumpo, is, *acc.* — 18 Vas, asis, *pl.* vasa, orum.

19 Appeto, is, *acc.* — 20 Comparo, as, *acc.*

21 Improbus. — 22 Vinco, cis, *acc.* — 23 Omnia, ium.

24 T. *attaque*, peto, is, ere, *act.* — 5 T. *les plus hautes choses*, summa, orum, *pl. n.*

26 Obtego, is, ere, *act.* — 27 T. *une nature*, natura, *f.;* turpis, e.

NOTES DES EXERCICES.

§ 59. 1 Sequor, eris, equi, *acc.* — 2 *Ne se rend pas.* — 3 Certissimus.

Alexandre et César ont aquis[4] une grande renommée.

Socrate et Platon ont acquis la véritable gloire.

L'envie accompagne[5] la gloire.

Le vice poursuit[6] la vertu ; mais la gloire foule aux pieds l'envie, et la vertu triomphe du[8] vice.

Quelquefois[9] le silence[10] ressemble[11] à un aveu[12].

Les autres[13] animaux ont horreur de[14] la chair du loup[15].

Rome essaya[16] d'abord ses forces contre les petits peuples voisins[17].

Lorsqu'elle les eut subjugués[18], incapable de vivre dans le repos[19], elle entreprit[20] la guerre contre des peuples plus puissans.

Les jeunes gens bien nés[21] *ont du respect pour*[22] les vieillards.

La fièvre mine[23] les forces du corps, et la paresse celles[24] de l'âme.

L'ambitieux poursuit[25] la fortune, le sage l'attend[26] chez lui[27].

Le fourbe[28] invente[29] des ruses qui souvant tournent[30] contre[31] lui-même[32].

<h2 align="center">*Servire servitutem.*</h2>

§ 60. Celui qui[1] est esclave de[2] ses passions *supporte*[3] une dure servitude.

La gloire *a horreur*[4] des ténèbres.

Rien[5] *n'échappe*[6] à la connaissance[7] de Dieu.

Quelquefois les forces[8] *trahissent*[9] le courage.

La mort *attend*[10] tous les hommes.

Je ne suis pas de votre avis *sur*[11] *ce point*[12].

Le sage a plus[13] *de quoi*[14] (plutôt sujet de) se réjouir[15] que de *(quoi)* s'affliger[16].

La plupart des hommes commencent des travaux qu'ils *n'achèvent* pas[17].

Vous *mènerez*[18] une vie agréable si vous faites consister[19] le bonheur dans la médiocrité.

Il est beau de *s'exposer*[20] aux plus grands dangers et de sacrifier sa vie[21] pour sa patrie.

Les écrits de Fénelon[22] *ont un parfum*[23] d'antiquité[24].

4 Adipiscor, adeptus sum, *acc.*

5 Comitor, aris, *acc.*

6 Insector, aris, *acc.* — 7 Proculco, as, *acc.* — 8 Triumphum ago, is; de, *abl.*

9 Interdùm. — 10 Taciturnitas. — 11 Imitor, aris, *acc.* — 12 Confessio, nis.

13 Cæteri, æ, a. — 14 Aversor, aris, *acc.* — 15 Lupinus, a, um.

16 Experior, iris, pertus sum. — 17 Finitimus, a, um; exiguus, a, um; que; gens, tis, *f.*

18 Hic, hæc, hoc; verò subactus, a, um, *à l'abl. pl.* — 19 T. *impatiente du repos*, impatiens otii. — 20 Molior, iris, itus sum, *acc.*

21 Ingenuus, a, um. — 22 Vereor, eris, eri. *acc.*

23 Depascor, sceris, sci. — 24 Vires, virium.

25 Insector, aris. — 26 Is, ea, id; opperior, iris, iri. — 27 Domi.

28 Homo vafer. — 29 Comminiscor, sceris, mentus sum, sci. — 30 Convertor, eris, ti. — 31 In, *acc.* — 32 Ipse, a, um.

NOTES DES EXERCICES.

§ 60. 1 Qui. — 2 Servio, is, ire, *dat.* — 3 Servio, is, ire, *acc.*

4 Horreo, es, *acc.*

5 *Rien ne*, nulla res. — 6 Effugio, is, *acc.* — 7 Notitia, æ, *f.*

8 Corporis vires. — 9 Deficio, is, *acc.*

10 Maneo, es, *acc.*

11 Non assentior, iris, *acc.*; tibi. — 12 Illud.

13 Plus habeo, es. — 14 Quod. — 15 Gaudeam, as, at. — 16 Angar, aris, atur.

17 T. *n'achèvent pas le travail commencé*, inceptus, a, um; labor, is; non decurro, is, *acc.*

18 Vivo, is, ere, *acc.* — 19 Pono, is, *acc.*, *au futur.*

20 Adeo, is, ire, *acc.* — 21 Mors, tis; oppeto, is, ere, *acc.*

22 Fenelo, nis. — 23 Redoleo, es, ere, *acc.* — 24 Antiquitas, tatis.

L'amitié *devance*[25] le jugement.

Jeunes gens, *mettez-vous en garde contre*[26] l'intempé-rance.

Le dernier jour *est inconnu à*[27] tout le monde[28].

Fabricius, général des Romains, *soupait avec*[29] les racines et les herbes qu'[30]il avait arrachées[31] en[32] nettoyant[33] son champ[34].

Je plains[35] le sort[36] de ceux qui placent la gloire dans le luxe et dans les richesses.

N. B. Il faut remarquer qu'un verbe peut être *actif en français* et *neutre en latin*, ou *neutre* en français et *actif* en latin.

Tous les hommes *aiment*[1] naturellement[2] la liberté.

Les courtisans *aspirent à*[3] la faveur[4] et non[5] à l'amitié des rois. *Voir ci-après.*

Musica me juvat ou delectat.

Les verbes *juvat*, *delectat*, il fait plaisir; *manet*, il est réservé; *decet*, il convient; et *fugit*, *fallit*, *præterit*, employés pour exprimer le verbe français *ignorer*, veulent au *nominatif* le nom de *la chose* qui fait plaisir, qui convient, etc., et le nom de *la personne à l'accusatif.* Ex. :

La musique me fait plaisir, mot à mot, me réjouit, *musica me juvat* ou *delectat*. Une gloire éternelle nous est réservée, m. à

EXERCICES.

§ 61. La gloire a *des charmes pour*[1] les âmes[2] généreuses.

Les souvenirs agréables[3] *réjouissent*[4] la vieillesse.

La honte[5] *est réservée* au[6] crime, même lorsqu'il est triomphant[7].

Presque tous les hommes *ignorent*[8] le moyen[9] de parvenir au[10] bonheur.

La modestie *convient*[11] aux grands[12].

Rien n'est *caché à*[13] Dieu.

Il est *beau à un*[14] *roi* de préférer[15] la patrie à ses enfants[16].

La mort *attend* tous les hommes, mais les hommes n'attendent pas la mort.

25 Præcurro, is, rere, *acc.*

26 Caveo, es, ere, *acc.*

27 Lateo, es, ere, *acc.* — 28 Omnes, ium.

29 Cæno, as, are, *acc.* — 30 Qui, quæ, quod, *à l'acc.* — 31 Vello, velli *ou* vulsi, vellere, *act.* — 32 In, *abl.* — 33 Repurgandus, a, um. — 34 Agellus, i.

35 Doleo, es, ere, *acc.* — 36 *Gén.* vicis, *dat.* vici, *acc.* vicem.

1 Studeo, es, ere, *dat.* — 2 Naturali instinctu.

3 Consector, aris, ari, *accus.* — 4 Gratia, æ. — 5 Non autem.

m., nous attend, *gloria æterna nos manet.* — Quand *attendre* a pour nominatif un nom de chose, on l'exprime par *manere,* quand c'est un nom de personne, par *exspectare.*

Nous ignorons bien des choses, mot à mot, bien des choses nous échappent, nous trompent, nous passent, *multa nos fugiunt, fallunt, prætereunt.* Vous n'ignorez pas cela, *id te non fugit.*

On trouve plus souvent *hoc me latet* que *latet mihi,* cela m'est caché.

NOTES DES EXERCICES.

§ 61. 1 Juvo, as, are, *acc.* — 2 Animus, i, *m.*

3 Rerum grata recordatio (*au singulier*). — 4 Delecto, as, *acc.*

5 Dedecus. — 6 Maneo, es, *acc.* — 7 Etiam in triumpho exsultans, tis.

8 Fugio, is, *acc.* — 9 Ratio, nis (*le moyen de... fuit les*). — 10 Assequor, eris, qui, *acc.*

11 Decet, *acc.* — 12 Viri principes.

13 Lateo, es, *acc.*

14 Decet, *acc.* — 15 Præferre. — 16 Liberi, orum.

On trouve plus de goût aux mets quand on a faim [17], on boit *avec plus de plaisir* quand on a soif [18].

Jamais les hommes n'*ont ignoré* [19] que la médiocrité fait le bonheur [20], et cependant tous agissent [21] comme s'[22] ils ne *le savaient pas* [23].

Une généreuse fierté[24] *convient* quelquefois [25] aux vaincus.

Une parure [26] recherchée [27] ne *convient* pas à un homme [28].

Quelle [29] gloire *serait réservée à* celui qui sauverait sa patrie aux dépens [31] de sa vie, et même [32] de sa réputation?

Studeo grammaticæ.

La plupart des verbes neutres gouvernent le datif.

Il en est de même d'un grand nombre de verbes *actifs* qui se prennent dans le *sens neutre*, en sorte que le même verbe peut gouverner l'*accusatif* dans un sens et le *datif* dans un autre. Il faut remarquer, en outre, qu'un verbe peut être actif en français et neutre en latin. Beaucoup de verbes *déponens* se prennent aussi dans le *sens neutre* et gouvernent le *datif.* — Les verbes qui se construisent avec le *datif* sont ceux qui signifient *servir*, **nuire**,

---

EXERCICES.

Verbes qui expriment *avantage* ou *désavantage*, *opposition* (servir, nuire, secourir, être contraire à, être porté pour, plaire, déplaire, etc.).

§ 62. Celui qui [1] *favorisera* [2] les méchants *nuira* [3] aux gens de bien [4].

Souvent le riche *ménage* [5] moins sa santé que le pauvre.

Les gens du monde [6] *applaudissent* [7] un comédien lorsqu'il joue [8] bien son rôle [9], et *injurient* [10] le sage qui remplit les devoirs [11] de la vertu.

Celui qui [12] *sert* [13] Dieu est plus libre que s'il ne *reconnaissait* point de maître [14].

On *mécontente* [15] souvent les autres, quant on est trop content de soi-même [15].

Chez les hommes magnanimes le courage *soutient* [16] les forces défaillantes [17].

Souvent la prospérité [18] *offusque* [19] les lumières [20] de la raison.

17 T. *les mets charment*, juvo, *plus celui qui a faim*, esuriens, tis. — 18 T. *boire charme plus celui qui a soif*, sitiens, tis.

19 Fugit. — 20 T. *le bonheur être placé dans la médiocrité*, felicitas, tatis; posita, *à l'acc.*; sum, esse... — 21 Se gero, is. — 22 Tanquàm, *subjonct.* — 23 *Cela fuyait eux.*

24 Elatior animus. — 25 Interdùm.

26 Cultus, ûs, *m.* — 27 Mundior. — 28 Vir, i.

29 Quantus, a, um. — 30 Servo, as, are, *act.* — 31 Damnum, i, *à l'abl. sing.* — 32 Imò et.

---

secourir, *être contraire à*, *être porté pour* (c'est-à-dire avantage ou désavantage); *plaire*, *déplaire*, *commander*, *obéir*, *résister*; *exceller*; *se fier*, *se défier*; *s'approcher*; *menacer*, *s'irriter*; ceux qui expriment le but, et enfin la plupart des *verbes* dans la composition desquels *entrent des prépositions*. Les composés du verbe *sum* gouvernent aussi le datif, excepté *absum*, qui gouverne l'*ablatif* avec *à* ou *ab*.

N. B. Pour traduire les exercices suivans, il sera nécessaire de consulter les notes, parce que souvent un verbe *actif* en français sera traduit par un verbe *neutre* en latin.

NOTES DES EXERCICES.

§ 62. 1 Qui.—2 Faveo, es, *neut.*, *dat.*—3 Noceo, es, *neut.*, *dat.* — 4 Vir, i; bonus, a, um.

5 Parco, cis, *neut.*, *dat.*

6 Homo, inis; elegantior, is; vita, æ (*d'une vie plus élégante*). —7 Plaudo, is, *neut.*, *dat.*—8 T. *qui joue*, ago, gis, *act.*, *acc.* — 9 Scitè partes, ium, *fém.*; suus, a, um. — 10 Maledico, dicis, dicere, *neut.*, *dat.* — 11 Adimpleo partes.

12 Qui. — 13 Servio, is, *neut.*, *dat.* — 14 T. *que s'il n'obéissait à aucun maître*, quàm si (*subjonct.*); pareo, es, *neut.*, *dat.*; nullus, a, um, *gén.* nullius; magister, tri.

15 T. *il déplaît souvent aux autres, celui qui se (à soi) plaît trop*, magis.

16 Succurro, is, *neut.*, *dat.* — 17 Deficiens, tis.

18 Res secundæ. — 19 Officio, is, *neut.*, *dat.* — 20 Lumen, inis.

Zoïle, le plus malveillant des critiques [21], *censurait* [22] Homère, le plus illustre des poëtes.

C'est mal *consulter* ses intérêts [23] que d'*être esclave* [24] de l'ambition.

L'orateur Démosthènes *traversait* [25] les desseins [26] de Philippe, roi de Macédoine.

Souvent le plaisir *est contraire* [27] à la santé.

Pour *plaire* [28] aux autres, il faut quelquefois se déplaire à soi-même [29].

L'injuste [30] fortune *épargne* [31] rarement les plus grandes vertus.

Il est honteux *de médire* [32] d'autrui [33].

La variété *prévient* [34] le dégoût [35].

Il convient à un [36] juge *de secourir* [37] l'innocence.

Celui qui [38] *oblige* [39] un méchant le rend [40] plus méchant.

EXERCICES.

Commander, obéir, résister, se fier, se défier, exceller, s'approcher.

§ 63. Il est plus difficile de *maîtriser* [1] ses passions que de *commander* [1] une armée.

Le sage *suit* [2] les conseils de la raison, et quelquefois se prête aux circonstances [3].

L'homme de bien [4] *résiste* [5] à la fortune, comme le brave soldat *résiste* [5] à l'ennemi.

Il est également dangereux de se *fier* [6] à tout le monde [7], et de se *défier* [8] de tout le monde.

Personne n'est disposé à *croire* [9] un menteur, même lorsqu'il dit la vérité [10].

Alexandre l'*emportait* sur [11] Darius, roi des Perses, moins par son courage que par son habileté dans la guerre [12].

La sagesse l'*emporte* souvent sur la force [13].

Chez les peuples barbares, le courage *tient* [14] *de* la témérité, comme la grandeur d'âme *tient* [14] *de* l'orgueil chez les hommes dont l'esprit n'est point cultivé.

C'est plutôt par sa vertu que par sa figure que l'homme peut [15] ressembler [16] à Dieu.

21 Censor, is, *m.* — 22 Obtrecto, as, *dat.*

23 T. *il consulte mal ses intérêts, celui qui est esclave...,* consulo, is, *dat.;* malè res; suus, a, um ; qui. — 24 Inservio, is,
n., dat.

25 Obsto, as, *neut., dat.* — 26 Consilium, ii.

27 Noceo, es, *neut., dat.*

28 T. *afin que tu plaises,* ut, *subjonctif,* placeo, es. — 29 T. *il
faut que tu déplaises à toi,* oportet ut, etc.

30 Iniquus, a, um. — 31 Parco, cis, *neut., dat.*

32 Maledico, cis, ere, *neut., dat.* — 33 Alter, ius.

34 Occurro, is, ere, *neut., dat.* — 35 Satietas, tatis.

36 Est, *avec le gén.* — 37 Subvenire, *neut., dat.*

38 Qui. — 39 Benefacio, is, *neut., dat.* — 40 Facio, feci, *act.*

NOTES DES EXERCICES.

§ 63. 1 Imperare, *dat.*

2 Parco, es, *neut., dat.* — 3 Nonnunquàm ; *sert,* inservio, is,
neut., dat., au temps.

4 Vir bonus. — 5 Repugno, as, *neut., dat.*

6 Confido, is, ere, *n., dat.* — 7 Omnes, ium. — 8 Diffido, is,
neut., dat.

9 T. *personne ne,* nemo, *croit facilement,* credo, is, *dat.* —
10 T. *au menteur même,* etiam, *disant vrai,* dicens, tis;
verum.

11 Præsto, as, are, *dat. (Ce verbe régit aussi l'accusatif.)* — 12
T. *de la chose militaire,* res, rei militaris.

13 Vires, ium.

14 Accedo, is, *neut., dat.*

15 T. *l'homme par la vertu (abl.) plutôt que par la figure* (abl.),
peut, etc. — 16 Accedo, ere, *dat.*

Les caprices [17] de la fortune *gouvernent* [18] les nations. [19].

La gloire l'*emporte sur* les richesses, et la vertu sur la gloire.

Il est peu d'hommes dont les paroles et les écrits *soient d'accord* [20].

Il y a de la folie à [21] se fier à [22] la force [23] du corps et à la stabilité de la fortune.

Les verbes de *ressemblance* et de *différence*, tels que *congruo*, *consentio*, *abhorreo*, *dissideo*, se construisent aussi avec le datif : cependant les premiers sont plus souvent accompagnés de la

EXERCICES.

§ 64. La nature a *horreur* de [1] la destruction [2].

Il ne faut pas *ressembler* [3] à vos amis par [4] leurs [5] défauts.

J'ai des inclinations qui s'*accordent* avec celles de mon père [6].

Les hommes *sont* [7] rarement *d'accord avec* [7] eux-mêmes [8].

Un discours bien fait [9] doit se *soutenir* [10] dans [11] toutes ses parties [12].

Les écrivains *comparent* [13] Germanicus à Alexandre [14].

La témérité *ne s'accorde pas* avec [15] la sagesse.

Les verbes qui expriment le *motif*, l'*intention*, le *but*, se construisent aussi avec le *datif*. Souvent ces verbes sont suivis de la préposition *pour*, ou peuvent admettre cette préposition après eux. Ils peuvent être *actifs* ou *neutres*. On peut ramener

EXERCICES.

§ 65. *Recherchez* [1] la gloire plus que les richesses, et la vertu plus que la gloire.

La fille de Paul Émile, le premier citoyen de Rome [2], *épousa* Elius Tubéron [3], malgré sa pauvreté [4].

17 Libido, inis, *au sing.* — 18 Moderor, aris, *dat. ou acc.* — 19 Gens, tis.

20 T. *les paroles de peu s'accordent avec,* Pauci, corum; dicta; congruo, is, *dat., les écrits.*

21 Stultum est. — 22 Confido, is, ere. *Il demande l'ablatif ou le datif du nom qui marque le motif de la confiance.* — 23 Firmitas, tatis.

---

préposition *cum,* et les seconds de la prép. *ab.* Les verbes de *comparaison* se construisent aussi ordinairement avec *cum.*

NOTES DES EXERCICES.

§ 64. 1 Abhorreo, es, ab. — 2 Interitus, ûs.

3 Ne congruas, *dat.* — 4 Per. — 5 *Ne se rend pas.*

6 T. *mes mœurs s'accordent,* congruo, is; cum, *abl.;* mores, um; pater, ris.

7 Consentio, is, ire, *dat.* — 8 Suî, sibi, ipsi.

9 Concinnus, a. — 10 Consentio, *avec soi,* secum. — 11 Ex, *abl.* — 12 Omnis pars, tis, *fém. au sing.*

13 Confero, fers, ferre, *act.* — 14 *Au datif, ou à l'abl. avec* cum.

15 Dissideo, es, ere, à, *abl.* Cicér.

à cette règle presque toutes les constructions précédentes. N'oubliez pas qu'un verbe *actif français* peut se traduire par un verbe *neutre en latin.*

NOTES DES EXERCICES.

§ 65. 1 Studeo, es, *n., dat.*

2 *Prince de la ville,* princeps civitas, tatis. — 3 Nubo, is, psi, *n., dat.* Aelius Tubero, nis. — 4 T. *quoiqu'il fût très-pauvre.*

Ne *faites* point [5] de nouveaux amis [6] trop facilement [7].

Les hommes qui *s'abandonnent* [8] à leurs [9] passions doivent *craindre pour* [10] leur [11] bonheur.

Les parents *désirent pour* [12] leurs [13] enfants [14] les richesses et les honneurs ; il vaudrait [15] mieux qu'[15] ils *demandassent pour* [16] eux la sagesse et la science.

Celui qui [17] *a rempli* [18] ses devoirs ne doit pas craindre la vaine critique du vulgaire.

Le méchant, en voulant [19] *nuire* aux autres, se *nuit* souvent à lui-même [20].

Un père sage *surveille* [21] ses enfants [22], pour les garantir [23] des [24] piéges qui les environnent de toute part.

Sous un mauvais prince [25], le père *tremble (craint) pour* [26] son fils.

Ce n'est point *pour leur avantage* particulier, mais c'est dans l'intérêt de leur patrie, que les bons citoyens [27] administrent les affaires publiques [28].

Il y a de la folie [29] à *s'irriter contre* [30] les objets inanimés [31].

Ne [32] *menacez* point [33] votre ennemi, mais tâchez qu'il [34] *trouve son avantage* plutôt à vous aimer qu'à vous craindre [35].

Defuit officio.

Les composés du verbe *sum* gouvernent le datif, excepté *absum*

EXERCICES.

§ 66. A Lacédémone [1], les vieillards *assistaient* [2] aux exercices des jeunes gens.

Les dames [3] romaines *présidaient* [4] elles-mêmes à l'éducation de leurs [5] enfants [6].

Autrefois les philosophes *assistaient* [7] à la table des rois [8].

5 Ne stude, *n.*, *dat.* — 6 T. *à de nouvelle amitiés.* — 7 T. *plus facilement.*

8 Indulgeo, es, *neut.*, *dat.* — 9 Suus, a, um. — 10 Metuere, *dat.* *Lorsque* pour *exprime* avantage *ou* désavantage, *il ne se traduit pas en latin, et le mot qui lui sert de régime en français se met au datif en latin.* — 11 Suus, a, um.

12 Cupio, is, *dat.* — 13 Suus, a, um. — 14 Liberi, orum. — 15 T. *il serait mieux si.* — 16 Peto, is, ere.

17 Qui. — 18 Satisfacio, cis, feci, *neut.*, *dat.*

19 T. *tandis qu'il veut.* — 20 T. *lui-même nuit à soi.*

21 Invigilo, as, *dat.* — 22 Liberi, orum. *Lorsqu'on ne parle pas de tous les enfans en général*, comme : les enfans sont légers, *on ne se sert pas de* pueri, *mais de* liberi, orum, *qui n'est pas usité au singulier,* — 23 T. *afin qu'il garantisse eux de,* ut, *subjonctif;* tueor, eris. — 24 A, *abl.*

25 T. *un mauvais prince régnant, à l'abl., sous-entendu* sub. — 26 Contremisco, cis, *dat.*

27 T. *non à leur,* non suus, a, um; *mais à l'utilité de la patrie,* sed patria, æ; utilitas, tatis; *les bons citoyens administrent (ce, est, que, ne se rendent pas).* — 28 Rempublicam administro, as, are.

29 Stultitia, æ; sum, es. *Il y a se tourne par le verbe* être; *c'est la règle de* culpa est mentiri. — 30 Irasci, scor, eris, *dép.*, *dat.* — 31 Res, ei, *fém.;* inanimus, a.

32 Ne *avec l'impérat. ou le subj.* — 33 Minor, aris, ari, *dat.* (Point *ne se rend pas.*) — 34 Conor, aris, ut, *avec le subj.* — 35 T. *qu'il soit plus avantageux à lui aimant toi que (te) craignant,* expediat ipsi magis...

---

qui veut l'ablatif avec *à* ou *ab.* (On dit *abesse alicui*, manquer à défendre quelqu'un. Cic.)

NOTES DES EXERCICES.

§ 66. 1 Lacedæmon, is, *à l'abl.*, *s.-ent.* in. — 2 Adsum, ades, adesse, *dat.*

3 Matrona, æ, *f.* — 4 Præsum, præes, *dat.* — 5 Suus, a, um. — 6 Liberi, orum, *masc.*

7 Intersum, interes, *dat.* — 8 Epulæ, arum; regius, a, um.

Titus ne *laissait échapper*[9] aucune occasion de faire du bien [10].

Varron *commandait* [11] l'armée romaine qui fut vaincue par Annibal à la bataille [12] de Cannes [13].

La douleur *est* souvent *cachée sous* [14] le plaisir.

Scipion *était absent* [15] de la ville lorsqu'il fut accusé par Pétilius.

On n'*est* pas *exempt* de faute [16] pour n'avoir pas fait [17] le mal quand on aurait dû [18] faire le bien.

Vous vous *épargnerez* [19] bien [20] des ennuis [21], si vous vous appliquez à l'étude des lettres.

Vous *avez manqué* à me défendre [22], lorsque j'étais en danger de perdre ma cause [22].

Duillius *commandait* [23] la flotte romaine qui remporta la première victoire navale sur les Carthaginois [24].

Il y a dans le cœur [25] de l'homme un [26] désir naturel de connaître la vérité [27].

Ce qui [28] *nuit* [29] à l'imprudent est quelquefois *utile* [30] au sage.

La raison *est dans* [31] nos âmes.

Dieu *est présent* [32] à nos pensées.

Magna calamitas tibi imminet, impendet, instat.

Les trois verbes *imminere, impendere, instare,* gouvernent le datif. Ex. : Un grand malheur vous menace, *magna calamitas tibi imminet, impendet, instat.*

EXERCICES.

§ 67. La mort, qui *menace* [1] tous les hommes, n'effraie point le sage.

Il *est* souvent plus *avantageux pour* [2] les grands [3] d'[4] avoir des ennemis que des flatteurs.

Le rocher qui *menace* [5] Sisyphe [6] dans les enfers est moins pesant que le souvenir des crimes qui tourmente sans cesse les méchants.

Ce qui [7] *plaît* aux uns déplaît souvent aux autres.

9 T. *ne manquait*, deesse, desum, *dat.*—10 Benefacio, is, ere.

11 Præsum, es, esse, *dat.*—12 Prælium, ii, *à l'abl., s.-ent.* in.—
13 Cannensis, e, *adj.*

14 Subsum, bes, esse, *dat.*

15 Absum, abes, esse, *abl., avec à ou* ab.

16 T. *il n'est pas éloigné de la faute*, non absum , es ; à, *etc.*—
17 *Celui qui n'a pas fait, etc.*—18 *Quand il aurait dû, etc.*

19 T. *vous serez éloigné de...*, absum , es ; à.—20 Multus, a, um.
— 21 Molestiæ, arum.

22 T. *vous avez été absent à moi périclitant dans un jugement.*
absum , es, *ou* desum, dees, *dat.*; ego, mei, mihi; periclitor,
aris; in judicium, ii.

23 Præsum, præes, *dat.*—24 De *ou* ab, *abl.* Pœnus, i.

25 Insum, ines, *dat.* ou in *avec l'abl.*; animus, i.—26 Quidam, ædam.
—27 *Du vrai devant être vu*, verum, i, *neut.;* videndus, a, um.

28 Quod.— 29 Obsum, obes, *dat.*— 39 Prosum, prodes.

31 Insum, ines, in, *abl.*

32 Intersum, es, *dat.*

Id mihi accidit, evenit, contingit.

Les verbes *accidit, evenit, contingit*, il arrive; *conducit, expedit*, il est avantageux; *placet*, il plait, etc., veulent le nom de la
personne au datif. Ex. : Cela m'est arrivé, *id mihi accidit;* cela
vous est avantageux, *hoc tibi expedit.*

NOTES DES EXERCICES.

§ 67. 1 Immineo, es, *dat.*

2 Expedit, *dat.*— 3 Viri principes.—4 *De*, ut, *subj.*

5 Impendeo, es, *dat.*—6 Sisyphus, i.

7 Quod.

Lorsque la nécessité *presse* [8] le lâche , il devient quelquefois brave par [9] désespoir.

Timoléon *eut le bonheur* de délivrer [10] la Sicile opprimée par un tyran.

Quand les guerres étrangères *menaçaient* [11] les Romains, ils oubliaient leurs dissensions domestiques.

Porus *eut le malheur* [12] d'être vaincu [13] par Alexandre; mais il fut plus grand après sa défaite que lorsqu'il était à la tête [14] de son armée.

Le pilote plie [15] les voiles lorsque la tempête *menace* [16] son vaisseau.

Souvent *il est à propos pour* [17] un homme qui veut obtenir [18] de grands avantages , de céder [19] quelque chose de [20] son droit.

L'épée *suspendue sur* [21] la tête de Damoclès est l'image [22] du bonheur des tyrans.

Si vous *avez le bonheur* de trouver [23] un ami fidèle, regardez-le [24] comme le plus précieux de tous les trésors.

Il vaut beaucoup mieux *pour* [25] un jeune homme garder le silence [26], que de [27] parler inconsidérément.

Homo irascitur mihi.

Les verbes déponens *irasci*, se mettre en colère; *blandiri*, flatter; *opitulari*, secourir; *minari*, menacer. etc., gouvernent le datif.

Exemples :

Cet homme se fâche contre moi, *homo irascitur mihi;* il me menace, *minatur mihi.*

EXERCICES.

§ 68. Les flatteurs *tendent des embûches* [1] aux princes.

Pison, pour *servir* [2] la haine de Tibère, empoisonna Germanicus.

Jeunes gens, vous devez *résister* [3] aux attraits de la volupté; car elle *flatte* [4] les passions, et *rend* le vice *agréable* [5].

Ce n'est point en portant envie à [6] ses concurrens, **mais** en cherchant à les *égaler* [7], qu'on acquiert [8] de la gloire.

8 Insto, as, *dat.*—9 Ex, *abl.*

10 Timoleon, tis; contingit, contigit, *dat.* (*Il arriva à Timoléon qu'il délivrât*) ut, *subj.*

11 Immineo, es, *dat.*

12 T. *il arriva à Porus*, accidit Porus, i.—13 *Qu'il fût vaincu*, ut, *subj.*—14 Præesse, præsum, *dat.*

15 Contraho, is, here, *act.*—16 Immineo, es, *dat.*

17 Expedit, *dat.*—18 Consequor, consequi, *accus.*—19 *Qu'il cède*, ut, *subj.*—20 De, *abl.*

21 T. *l'épée qui était suspendue sur*, impendeo, es, *dat.*—22 T. *représente l'apparence du...*, adumbro, as, *acc.*

23 T. *s'il arrive à toi que tu trouves*, si contingit ut, *subj.*—24 Existimo, as, *acc.*

25 Multò præstat, *dat.*—26 Tacere.—27 Quàm.

Le verbe *menacer* s'exprime par *minari* quand il a pour nominatif un nom de personne.

N. B. Les verbes *déponens* qui se construisent avec le *datif* rentrent dans la règle des verbes qui expriment l'*avantage* ou le *désavantage*, l'*intention*, le *but*.

NOTES DES EXERCICES.

§ 68. 1 Insidior, aris, *dat.*

2 T. *afin qu'il servît*, ut, *subj.*, gratificor, caris, *dat.*

3 Obnitor, eris, niti, *dat.*—4 Blandior, iris, iri, *dat.*—5 *Rendre agréable*, lenocinor, aris, *dat.*

6 T. *non celui qui envie*, invideo, es, *dat.*—7 *Mais celui qui cherche à les égaler*, studeo, es; æmulari, *dat.* (Æmulari, *avec le datif, signifie quelquefois porter envie.*) — 8 *Acquiert*, consequor, eris, equi, *acc.*

II° PARTIE.   5

Le chien, *en flattant*[8] son maître, lui donne une preuve d'attachement[10]; les courtisans, en *flattant*[9] les princes, se montrent leurs ennemis[11].

Le torrent qui, roulant ses ondes à grand bruit[12], semble *menacer*[13] le voyageur, est souvent moins à craindre pour lui[14] que la rivière *qui le trompe*[15] par son cours paisible.

Les Romains ne *secoururent*[16] point la ville de Sagonte, leur alliée la plus fidèle.

Dans la suite, vaincus par Annibal, ils crurent, avec raison, que les dieux *étaient irrités contre* eux[17].

La philosophie *guérit*[18] les maladies de l'âme.

Un père demandait une chose injuste à[19] son fils, et comme celui-ci[20] ne voulait point lui *complaire*[21], le père s'*emportait contre*[22] le fils, et lui disait: Oses-tu donc[23] *résister* à[24] mes ordres? Je n'y *résiste* point, mon père, répondit le fils; au contraire, je m'y *conforme*[25] en suivant[26] les règles de la justice, comme vous me l'avez commandé[27].

Celui qui *maîtrise*[28] sa colère *défend*[29] mieux ses intérêts[29] que l'homme qui s'*emporte contre*[30] son adversaire.

Il y a de la grossièreté[31] *à injurier*[32] ceux qui ne sont pas de notre avis[33].

Phocion[34] *contredisait*[35] souvent Démosthène[36] (ou s'*opposait*[37] à Démosthène).

Verbes composés d'une préposition. (Voir les notes des §§ 277 et 278 de la Grammaire.)

Pour compléter la règle des verbes qui se construisent avec le datif, nous donnerons quelques exercices sur les verbes composés

---

EXERCICES.

§ 69. Le lâche *insulte*[1] son ennemi abattu[2], l'homme de cœur[3] le relève.

Souvent les grands *envient*[4] le sort du peuple.

Le vaincu qui ne *supplie*[5] point le vainqueur se fait respecter[6] de son ennemi.

C'est en *marchant sur*[7] les traces[8] des grands hommes qu'on parvient[9] à la gloire.

9 T. *flattant*, adulor, aris , *dat.* (*Il gouverne aussi l'accusatif.*).
— 10 T. *signifie l'amour à lui*, significo, as , *acc.* ; amor, is.—
11 T. *se montrent ennemis à eux*, se præbeo, es , ere , *etc.*

12 *Courant avec un grand bruit des eaux*, decurro; magnus ,
a, um; strepitus, ùs, *masc.* (*à l'abl. sans prépos.*).—13 Mi-
nitari , tor, *dat.* — 14 *A craindre pour*, metuendus, *avec le dat.*
15 Insidior, aris, *dat.*

16 Opitulor, aris, atus sum , *dat.*

17 T. *ils crurent avec raison* (meritò) *les dieux être irrités
contre*, irascor, ceris, iratus, *dat.* ; *eux* , ipse, a, um.

18 Medeor, eris, *dat.*

19 *Demander à*, peto, is, ere; à *ou* ab, *abl.*—20 Hic autem
cùm, *subj.*—21 Morigeror, aris, ari, *dat.* — 22 Irascor, sceris,
sci , *dat.*   23 Tu ne audeo, es.—24 Refragari, *dat.*—25 *J'ob-
tempère à eux*, obtempero, as, *dat.*—26 *Lorsque je suis
les*, etc.—27 Ut præcipio, is, cepi, ere.

28 Moderor, aris, *dat.*—29 T. *défend mieux soi*, patrocinor, aris,
dat. ; sui.—30 Irasci, cor, sceris, *dat.*

31 Inhumanum est. —32 Convicior, aris, *dat.*—33 Opinio, nis, *f.*;
nostra, æ; dissentientes, tium, tibus, *avec le dat.*

34 Phocio.—35 Refragor, aris, *dat.*—36 Demosthenes, is.—37
Adversor, ari, *dat.* ; se *ne se rend pas.*

------

d'une préposition, qui gouvernent le datif seulement, ou le datif
et l'accusatif, ou même l'ablatif en répétant la préposition, ainsi
que sur ceux qui gouvernent l'accusatif dans un sens, et le datif
dans un autre.

NOTES DES EXERCICES.

§ 69. 1 Insulto, as, *dat.*—2 Prostratus, a, um.—3 Vir fortis.

4 Invideo, es, *dat.*

5 Supplico, as, *dat.*—6 Sibi conciliare, o, as, *v. n.*; veneratio,
nis.

7 T. *lorsque tu marcheras*, insisto, is, ere, *dat.*—8 Vestigia,
orum.—9 *Alors tu parviendras, etc.*

Le philosophe Carnéade [10] s'*appliquait* [11] avec tant d'ardeur [12] à la recherche de la vérité [13] qu' [14] il oubliait de prendre de la nourriture.

Alexandre *inspirait* [15] du respect [16] à tous ceux qui l'approchaient [17].

Épaminondas *pressait* [18] la victoire avec ardeur [19], lorsqu'il fut blessé mortellement.

Une épée *était suspendue sur* [20] la tête de Damoclès dans [21] un festin somptueux [22].

Denys de Sicile [23] voulait lui faire comprendre [24] ce que c'est que le bonheur des tyrans [25].

Un trône est solidement établi lorsqu'il *a pour appui* [26] la religion et la justice.

Alcibiade *surpassait* [27] tous les Grecs de son temps [28] par ses vices et par ses vertus [29].

La grandeur des exploits de César [30] les *a rendus* presque incroyables [31].

§ 70. Germanicus *ressemblait* [1] à Alexandre par [2] le courage et la grandeur d'âme, mais non par [2] la témérité et par l'orgueil.

Les inclinations [3] et les mœurs de Commode *s'accordaient* [4] avec celles [5] de Néron.

Le jeune homme qui *trompe* [6] les espérances [7] de ses parens, ne diffère point du [8] débiteur qui *fait banqueroute* [9] à ses créanciers.

Pour faire des progrès dans [10] l'étude des lettres, il faut *s'attacher* [11] à un petit nombre de [22] livres et s'en nourrir [13].

Crassus *convoitait* l'or des Parthes [14], lorsqu'il entreprit a guerre contre ce peuple.

Brutus, vaincu à la bataille de Philippes [15], *se jeta sur* [16] son épée.

Pendant longtemps les Romains négligèrent les arts et *donnèrent* tous leurs soins à la guerre [17].

Notre cœur doit être aussi pur que [18] nos mains, car Dieu *intervient* [19] au milieu de nos pensées [20].

La haine qui *survint* [21] entre Sylla et Marius [22] fut très-funeste à la république.

Le loup *rôde autour* [23] des troupeaux.

10 Carneades, is.—11 Incumbo, bis, ere, *dat.*—12 Tantum
studium, *à l'abl. sans prépos.*—13 *A la vérité devant être
cherchée;* veritas, tis; inquiro, is. — 14 Ut, *subj.*

15 Injicio, is, ere. — 16 *Le respect de soi*, sui. — 17 T. *à quiconque
approchant*, quilibet, cujuslibet; accedo, is, ere.

18 Insto, as, titi, tare, *dat.*—19 Acriter.

20 Impendeo, es, ere. — 21 Inter, *acc.*—22 Lautissimæ, arum
epulæ, arum.

23 Siculus ille Dionysius. — 24 T. *déclarait ainsi à l'homme*, sic
declaro, as, *etc.*—25 T. *de quel bonheur (à l'abl.) jouissent*
(fruor, frueris, frui, *subj.*) *les tyrans.*

26 Innitor, eris, niti, *s'appuyer sur, dat. (On trouve aussi
l'abl.).*

27 Antecello, is, ere, *dat.* — 28 Suus, a, um; ætas, tatis, *f.*—29
A l'abl. sans prépos.

30 *Des choses faites par César*, res, ei, *f.*; gestus, a, um; à;
Cæsar, is.—31 *A presque dépassé la croyance*, antecedo, is,
cessi, *acc.*; fides, ei.

§ 70. 1 Congruo, is, *dat.*—2 Per, *acc.*

3 Natura, *au sing.*—4 Congruo, is.—5 Cum natura, æ; et
mores, um, *etc.*

6 Decoquo, is, xi, ere, *dat.*—7 Bona, æ; spes, ei, *au sing.*—8
Non differo, differs; à, *abl.*—9 Decoquo, is, *dat.*

10 *Si vous voulez*, si velis proficere in, *abl.* — 11 Immorari,
dat. — 12 Paucus, ca, cum. — 13 *Se nourrir d'eux*, innutriri,
abl.

14 Inhio, as, *dat.*; aurum parthicus, a, um.

15 Prælio (*abl.*) apud Philippos. — 16 Incumbo, cubui, *dat. ou
acc. avec* in.

17 T. *s'appliquèrent à la guerre*, incumbo ad, *acc. (de tous leurs
soins*, omni studio).

18 *Aussi que*, tàm... quàm. — 19 Intervenio, *dat.* — 20 Mediæ,
arum; cogitationes, num.

21 Intervenio. — 22 Inter, *se place entre ses deux régimes*, Sylla... et Marius.

23 Obambulo, as, *dat.*

Verbes qui gouvernent le datif dans un sens, et l'accusatif ou l'ablatif dans un autre.

EXERCICES.

§ 71. Les flots de la mer *s'élancent*[1] avec un vain bruit *contre* les rochers du rivage.

Les Èques *firent* souvent *des incursions* sur[2] le territoire[3] des Romains.

Les grands hommes *s'occupent du*[4] salut de leur patrie, avant de *s'occuper*[5] de leurs propres intérêts.

A Lacédémone[6], les jeunes gens *consultaient*[7] les vieillards sur[8] les devoirs de la vie.

Jugurtha, roi des Numides[9], *usa* de la plus grande cruauté[10] envers Adherbal et Hiempsal[11], fils de Micipsa.

Les tribuns du peuple[12], *en étudiant*[13] l'éloquence, *désiraient*[14] tous la même chose[15] : c'était de *tromper*[16] le peuple pour le soulever plus facilement[17] contre[18] les patriciens.

Jeunes gens, *croyez*[19]-moi : le travail est le père[20] du plaisir.

Miltiade *comptait*[21] avec raison[22] sur le courage de ses soldats, lorsqu'il conduisit au combat dix mille Grecs contre cent mille Perses.

On ne[23] *croit*[24] point le menteur, même quand il dit la vérité[25].

Celui qui *confie*[26] ses projets à tout le monde[27], réussit rarement dans ses entreprises[28].

Est mihi liber.

Quand on se sert du verbe *sum* pour signifier *avoir*, on met le

EXERCICES.

§ 72. Les hommes n'*ont* qu'un seul moyen[1] de parvenir au bonheur, c'est de préférer[2] la vertu aux richesses.

Le riche *a* ses peines[3], et le pauvre *a* ses plaisirs.

NOTES DES EXERCICES.

§ 71. 1 Incurso, as, *dat., s'élancer contre.*

2 Incurso, as, avi, *acc., faire des incursions sur.* — 3 Agri, rorum.

4 Consulo, lis, lui, *dat., s'occuper de.* — 5 *Rejetez le verbe à la fin de la deuxième phrase, et séparez* priùs de quàm, *de cette manière :* Viri magni priùs salus, tis; patriæ; quàm propria, æ; utilitas, atis; consulo, is.

6 Lacedæmon, is, *abl.* (*s. ent.* in).—7 Consulo, is, ere, *act., acc.* — 8 De, *abl.*

9 Numida, æ, *masc.* — 10 Crudelissimè consulo, is, lui. — 11 In, *acc.* Adherbal, alis; Hiempsal, alis.

12 Plebs, bis. — 13 T. *lorsqu'ils étudiaient,* studeo, es, *dat.* — 14 Studeo, es, *acc.* — 15 Id unum. — 16 Ut, *afin qu'ils trompassent.* — 17 Quò faciliùs concito, as, *au subj., pour qu'ils le soulevassent.* — 18 In, *acc.*

19 Credo, is, *dat.* — 20 T. *enfante,* pario, is, ere, *acc.*

21 Credo, is ere, *dat.* — 22 Meritò.

23 T. *personne ne,* nemo. — 24 Credo, is, *dat.* — 25 Etiam verum dicens, tis.

26 Credo, is. *acc.* — 27 Omnes, nium. — 28 T. *exécute rarement bien...* rarò susceptum, i; feliciter perago, gis, gere, *acc.*

nom de la personne au datif, et alors le régime du verbe *avoir* devient le nominatif en latin. Ex. : J'ai un livre, *tournez,* un livre est à moi, *est mihi liber.*

NOTES DES EXERCICES.

§ 72. 1 T. *ce seul moyen est aux hommes,* hæc una ratio, *etc.* — 2 T. *s'ils préfèrent.*

3 T. *ses peines sont au riche,* suus, a; dives, vitis; cura, æ, *fém., etc.*

La vertu *a*[4] des charmes auxquels les méchans eux-mêmes ne sont point insensibles[5].

De[6] tout temps, les princes *ont eu*[7] beaucoup[8] de flatteurs, mais peu d'[8] amis.

Cimon l'Athénien *avait*[9] d'immenses richesses; mais son âme était encore[10] plus grande que ses richesses.

César *aurait eu* plus de gloire[11], s'il se fût soumis[12] aux lois de sa patrie.

Les grands hommes *auront*[13] toujours des ennemis, car la gloire excitera toujours l'envie.

N'*ayez* pas beaucoup de livres[14], mais *ayez* de bons livres[15].

Le premier roi des Mèdes *s'appelait* (avait nom) Arbacte[16].

Philippe, roi des Français, *surnommé* Auguste[17], remporta une victoire éclatante[18] à Bouvines[19].

Louis onze[20], *surnommé* le Néron de la France, fit périr[21] un grand nombre[22] de seigneurs[23].

Hoc erit tibi dolori. — Crimini dedit mihi meam fidem.

Quand on se sert du verbe *sum* pour signifier *causer, apporter, procurer*, il gouverne deux datifs. Ex. : Cela vous causera de la douleur, *tournez :* cela sera à douleur à vous, *hoc erit tibi dolo-*

EXERCICES.

§ 73. La passion de la gloire chez les rois *a causé* souvent les plus grands maux au genre humain[1].

Ce qui *causa* le plus de douleur à César[2], lorsqu'il fut assassiné dans le sénat, ce fut de voir Brutus[3] au nombre[4] des conjurés.

La vertu *procure* aux hommes la gloire[5] et le bonheur.

Lorsque Mardonius envahit l'Attique, mille Platéens[6] *vinrent* au secours des Athéniens[7] contre les Perses.

Attale *fit présent* de son royaume aux Romains[8].

A Athènes[9], on *faisait un crime* à tous les grands hommes de leurs vertus et de leur gloire[10].

4 Sum. — 5 T. *par lesquels les méchans eux-mêmes ne peuvent ne pas être touchés*, quibus, *etc.*

6 Ab, *abl.* — 7 Sum, es. — 8 Multus, a, um...; pauci, cæ, a.

9 Sum, es. — 10 T. *mais une âme encore*, *etc.*, sed animus etiam *etc.*

11 *Une plus grande gloire eût été à.* — 12 Pareo, es, parui, *dat.*

13 Sum, es.

14 *Que beaucoup de livres ne soient pas à vous*, ne, *subj.*, sum, es, *etc.* — 15 Probati libri.

16 T. *le nom d'Arbacte était ou fut au premier, etc. (Voir les notes du* § 281, *gr.*)

17 T. *auquel le surnom fut Auguste*, qui, quæ; cognomen, *etc.* — 18 Insignis. — 19 Apud Bovinas.

20 Undecimus. — 21 Interimo, is, emi, *act.* — 22 Plurimus, a um. — 23 Optimates, um, *masc. pl.*

---

ri. — Les verbes *do*, *verto*, *tribuo*, suivent la même règle. Ex. : Il m'a fait un crime de ma bonne foi, *crimini dedit mihi meam fidem.* — Blâmer quelqu'un de quelque chose, *vitio vertere aliquid alicui;* c'est-à-dire tourner quelque chose à défaut à quelqu'un.

NOTES DES EXERCICES.

§ 73. 1 T. *a été au plus grand dommage* (damnum, i) *au genre humain.*

2 T. *cela fut à la plus grande*, gravissimus, a, um, *douleur à César.* — 3 T. *parce qu'il vit Brutus*, quòd, *etc.* — 4 Inter, *acc.*

5 T. *la vertu est aux hommes à gloire*, etc.

6 Platæænses. — 7 *Vinrent au secours aux Athéniens.*

8 *Donna à don son royaume aux Romains*, dono dedit (*comme on dit* pignori dedit).

9 Athenis, *abl.*, s.-*ent.* in. — 10 *Construisez : leur gloire et leurs vertus étaient tournées à crime aux grands hommes. Leur se rend par* suus, sua, suum, *et se place à côté du datif de la personne :* suæ magnus vir, i; virtutes gloriaque, *etc.*

5.

Chez les anciens Romains, *on regardait comme un honneur* de savoir supporter la pauvreté [11].

Les Spartiates *se seraient crus déshonorés* [12] de prendre la fuite [13] dans un combat.

Vous *deviendrez la risée de tout le monde* [24], si, par une sotte vanité [15] vous aspirez à des emplois [16] que vous êtes incapable de remplir [17].

Cicéron, dans son consulat, *s'occupait* plus du salut de la république que du sien propre [18].

La cavalerie gauloise *fut très-utile* [19] aux Romains dans la guerre qu'ils firent aux Germains [20].

Ptolémée, roi d'Égypte, *envoya en présent* [21] à César la tête de Pompée.

Néron prenait plaisir à conduire [22] des chars et à paraître sur la scène [23].

Souvent *les vaincus n'ont* qu'un moyen de se sauver [24], c'est de ne point espérer de salut [25].

Le tribun Clodius *blâma Cicéron* de l'empressement qu'il avait mis à punir les complices [26] de Catilina.

Agésilas, à cause [27] de sa petite taille [28] et de sa figure peu avantageuse [29], *fut méprisé des Égyptiens* [30].

Cependant Agésilas *avait fait trembler le roi* de Perse [31].

L'ambition et l'orgueil de *Xerxès causèrent sa perte* [32].

Vaincu par les Grecs, qu' [33] il avait voulu soumettre, il retourna précipitamment dans ses États et *devint l'objet du mépris de ses propres sujets* [34].

Si vous *avez à cœur* les intérêts de vos amis [35], ne leur accordez jamais rien de contraire [36] à la justice, et ne *vous inquiétez* point de leurs reproches [37], s'ils *vous font un crime* de votre fermeté [38].

Abundat divitiis. Nullâ re carret.

Les verbes neutres qui signifient *abondance* ou *disette* gouvernent ordinairement l'ablatif. Ex. : Il regorge de biens, *abundat divitiis.* Il ne manque de rien, *nullâ re caret.* Le verbe *gaudere,* se réjouir, gouverne aussi l'ablatif : se réjouir du bonheur d'autrui, *gaudere felicitate alienâ.*

11 *La pauvreté bien supportée était conduite à honneur*, laus, dis; ducor; ceris.

12 *Auraient conduit à soi à très-grand déshonneur.* — 13 *S'ils avaient pris la fuite*, si, *subj.*

14 *Vous serez à risée* (derisus, ûs) *à tous.* — 15 *Si enflé d'une sotte...* stultà tumens superbià. — 16 *Vous affecterez des emplois*, affecto, as, are, *act.;* munus, eris. — 17 *Auxquels devant être remplis vous êtes inégal*, quibus obeundus, a, um; impar sum, es.

18 *A Cicéron, gérant le consulat, le salut de la république, plus que le sien, était à soin.*

19 *Fut à grand usage*, usus, ûs. — 20 *Dans la guerre contre les Germains, ou dans la guerre germanique.*

21 *Envoya à présent*, munus, eris.

22 *Néron avait cela à goût à soi, afin qu'il conduisît*, id studium, ii; sui, sibi; habeo, es; ut, *subj.* — 23 In scenam prodeo, is, ire (*afin qu'il parût*).

24 *Cela seul est souvent à salut aux vaincus*, id unum... — 25 *De n'espérer aucun salut*, nullus, a; spero, as, *acc.*, Salus.

  Donna à crime à Cicéron son empressement à punir...., in puniendis sociis, *etc.*

27 Agesilaus, propter, *acc.* — 28 Brevis, e; statura, æ. — 29 Facies, ei, *f.* ingratus, a, um. — 30 *Fut à mépris* (despectus, ûs) *aux Égyptiens.*

31 *Avait été à terreur au roi des Perses.*

32 *Son ambition et son orgueil furent à perte* (exitium, ii) *à Xerxès*, sua Xerxes, xis, *etc.*

33 *Que à l'acc., régime de soumettre.* — 34 *Et devint à mépris aux siens.*

35 *Si les intérêts de vos amis sont à cœur à vous.* — 36 Nihil tu illis concede contrà, *acc.* — 37 *Et que leurs reproches ne soient point à soin à vous*, neque, *etc.* — 38 *S'ils tournent* (verto, is) *à crime à toi ta fermeté*, constantia, æ, *f.*

Implere dolium vino.

Les verbes d'*abondance*, de *disette* et de *privation*, veulent leur régime indirect à l'ablatif, sans préposition. Ex. : Emplir un tonneau de vin, *implere dolium vino.* Combler quelqu'un de bienfaits, *cumulare aliquem beneficiis.* Priver quelqu'un de secours *nudare aliquem præsidio.*

EXERCICES.

§ 74. Mécène [1], favori d'Auguste [2], *était plongé* [3] dans toutes les délices que procurent [4] les richesses, et *n'était privé* [5] d'aucun plaisir.

Le philosophe Arcécilas *brillait par* [6] la vivacité [7] de son esprit, et par la grâce de son élocution [8].

Que Denys, tyran de Sicile, était malheureux [9] d'*être privé* [10] du commerce de l'amitié [11]!

Le soleil *remplit* [12] tout [13] de sa lumière [14]; aucune des productions de la terre ne peut [15] *se passer* de sa [16] chaleur bienfaisante.

La prudence et l'autorité ne *manquent* pas ordinairement à la vieillesse [17], mais, au contraire [18], elles *se trouvent* dans les vieillards *à un degré supérieur* [19].

Il *y a* dans la Germanie un grand nombre de rivières et de fleuves [20].

§ 75. Pompée revint à Rome [1], *chargé* [2] des dépouilles de l'Orient et *couvert* de gloire [3]; cependant Pompée, dépouillé [4] de tous ses honneurs, *n'eut* pas [5] même [6] de tombeau.

Antoine, *gorgé* [7] de vin, au milieu des [8] festins les plus splendides [9], avait encore soif de [10] sang humain.

Comment [11] puis je savoir quel sera votre courage dans la pauvreté [12], si vous *vivez au sein* des richesses [13]?

Cicéron *a fait le plus bel éloge* de la clémence [14] de César, qui avait su se vaincre lui-même avec autant de courage qu'il avait vaincu [15] ses ennemis.

Auguste avait *comblé* [16] de bienfaits Cinna; mais Cinna, oubliant [17] les bienfaits d'Auguste, conspira contre lui.

Non-seulement l'empereur pardonna à son ennemi, mais il lui *accorda* encore de nouvelles faveurs [18].

Le préteur Verrès avait *dépouillé* de [19] leurs biens [20] un grand nombre de [21] Siciliens.

Il *avait privé* [22] plusieurs pères de leurs enfans [23], et *fait subir* le supplice de la croix à un citoyen romain [24].

NOTES DES EXERCICES.

§ 74. 1 Mæcenas. — 2 *Homme très-cher à Auguste*, vir, etc. — 3 T. *abondait*, diffluo, is, ere, *ablat. sans prépos.* — 4 Qui, quæ, *à l'accusat.*; affero, fers. — 5 Careo, es, *ablat.*

6 Floreo, es, ui, ere, *ablat.* — 7 Acumen, minis. — 8 Lepor, is; dicendi.

9 *Combien il était misérable à Denys*, etc., quàm miserum erat, *etc.* — 10 Careo, es, rui, ere, *abl.* — 11 Consuetudo, dinis; amici, corum.

12 Compleo, es, *v, act.* — 13 Cuncta, orum. *pl. n.* — 14 Lux, cis, *fém.* — 15 *Rien des choses qui sont engendrées de la terre peut*, etc., nihil res, ei; quæ generor, aris; è, *abl.;* terra, æ. — 16 Careo, es, ere, *abl.;* ejus...

17 *Non-seulement la vieillesse n'a pas coutume* (soleo, es) *d'être privée* (orbor, aris, ari, *ablat.*) *de prudence et d'autorité*, consilium, ii; auctoritas, tatis. — 18 Sed etiam. — 19 T. *elle a coutume d'être augmentée (s.-entendu d'elles)*, augeor, eris, eri.

20 T. *la Germanie abonde*, abundo, as, *abl.*, *en rivières et en fleuves.*

§ 75. 1 Roma, æ, *accusat.*, *sans préposition.* — 2 Onustus, a, um, *régit l'ablat.* — 3 *Et brillant de gloire*, refulgens, *régit l'ablat.* — 4 Nudatus, *régit l'ablat.* — 5 T. *manqua*, careo, es, ui, *ablat.* — 6 Etiam.

7 Obrutus, *régit l'ablat.* — 8 Inter, *accusat.* — 9 Epulæ, arum, *f.*; apparatissimus, a, um. — 10 Sitio, is, ire, *accusat.*

11 Undè. — 12 *Combien de courage soit à toi contre la...* Quantùm, *génit.;* animus, i, etc. — 13 Si diffluo, is, *ablat.*; divitiæ, arum.

14 *A élevé par les plus grandes louanges la clémence*, extollo, lis, extuli, *act.* — 15 *Qui avait vaincu (au subjonctif) soi-même non moins courageusement que.*

16 Cumulo, as, avi, *act.* — 17 Immemor, *régit le génit.*

18 Sed etiam orno, as, avi; eum (*il orna lui*) *de nouvelles faveurs*, amplior, ius, oris; munus, neris, *neut.*

19 Spolio, as, avi, *ablat.* — 20 Bona, norum. *Leurs ne se rend pas.* — 21 *Plusieurs*, plurimus, a, um.

22 Orbo, as, avi. — 23 Suus, a, um; liberi, orum, *masc.* — 24 *Il avait puni du supplice de la croix un...* afficio, cis, feci; supplicium, ii; crux, cis.

Cicéron prononça contre lui [25] plusieurs discours très-éloquens, et Verrès, **craignant** d'être condamné [26], s'exila volontairement [27].

§ 76. La ville d'Argos [1], *privée* [2] du secours [3], de ses guerriers, complétement défaits par Cléomène, roi de Sparte [4], fut défendue par la courageuse Telesila, qui rangea en bataille sur [5] les remparts, les femmes armées à la hâte [6], et repoussa les assauts des Lacédémoniens.

Dans une grande disette de vivres [7], les Romains se *privèrent* [8] de leur nourriture [9] pour offrir des provisions [10] à Horatius Coclès, qui avait sauvé [11] la ville de Rome, assiégée par Porsenna.

Les anciennes histoires [12] *sont remplies* [13] de descriptions merveilleuses de catapultes, de balistes [14] et d'autres machines de ce genre [15] destinées à lancer [16] des traits et d'énormes pierres.

Les antichambres des grands [17] *sont remplies* [18] d'hommes, et *vides* [19] d'amis.

Tous les hommes disent qu'ils *ont besoin* [20] d'argent, mais très-peu [21] croient *avoir besoin* [22] de conseils.

Après la défaite essuyée [23] par les Athéniens en Sicile, les campagnes étaient remplies de fuyards [24] qui *manquaient* [25] des choses les plus nécessaires à la vie.

Les Siciliens *donnèrent* à boire et à manger [26] à ceux [27] qui purent leur réciter des vers d'Euripide.

Les Corinthiens *donnèrent* le droit de cité à Alexandre le Grand [28], droit [29] qu'ils *n'avaient donné* avant lui qu'à Hercule [29].

Celui qui se *réjouit* [30] des maux d'autrui [31] sera puni un jour [32] de son inhumanité.

Fruor otio.

Les sept verbes déponens qui suivent, et leurs composés, gouvernent l'ablatif : *fruor otio*, je jouis du repos ; *fungor officio*, je

25 Habuit in eum.—26 *Craignant la condamnation.*—27 Abeo,
is, ii ; in exsilium voluntarium.

§. 70. 1 Argos, *neut. ou* Argi, orum, *m.* —2 Nudatus, *rég.* l'*abl.*
— 3 Præsidium, ii. —4 *Que Cléomène, roi de Sparte, avait
accablés de la dernière défaite,* quos Cleomenes, is ; rex Spartani, norum ; afflicio, feci, *ablat.;* ultimus, a ; clades, dis, *fém.*
—5 Acie instruo, xi, *accusat.;* sur, in, *abl.*—6 Raptim.

7 Annonæ inopia, æ.—8 Fraudo, as, avi, *act.*—9 Suus, i ; victus,
ûs.—*Afin qu'ils offrissent,* ut confero, ferre, *act.;* alimentum,
i. —11 Servo, as, avi, *accusat.*

12 Veterum annales —13 Scateo, es, *v. n, ablat.*—14 *De catapultes, de balistes décrites d'une manière merveilleuse,* cata.
pultæ, arum ; balistæ, arum ; mirum in modum descriptæ, arum
— 15 Id genus.— 16 *D'où étaient lancés,* undè emitto, is, ere,

17 Principes, um ; atria.—18 Refertus, a, um, *régit l'ablat.*—
19 Vacuus, a, *rég. l'ablat.*

20 *Disent soi avoir besoin,* indigeo, es, ere, *ablat. ou génit.*—
21 Paucissimi verò.—22 *Croient soi avoir besoin,* indigeo,
es, ere.

23 Acceptus, a, um. - 24 *Beaucoup erraient dans les campagnes,*
ager, agri.—25 Egenus, a *(manquant), rég. gén. et abl.*

26 Potu et cibo recreo, as, avi, *act*—27 T. *ceux, rég. direct.*

28 *Gratifièrent Alexandre de la cité,* dono, as, avi, *act.;*
Alexander ; dri, civitas, tatis. — 29 *De laquelle (à l'ablat.) ils
avaient gratifié avant lui le seul Hercule,* unus, a, um ;
Hercules, lis.

30 Gaudeo, es, ere. — 31 Alienus, a, um. — 32 Pœnas do, das ;
aliquandò.

<hr>

m'acquitte du devoir ; *potior urbe,* je suis maître de la ville ; *vescor
pane,* je me nourris de pain ; *utor libris,* je me sers de livres ;
gloriari alienis bonis, se glorifier des avantages d'autrui ; *lætor
hâc re,* je me réjouis de cela.

EXERCICES.

§ 77. Xerxès *était maître*[1] d'un vaste empire; il *se nourrissait*[2] des mets les plus exquis; il *se glorifiait*[3] de ses
immenses richesses, de son infanterie, de sa cavalerie, de
ses flottes; cependant Xerxès ne *jouissait*[4] pas du vrai bonheur.

Diogène, qui *se servait*[5] d'une besace pour[6] porter ses
provisions, d'un tonneau pour[7] maison, *était satisfait*[8] du
genre de vie qu'il menait[9], et se trouvait[10] plus heureux
que le grand roi.

Socrate *remplissait*[11] tous les devoirs d'un bon citoyen
dans la paix et dans la guerre[12].

Lorsque les trente tyrans *furent maîtres*[13] de la république, *il se servit*[14] de l'ascendant[15] qu'il avait sur[16] le
peuple pour ranimer[17] le courage des citoyens.

Théramène, un des trente tyrans, mais qui *avait eu*[18] Socrate pour[19] maître, ne voulant[20] pas *abuser*[21] de son autorité, fut cité en justice[22] par ses collègues, et condamné à
mort[23].

Socrate *se glorifia*[24] d'avoir un tel disciple[25], et ne craignit[26] pas de prendre sa défense[27], et de dire hautement[28]
que l'arrêt prononcé contre lui était injuste[29].

Emploi figuré des verbes *utor*, *fungor*, etc.

EXERCICES.

§ 78. Le poëte Horace *vivait* dans une grande intimité
avec[1] Mécène.

Les enfans qui *ont*[2] des pères trop indulgens sont exposés à de grands malheurs[3].

Quoique César *n'eût* pas une bonne santé[4], cependant il
marchait dans[5] ses expéditions, la tête découverte[6], au soleil comme à la pluie[7].

Vous ne devez *vous prévaloir*[8] de l'erreur de personne[9],
pas même[10] de votre ennemi.

Porus, roi des Indes, *après avoir vaillamment combattu*[11], fut fait prisonnier par les Macédoniens.

NOTES DES EXERCICES.

§ 77. 1 Potior, iris, iri, *abl.*—2 Vescor, sceris, sci.—3 Glorior, aris.—4 Fruor, eris, frui.

5 Utor, eris, ti.—6 Ad, *acc.*—7 Pro, *abl.*—8 Lætor, aris.—9 T. *de ce sien genre de vie*, hoc suum, sui ; genus, eris; vitæ. — 10 Sese existimo, as.

11 Fungor, fungeris, gi.—12 Tùm domi, tùm militiæ.

13 Potior, tiris, titus sum.—14 Utor, eris, usus sum.—15 Is, ea; auctoritas, tatis, *f.*—16 Quà valebat apud, *acc.*—71 Excito, as, are, *acc.*

18 T. *qui s'était servi de*, utor, eris, usus sum.—19 *Ne se rend pas.*—20 Cùm nollet.—21 Abutor, eris, ti.—22 Vocor, aris, atus sum; in jus.—23 Capite damnatus.

24 Glorior, aris, atus sum.—25 T. *d'un tel disciple.*—26 Dubito, as, avi, are.—27 T. *de défendre lui*, patrocinor, aris, ari, *dat,;* is, ejus.—28 Palàm.—29 T. *lui avoir été condamné injustement*, eum damno, avi, atum...

NOTES DES EXERCICES.

§ 78. 1 Familiariter uti, tor, eris, *abl. (se servait familièrement de*), *Mécène*, Mæcenas, atis.

2 T. *aux enfans qui se servent* (uti, tor, *abl.*). — 3 *De grands malheurs menacent*, immineo, es.

4 *Se servit d'une santé moins bonne*, minùs commoda valetudo, dinis; uti, or, eris, usus sum, *abl.*—5 Incedo, is; in, *abl.* —6 Caput, itis, *neut.*, apertus, a, um. *abl.;*—7 *Soit que* (sive) *le soleil, soit que la pluie fût.*

8 Abuti, utor, eris, *abl.* —9 Quisquam, cujusquam.—10 Ne... quidem. Quidem *se met après le mot auquel il se rapporte, ici après ennemi.*

11 *S'étant acquitté d'un combat, etc.*, defunctus, *abl.;* acerrimum, i ; prælium, ii.

Après un règne de [12] quarante-trois ans [13], Numa, second roi de Rome [14], *mourut paisiblement*.[15]

Ce fut sous la conduite et les auspices de Publius Scipion que les Romains [16] *terminèrent* [17] la seconde guerre punique.

Les jeunes gens, en voulant *se conduire* tout à fait à leur guise [18], commettent souvent de grandes fautes [19].

Les méchans ne peuvent *jouir* longtemps du fruit de leurs crimes [20].

Lucullus *vivait au sein* [21] des plaisirs les plus recherchés [22].

Alexandre, *tu es fier* [23] de la victoire que tu as remportée [24] sur [25] les Perses; mais bientôt les Perses pourront aussi se *glorifier* de t'avoir vaincu [26].

Les enfans eux-mêmes, quand ils sont bien nés [27], *aiment* [28] la gloire avec passion.

Pour l'homme, la vertu *est un plus ferme soutien* que la puissance [29].

Miserere pauperum.

Le verbe *misereri*, avoir pitié, gouverne le génitif. Ex. : Ayez pitié des pauvres, *miserere pauperum.*

Meminisse, recordari; reminisci, oblivisci vivorum ou *vivos.*

EXERCICES.

§ 79. Alexandre lui-même *eut pitié* [1] de Darius, assassiné par deux traîtres qui avaient été comblés de bienfaits par ce prince infortuné.

Souvent les hommes de basse naissance [2] *oublient* [3] leur origne, lorsqu'ils sont parvenus à une haute fortune [4].

Annibal, sur le point de livrer bataille à [5] Scipion, exhorta ses soldats à *se rappeler* [6] leur ancienne [7] valeur, à ne point *oublier* [8] leurs femmes [9] et leurs enfans [10].

Oubliez les injures qu'on vous a faites [11] et *souvenez-vous* [12] des services [13] qu'on vous a rendus [14].

12 *Après qu'il eut régné.*—13 *A l'acc., sous-entendu* per, *pen-dant.*—14 *Des Romains.* — 15 Vita, æ; fungi, gor, functus sum, *abl.*

16 Dux, ducis; auspex, picis; Publius, ii; Scipio, nis, *à l'abl.* (*sous-entendu* sub, *sous*), *les Romains...* (*on ne rend pas ce fut... que*).—17 Perfungi, gor, functus sum, *ablat.*

18 *Tandis qu'ils veulent jouir trop librement de leur imagina-tion,* dùm volo, vis; frui liberiùs ingenium, ii.—19 Graviter pecco, as, are.

20 Potior, potiris, iri, *abl.;* scelus, eris. *Fruit ne se rend pas.*

21 T. *se nourrissait,* vescor, sceris, sci, *abl.* (*Cicéron*).—22 Pa-ratissimus, a, um.

23 Glorior, aris, *abl.*—24 *De la victoire remportée,* parta, æ; victoria, æ.—25 De, *abl.*—26 *De toi vaincu,* tu, tui; victus, a, um.

27 T. *pourvu que,* dummodò, *subj.,* *ils soient d'un esprit libé-ral,* liberale, is; ingenium, ii. - 28 Lætor, aris, ari, *aimer avec passion. On peut ajouter,* maximè.

29 T. *les hommes s'appuient sur* (nitor, eris, *abl.*) *un plus ferme soutien* (firmius, oris; præsidium, ii) *de la vertu que de la puis-sance.*

Oblivisci, oublier, *recordari, meminisse,* se souvenir, gou-vernent le génitif ou l'accusatif. Ex. : Je me souviens des vivans, et je ne puis oublier les morts, *vivorum memini, nec possum oblivisci mortuorum.*

NOTES DES EXERCICES.

§ 79. 1 Misereor, eris, ertus sum, *gén.*

2 Tenuis locus, ci, *abl.*—3 Obliviscor, sceris, sci, *gén. ou acc.* —4 T. *à un plus haut degré de fortune,* ad altior, is; fortunæ gradus, ûs; evectus, a, um.

5 *Devant livrer bataille avec,* prælium committere, to, isi, issum; cum, *abl.*—6 Ut, *subj.* (*afin qu'ils se rappelassent,* reminisci, scor, sceris, *gén.* ou *acc.*).—7 Suus, a; pristinus, a; virtus, tis, *fém.* - 8 Neve... (*à ce qu'ils n'oubliassent*).—9 Suus, a; uxor, is. - 10 Liberi, rorum.

11 *Portées à vous,* illatus, a, um. — 12 Meminisse, memini.—13 Officium, ii, *neut.*—14 *Portées sur vous,* in te collatus, a, um.

A l'approche de la mort [15], le méchant *se souvient* avec effroi [16] de sa vie passée [17], l'homme de bien [18] *se rappelle* ses bonnes actions [19] avec plaisir [20].

Le philosophe Callisthène avait été enfermé dans une cage par ordre [21] d'Alexandre.

Lysimaque *eut pitié* [22] de ce grand homme [23], et lui donna du poison pour mettre fin [24] à ses maux.

Les hommes peuvent *oublier* les bonnes actions [25] ; mais Dieu *se les rappelle* [26].

Do vestem pauperi.

Les verbes qui signifient *donner*, *dire*, *promettre*, etc., veu-

---

EXERCICES.

§ 80. Le second [1] Scipion l'Africain *mit fin* [2] à la troisième guerre punique par la prise [3] de Carthage.

Annibal *offrit* [4] la vie aux Sagontins [5], s'ils [6] voulaient se rendre [7] ; mais ceux-ci préférèrent [8] se tuer entre eux [9].

Publius Scipion *rendit* [10] une jeune princesse [11] espagnole à ses parens, et *offrit* [12] la rançon de la captive [13] à son fiancé [14].

Lycurge *donna* [15] des lois aux Lacédémoniens, Solon *en donna* [15] aux Athéniens, et Numa aux Romains.

Les Grecs *accordaient* [16] de grands honneurs aux athlètes vainqueurs [17] dans les jeux olympiques.

La terre *rend* [18] avec usure [19] au laboureur le fruit de ses peines [20].

Dieu *accorde* avec bonté [21] à l'homme tout ce qui est nécessaire à [22] sa subsistance [23].

Un bon citoyen doit *sacrifier* [24], s'il le faut [25], sa fortune [26] et sa vie au salut de sa patrie.

Les Romains *ont fait* la guerre [27] à toutes les nations.

Gillias d'Agrigente [28] *faisait part de* [29] ses richesses à tous ses concitoyens.

15 T. *la nécessité du destin pressant*, instans, tis ; fati necessitas, tatis, *à l'abl.* — 16 Non sine terrore. — 17 Vita, æ; anteactus, a. — 18 Vir bonus. — 19 Recordor, aris, rectè facta. — 20 Gratè.

21 Jussu.

22 Misereor, ertus sum, *gén.* — 23 Tantus vir. — 24 *Pour qu'il mît fin*, ut finem facio, cere.

25 Rectè factum, i. — 26 Ea, eorum verò memini.

<hr>

lent au datif leur régime indirect marqué par *à*. *Ex.* : Je donne un habit au pauvre, *do vestem pauperi*. Dieu promet une vie éternelle au juste, *Deus vitam æternam justo promittit*.

NOTES DES EXERCICES.

§ 80. 1 Posterior. — 2 Finem impono, is, sui. — 3 Expugnatio ; nis, *ablat.*

4 Offero, ers, obtuli, *act.* — 5 Saguntinus, i. — 6 Modò, *subjonct.* — 7 Deditionem facere. — 8 Malo, mavis, malui. — 9 Mutuâ internecione se occido, is, di, ere.

10 Reddo, is, didi, *acc.* — 11 Nobilior quædam puella. — 12 Offero, ers, obtuli, *acc.* — 13 T. *le prix apporté pour la liberté de la...* pretium pro libertas, tatis; virgo, ginis; allatus, a, um. — 14 Sponsus, i.

15 Instituo, is, ui, *act.*

16 Tribuo, is, uere, *act.* — 17 *Qui avaient vaincu*, vinco, cis, vici.

18 Rependo, is, ere, *act.* — 19 Cum fenore. — 20 Labor, is.

21 Largior, iris, iri, *accus.*; benignè. — 22 Ad, *accus.* — 23 Victus, ûs, *masc.*

24 Gratificari, cor, *acc.* — 25 Si res poscit. — 26 Fortunæ, arum.

27 Infero, fers, intuli; bellum.

28 Agrigentinus. — 29 Impertior, iris, iri, *accus.*

Minari mortem alicui.

Les verbes déponens *minari*, menacer, *gratulari*, féliciter, veulent le nom de la chose à l'accusatif, et le nom de la personne

EXERCICES.

§ 81. César *menaça*[1] du supplice de la croix[2] des pirates par[3] qui il avait été pris, et lorsqu'il fut libre[4], il leur tint parole[5].

Les Parthes *félicitèrent*[6] l'empereur Auguste de ses victoires, et lui rapportèrent les enseignes qu'ils avaient prises sur[7] Crassus.

Tout ce qu'il y avait d'honnêtes gens[8] à Rome[9] *félicita*[10] Cicéron de l'activité et du courage qu'il avait déployés[11] en punissant[12] les complices de Catilina; mais les mauvais citoyens *menacèrent* ce grand homme de la mort, et parvinrent à le faire exiler[13] par l'entremise[14] du tribun Clodius.

Tous les dieux *félicitèrent* Plutus[15] de ce que Jupiter lui avait accordé les honneurs divins[16]. Minerve seule lui témoigna du mépris.

La sagesse fait peu de cas des[17] richesses.

Hæc via ducit ad virtutem.

Quand le verbe signifie quelque mouvement, comme *conduire à...* ou une inclination vers quelque chose, comme *exhorter à*,

EXERCICES.

§ 82. Le chemin qui *conduit à*[1] la gloire est rude[2] et escarpé[3], et il n'est donné à personne de le gravir sans beaucoup de peine[4].

C'est[5] par les exemples, plus que par les paroles, qu'un maître doit *exciter*[6] ses disciples *à* la vertu; un général, ses soldats *au* courage.

La passion des richesses et le désir de la vengeance[7] ont *poussé*[8] bien des hommes[9] *à* commettre des crimes.

au datif. Ex. : Menacer quelqu'un de la mort. T. menacer la mort
à quelqu'un, *minari mortem alicui.* Féliciter quelqu'un d'une
victoire, T. complimenter la victoire à quelqu'un, *gratulari victoriam alicui.*

NOTES DES EXERCICES.

§ 81. 1 Minor, aris, atus sum. — 2 Crux, cis, *fém.* — 3 A, *ablat.*
4 Libertas, tatis, *fém.;* receptus, a, um, *à l'ablat.* — 5 Fidem
vocis exhibeo, es, ui.

6 Gratulor, aris, atus sum. — 7 T. *prises sur,* captus, a, um; de,
ablat.

8 *Tout ce qu'il était d'hommes bons,* quidquid vir, i; bonus,
i. — 9 Roma, æ, *au génit.* — 10 *Félicitèrent,* gratulor, aris,
atus sum. — 11 Qui, quæ, quod; expromo, is, ompsi, *accus.* —
12 In, *ablat.;* puniendus, a, um. — 13 *Et enfin,* et demùm,
ils l'exilèrent, in exsilium ejicere, cio, eci, ectum, *acc.* — 14
Opera, æ, *à l'ablat.*

15 T. *à Plutus.* — 16 T. *Les honneurs divins déférés* (delatus,
a, um) *par,* à, *abl.;* Jupiter, Jovis.

17 Parvi facio, cis, *act.*

exciter à, etc., le régime indirect marqué par *à* se met à l'accusatif
avec *ad.* Ex. : Ce chemin conduit à la vertu, *hæc via ducit ad
virtutem.* Je vous exhorte au travail, *te hortor ad laborem.*

NOTES DES EXERCICES.

§ 82. 1 Duco, cis, ere; ad. *acc.* — 2 Asper, a, um. — 3 Præruptus,
a, um. — 4 T. *lequel gravir,* qui, quæ, quod, *acc.;* scando, is,
ere, *il est donné à personne, si ce n'est avec beaucoup de
peine,* nonnisi multus, a, um; labor, is, *à l'abl. sans prép.*

5 *On ne rend ni c'est ni que :* T. *par les exemples plus que par
les paroles un maître,* etc. — 6 Incitare, to, *act.*

7 T. *Le désir d'avoir et de se venger.* — 8 Impello, is, puli, *act.*
— 9 Multi, orum.

Catilina *fut entraîné*[10] *à* conspirer contre la République, par ses passions déréglées[11].

Ce qui *porte* les grands hommes *à* faire[12] de belles actions, c'est moins le désir[13] de s'illustrer[14], que de rendre service à leur[15] patrie.

Rien ne[16] *contribue*[17] plus *au* bonheur d'un peuple, que le goût[18] des belles-lettres.

Lorsqu'à Rome[19] tout était soumis[20] à la domination[21] de César, Cicéron *se livra à*[22] l'étude de la philosophie, et composa[23] un grand nombre d'ouvrages en peu de temps[24].

Aucune espérance ne[25] *porte*[26] l'homme de bien *à* des choses honteuses[27].

La fortune *change*[28] souvent les disgrâces[29] en[30] succès[31].

Les récompenses[32] *excitent*[33] les jeunes gens bien nés[34] à la culture des lettres[35].

Numa *fit passer*[36] les Romains d'[37] une vie grossière[38] *à* une vie plus douce[39].

Doceo pueros grammaticam.

Les verbes *docere*, instruire; *rogare*, prier; *celare*, cacher,

EXERCICES.

§ 83. La fortune *enseigne*[1] aussi *aux vaincus* l'art de vaincre[2], et plus d'une fois[3] la victoire est devenue funeste au vainqueur.

Antigone, voulant[4] tomber à l'improviste sur[5] Eumène[6], *cacha*[7] *à ses soldats le chemin* qu'il voulait prendre[8].

Dédale[9] *apprit à Icare*[10] un art funeste.

Il y a des connaissances qu'il faut *cacher à la* jeunesse[11], de peur qu'elle n'en abuse[12].

Ne[13] *redemandez*[14] pas *à votre ami* l'argent que vous lui aurez prêté: regardez-vous comme son débiteur[15], parce qu'il vous a fourni l'occasion[16] de l'obliger[17].

Demandez[18] *à Dieu* de bons sentimens[19], la santé[20] de l'âme, et ensuite celle[21] du corps.

10 Impello, is, impuli, pulsum. — 11 Effrenatus, a, um.

12 T. *Les grands hommes sont invités* (invito, as) *à....* — 13
Moins par le désir (c'est *ne se rend pas*). — 14 Inclaresco, cis,
cre, *v. n.* — 15 Benè mereri, eor; de, *abl.* (leur *ne se rend pas*).

16 Nihil. — 17 Valeo, es..... ad. — 18 Studium.

19 Romæ, *au gén.* — 20 Teneor, eris, eri. — 21 Dominatus, ûs, *à*
l'abl. — 22 Se confero, ers, contuli; ad. — 23 Scribo, is, psi. —
24 Intra, *acc.*; brevis, e; tempus, oris.

25 T. *Nulle*, nullus, a, um... — 26 Invito, as, *act.* — 27 Turpia,
s.-ent. negotia.

28 Verto, is, *acc.* — 29 Incommoda, orum. — 30 Ad, *acc.* — 31 *De*
bons événemens, boni, orum; eventus, uum, *masc.*

32 Præmium, ii, *n.* — 33 Acuo, is, ere, *act.* — 34 Ingenuus, a,
um. — *Aux lettres devant être cultivées*, colendus, a, um.

36 Traduco, cis, xi, *act.* — 37 E, *abl.* — 38 Agrestis, is. — 39 Hu-
manior, is.

---

veulent deux accusatifs, le nom de la personne et celui de la chose.
Ex. : J'enseigne la grammaire aux enfans, *tournez*, j'instruis les
enfans sur la grammaire, *doceo pueros grammaticam.*

NOTES DES EXERCICES.

§ 83. 1 Doceo, es (*deux acc.*). — 2 *Les vaincus* (*selon*, secundùm,
s.-ent.) *l'art de vaincre.* — 3 Non semel.

4 Antigonus cùm vellet. — 5 Adoriri ex improviso, *attaquer à*
l'improviste. — 6 Eumenes, is. — 7 Celo, as, avi, *deux acc.* —
8 Iter quod ingressurus sum, eram, *acc*

9 Dædalus. — 10 Erudio, dis, ii, ire, *deux acc.*; Icarus, i.

11 T. *tu auras caché avec raison*, rectè celo, as, avi; quædam,
cujusdam; ars, tis; juvenes, um. — 12 *De peur qu'ils n'abu-*
sent d'elles, ne, *subj.*; abutor, eris, ti, *abl.*

13 Ne, *impér. ou subj.* — 14 Reposco, scis, scere, *deux acc. Les*
verbes qui signifient demander, prier, gouvernent aussi l'abla-
tif de la personne avec à ou ab. — 15 Puta te illi aliquid debere.
— 16 Quòd locum do, dedi. — 17 Benè mereri, eor ; de eo.

18 Rogo, as, are, *deux acc.* — 19 Bona mens, tis, *au sing.* — 20
Bona valetudo, inis; animus, i. — 21 Celle *ne se rend pas.*

L'homme de bien ne *demande* pas *avec instance* [22] *à un ami* puissant des dignités et des honneurs ; il ne *lui* demande qu'une seule chose [23], c'est de récompenser le mérite et de ne rien accorder [24] à la faveur.

C'est une sottise de vouloir enseigner [25] *aux autres* ce qu'on ne sait pas soi-même par expérience [26].

Les flatteurs *firent oublier* [27] *à Alexandre* les sages préceptes qu'Aristote lui avait donnés [28].

Réponds *à ce que* je *te demande* [29], toi qui es avide de plaisirs ; l'égoïsme ne t'a-t-il pas fait oublier [30] les sentimens de l'humanité ?

Emploi de ces verbes au passif.

§ 84. *Ayant appris la discipline romaine* [1] par une longue incorporation dans les armées [2], les Barbares attaquèrent les provinces de l'empire et s'en emparèrent.

Tarquin l'Ancien étant mort [3], on *cacha cet événement* au peuple [4] pour donner à Servius Tullius le temps [5] d'établir son autorité.

Instruit dès sa jeunesse *dans toutes les parties* de l'art militaire [6], Annibal, dès qu'il eut le commandement [7] d'une armée, devint la terreur des Romains.

Les verbes composés de la préposition *trans* gouvernent aussi deux accusatifs.

§ 85. Annibal *fit traverser* l'Èbre [1] *à son armée* [2], composée [3] de quatre-vingt-dix mille fantassins [4] et de douze mille cavaliers.

Agésilas [5] *ayant transporté* [6] ses troupes au delà de [7] l'*Hellespont*, pénétra dans [8] la Perse et fit trembler [9] le grand roi jusque dans son palais [10].

Les Séquanais [11], peuple de la Gaule [12], *ayant donné passage sur* [13] leur territoire [14] *aux Germains*, sous la conduite d'Arioviste [15], ceux-ci s'emparèrent du tiers [16] du pays [17].

Les verbes qui signifient *nommer*, *estimer*, *regarder comme*, *choisir pour*, *avoir pour*, *prendre pour*, *rendre*, *se montrer*, prennent à l'actif deux accusatifs.

22 Flagito, as, *deux acc. ou l'abl. avec* à *ou* ab. — 23 *Il lui demande*, oro, as ; *cela seul*, hic, hæc, hoc ; unus, a, um. — 24 *Afin qu'il récompense le mérite*, ut, *subj.*, *et accorde rien.*

25 *Il est sot celui qui veut enseigner.* — 26 *Ce qu'il n'a pas éprouvé lui-même*, quod ipse non experior, iris, ertus sum, *au subj.*

27 Dedoceo, es, cui, *deux acc.* — 28 *Dont* (quibus) *il avait été imbu par Aristote*, Aristoteles, lis.

29 *Réponds ce que* (hic, hæc, hoc, qui, quod) *je t'interroge.* — 30 *Préoccupé par l'amour de toi, n'as-tu pas oublié*, nonne obliviscor, litus sum...

NOTES DES EXERCICES.

§ 84. 1 T. *instruits sur*, edoctus, a, um, *avec l'acc. de la chose;* militia, æ; romanus, a. — 2 *Par une longue société de la guerre.*

3 Tarquinius, ii ; Priscus, ci ; mortuus, i, *à l'abl.* — 4 *Le peuple fut celé* (*sur*) *cela* (*sur ne se rend pas*). — 5 *Pour qu'il* (*ut*) *fût permis*, licet, liceret, *par le temps* (per tempus) *à Servius*, etc.

6 Edoctus à teneris omnes, ium; artes, ium; belli. — 7 T. *dès qu'il fut préposé à une...* præficior, fectus sum, *dat.*

NOTES DES EXERCICES.

§ 85. 1 Transduco, cis, xi, *deux acc.*, Iberus, i. — 2 *A l'acc.* — 3 Conflatus, a, um, *avec l'abl.* — 4 Nonaginta millia, ium, ibus; peditum.

5 Agesilaus. — 6 *Lorsqu'il eut transporté*, trajicio, jecissem, *deux acc.* — 7 Au delà de *est rendu par* trajicio. — 8 In, *acc.* — 9 *Jeta*, injicio, jeci, *la terreur au....* — 10 In intimis ædibus.

11 Sequanus, i. — 12 Gens, tis, *fém.;* gallicus, a, um. — 13 Cùm transmitto, is, si, *deux acc.* — 14 Suus, a, um; fines, ium, *masc.* — 15 Duce Ariovisto. — 16 Tertia; pars, tis. — 17 Agri, orum.

EXERCICES.

§ 86. Les esclaves révoltés *choisirent (ou prirent) pour* [1] chef Spartacus, qui vainquit dans plusieurs rencontres [2] les armées romaines.

Le roi Philippe fit venir [3] *Aristote pour donner des leçons* [4] à son fils.

Le médecin Philippe aimait Alexandre, non-seulement comme son roi, mais encore [5] *comme son élève* [6]. *Voyez ci-dessus* la règle d'apposition.)

Scribo ad te ou *tibi epistolam.*

Les trois verbes *scribo*, j'écris ; *mitto*, j'envoie ; *fero*, je porte, veulent leur régime indirect à l'accusatif avec *ad*, ou au datif.

EXERCICES.

§ 87. Alexandre avait *envoyé* [1] cent talens *à Phocion*, général des Athéniens.

Ce grand homme ne voulut pas les recevoir et les *renvoya* [2] *au roi*, en [3] Asie, en disant [4] qu'il voulait [5] non-seulement paraître, mais être réellement [6] homme de bien.

Ce qui *contribua* beaucoup *à affaiblir* la république romaine, ce furent les dissensions qu'excitaient [7] entre les patriciens et les plébéiens les lois séditieuses *proposées au peuple* [8] par les tribuns.

César, après une victoire remportée sur Pharnace [9], fils de Mithridate, *écrivit* [10] *au sénat* : Je suis venu, j'ai vu, j'ai vaincu.

Les Lacédémoniens *écrivirent* [11] *à Agésilas*, en [12] Asie, de venir [13] au secours de sa patrie.

Agésilas commandait une armée victorieuse, et avait presque la certitude [14] de s'emparer du royaume des Perses.

Cependant il n'hésita pas à [15] obéir aux ordres des Éphores.

Les Gaulois *s'adressèrent* [16] *à César* pour obtenir [17] des secours contre les Germains, qui s'étaient emparés d'une partie de la Gaule.

César vainquit les Germains et les obligea de repasser le Rhin [18].

NOTES DES EXERCICES.

§ 86.   Eligo, is, egi, *act.* Pour *ne se rend pas.* —2 Prælium, ii, *abl. sans prép.*

3 Accio, is, ivi, *act.* — 4 T. *Aristote maître à*, etc. Aristoteles, is ; doctor, is.

5 Sed etiam. —6 Ut alumnus, i.

Ex. : Je vous écris une lettre, *scribo ad te* ou *tibi epistolam.*
N. B. On verra par les exercices suivans qu'on n'emploie pas toujours indifféremment le *datif* ou l'*accusatif* après ces verbes, surtout après leurs composés.

NOTES DES EXERCICES.

§ 87. 1 Mitto, is, si, *dat. ou acc. avec* ad.

2 Remitto, si. — 3 In, *acc.* — 4 Dicens. — 5 *Soi, à l'acc.*, *vouloir.* — 6 Verè.

7 T. *cela contribua beaucoup à affaiblir la république... à savoir, les dissensions qu'excitaient entre...* hoc multùm; valeo, ui ; ad res, rei ; romana, æ; debilito, as ; scilicet dissensio, nis ; quæ, *à l'acc.;* concito, as. —8 Latus, lata ; ad, *acc.;* plebs, plebis.
9 De, *abl.*, Pharnaces, cis. — 10 Scribo, is, psi.

11 Conscribo, is, psi. —12 In, *acc.* —13 Ut, *subj. (qu'il vînt).*

14 T. *avait une grande confiance*, fiducia, æ.

15 Non dubito, as, avi.

16 Summitto, is, isi. —17 Ut, *subj., afin qu'ils obtinssent.*

18 *César obligea*, cogo, coegi, *act.*, *les Germains vaincus de repasser le Rhin*, trans, *acc.;* Rhenus, i ; remigro, are.

Popilius Lénas, meurtrier de Cicéron, *apporta*[19] la tête de ce grand homme à Antoine[20] et à sa femme[21] Fulvie[22].

Celle-ci perça la langue de Cicéron avec une aiguille[23].

Régulus vainqueur des Carthaginois[24], en Afrique, écrivit[25] aux consuls que le fermier de son champ était mort[26], et qu'il demandait[27] qu'on *lui envoyât* un successeur[28], de peur que[29], son champ demeurant inculte[30], sa femme et ses enfans n'eussent plus de moyens de subsistance[31].

Accepi litteras à patre meo. — Haurire aquam ex fonte.

Id audivi ex ou *ab amico meo. — Ex litteris tuis cognovi.*

Christus redemit hominem à morte.

Les verbes qui expriment le *point de départ*, *l'éloignement*, *la séparation*, comme :

1° Demander à, recevoir de, emprunter de, acheter de *ou* à, espérer de, attendre de, obtenir de, etc.;

2° Allumer à, juger à, par, d'après; puiser à; pendre, être suspendu à, prendre à *ou* sur, etc.;

EXERCICES.

§ 88. Diogène *demandait* une mine *à un* prodigue[1].

Pourquoi, lui dit celui-ci, me *demandes-tu* une mine, tandis que tu ne *demandes* qu'une obole *aux autres*[2]?

C'est, lui répondit Diogène, que[3] j'espère encore *recevoir*[4] quelque chose *des autres*, tandis que[5] les Dieux seuls savent si[6] je puis encore[7] *attendre*[8] quelque chose *de toi*.

Le tyran Hiéron[9], ayant *demandé*[10] *au poëte Simonide*[11], *homme savant et sage*, ce que c'était que Dieu[12], Simonide *lui demanda*[13] un jour pour[14] réfléchir[15].

Le lendemain[16] le tyran *lui* ayant *fait la* même *question*[17], le poëte demanda[18] deux jours[19], et dans la suite[20] il alla toujours en doublant[21].

Hiéron étonné[22] *lui demanda*[23] pourquoi[24] il agissait ainsi.

C'est[25] répondit Simonide, que[25] la chose me paraît d'autant[26] plus obscure, que[27] je la considère plus longtemps.

19 Affero, ers, attuli. — 20 Antonius, ii. — 21 Uxor, is ; ejus. —
22 Fulvia, æ.

23 *A l'abl. sans prépos.*

24 Carthaginiensis. — 25 Scribo, psi, *dat.* ou *acc. avec* ad. — 26
Le fermier (à l'acc.) de son champ (agellus, i) *être mort. —
27 T. ainsi,* ideò, *soi (acc.) demander.* — 28 *Que,* ut, *subj.,
un successeur fût envoyé,* mitto, si, ere, *à soi, au dat. et non
à l'acc. avec* ad. — 29 Ne, *subj.* — 30 *Le champ étant abandonné,* desertus, a, um, *abl. absolu.* — 31 *Il ne fût pas d'où
sa femme,* uxor ejus, *et ses enfans,* liberi, *fussent nourris,*
alo, is, ere.

3° Apprendre de, connaître par, s'informer à , etc. ;
4° Délivrer de, racheter de, éloigner de, arracher de *ou* à, ôter
de, séparer de, détourner de, etc., se construisent avec l'ablatif.

Les premiers veulent en général leur régime indirect marqué par
à ou *de* à l'ablatif avec *à* ou *ab*, quand c'est un nom de personne,
è ou *ex*, quand c'est un nom de chose. — Les seconds avec *è* ou *ex*,
pour les noms de choses. — Les troisièmes avec *à* ou *ab*, *è* ou *ex*,
pour les noms de personnes, et *ex* pour les noms de choses — Les
quatrièmes avec *à* ou *ex*, et quelquefois sans préposition. *Voir les
notes du* § 291, *Gramm. lat.*

NOTES DES EXERCICES.

§ 88. 1 Diogenes ; mina, æ ; peto, is ; ab homo, inis ; quidam, cujusdam ; prodigus, gi.

2 T. *demandes-tu de moi une mine, mais,* verò, *des autres
seulement une obole.*

3 T. *parce que, lui répondit...* quòd... — 4 *Devoir être que je
reçoive,* fore ut... — 5 Autem, *après un mot,* Dii autem. — 6
An, *subj.* — 7 Insuper. — 8 Exspectare à *ou* ab.

9 Hiero, nis. — 10 *Lorsqu'il eut demandé,* quæro, is, sivissem ;
è *ou* ex. — 11 Simonides, is. — 12 T. *ce qu'était Dieu,* quid,
entre deux verbes, veut le subj. — 13 *Demanda à lui,* postulo,
as, avi ; ab. — 14 Ad, *gérondif en* dum. — 15 Delibero, as, are.

16 Posterus dies, *nom de temps,* à *l'abl.* — 17 *Lorsque le tyran
eut demandé la même chose de lui,* quæro, sivissem, *act.* ;
idem. — 18 Peto, is, ivi. — 19 Biduum, i, *au sing.* — 20 Dein-
ceps. — 21 *Il doubla toujours le nombre.*

22 Admirans, tis. — 23 Requiro, requisivi. — 24 Cur, *entre deux
verbes, veut le subj.*

25 T. *parce que,* quia. — 26 Tantò. — 27 Quantò, *devant un
comparatif.*

Alexandre *reçut*[28] d'*Aristote*[29] des préceptes de conduite[30] si[31] utiles, qu'il[32] ne craignit[33] pas de dire qu'il ne devait pas[34] moins à Aristote qu'à Philippe, puisqu'il *avait reçu* seulement la vie *de son père*, tandis qu'il avait *appris de son maître* à bien vivre[35].

Les historiens nous apprennent[36] que presque tous les grands hommes ont éprouvé l'ingratitude de leurs concitoyens[37].

Alcibiade avait *reçu de*[38] *la nature* tous les avantages du corps et de l'esprit.

La mort de l'empereur Titus *causa* la plus vive douleur à tous les Romains[39].

§ 89. Sachez *distinguer*[1] l'ami *du flatteur*.

De l'un, *attendez*[2] quelquefois des reproches, même lorsque vous croirez avoir mérité[3] des éloges; *de l'autre*[4], *attendez* des éloges, quand vous croirez être digne[5] de blâme.

Démosthène, le plus célèbre des orateurs grecs, *emprunta*[6] *au travail* les forces que sa constitution[7] lui avait refusées[8].

Didius Julianus *avait acheté*[9] l'empire *des* (ou *aux*) *soldats*.

Il le perdit avec la vie[10], six semaines[11] après.

Auguste, pour ne point donner[12] l'exemple du luxe, refusa d'[13] *acheter* une robe de soie[14] à sa femme Livie[15].

Que peut-on *espérer*[16] *d'un homme* qui ne veut pas entendre la vérité?

Les Romains ne *désespérèrent*[17] jamais *du*[18] *salut* de la république dans toutes les extrémités où elle se trouva[19].

Lorsqu'Alexandre eut tué Clitus, ce ne fut qu'avec peine que ses amis *obtinrent de lui*[20] qu'il ne se[21] donnerait pas la mort.

Le chameau *a reçu*[22] *de la nature* des pieds conformés[23] pour marcher[24] facilement dans[25] les sables.

L'historien[26] Valère Maxime[27] *a choisi*, *dans*[28] *d'illustres auteurs*, les paroles et les faits[29] mémorables[30] des grands hommes.

§ 90. Ce fut[1] *à l'incendie* d'Athènes[2] que[1] s'alluma[3] dans le cœur[4] des Grecs le noble désir de délivrer leur[5] patrie *de la servitude* dont[6] la menaçaient[7] les Barbares.

28 Accipio, is, cepi.—29 Aristoteles, is.—30 *De vivre*, vivo, vivere. — 31 Tam. — 32 Ut, *subj.* — 33 Dubito, as, avi. — 34. T. *soi ne devoir pas.*—35 *Soi avoir reçu de son maître l'art de bien vivre*, se autem...

36 *Nous avons reçu des historiens. — 37 Presque tous les grands hommes avoir éprouvé l'ingratitude*, ingratus animus; suus, i; civis, is.

38 Sortiri, ior, titus sum; à *ou* ab.

39 T. *les Romains prirent la plus vive douleur de la mort*, gravissimus, i; dolor, is; capio, cepi; ex...

§ 89. 1 T. *distingue*, discerno, is, ere; à *ou* ab.

2 Ab alter, ius; exspecto, as, avi, are.—3 T. *toi (acc.) avoir mérité. — 3 Ab alter, a, um. — 5 T. toi (acc.) être digne.*

6 Mutuor, aris, atus sum, ari; à. — 7 Corporis habitus. — 8 Denego, as, avi.

9 Mercor, aris, atus sum, à.

10 T. *duquel il fut dépouillé*, exuo, is, ui, utum, ere, *abl.;* simul et vita, æ. — 11 *A l'acc. ou à l'abl.*

12 *De peur qu'il donnât*, ne præbeo, erc. — 13 *Ne voulut pas*, nolo, ui. — 14 Sericus, a, um. — 15 Uxor, is; Livia, æ, *datif d'avantage*, à *signifie ici* pour.

16 T. *quelle chose*, quid, *peut être espérée*, spero, as, are; à, ab.

17 Despero, as, avi. — 18 De (*du* signifie *touchant*). — 19 T. *dans quelques extrémités des choses qu'elle ait été amenée*, in, acc.; quæcunque rerum angustiæ, arum; adducta fuerim, is.

20 T. *avec peine*, ægrè, *les amis obtinrent*, impetro, as, avi; à *ou* ab. — 21 *Qu'il ne se*, ne, *subj.;* sibi.

22 Obtineo, es, ui; à *ou* ab. — 23 T. *tels* (is, ea, id). — 24 *Par lesquels il marchât*, incedo, ere. — 25 Per.

26 Historiarum scriptor. — 27 Valerius Maximus. — 28 Seligo, is, egi; è *ou* ab. — 29 Dictum, i; factum, i. — 30 T. *dignes à être racontés*, dignus, a, um; memoro, as, avi, atum.

§ 90. 1 *Ne se rend pas.* — 2 T. *de l'incendie d'Athènes...* ex. — 3 *Fut allumé.* — 4 Animi, orum. — 5 *Ne se rend pas.* — 6 T. *laquelle*, à *l'accus.* — 7 *Menaçaient à elle.*

6.

Xerxès put *juger*[8] *par le dévouement* de Léonidas et des trois cents Spartiates, qu'il y avait, dans la Grèce, plus de soldats[9] que dans l'armée innombrable des Perses.

Les habitants de Capoue[10], qui avaient *abandonné le parti des*[11] *Romains, comprenant, par*[12] *l'opiniâtreté* avec laquelle les ennemis assiégaient[13] leur ville[14], qu'ils ne pouvaient[15] *attendre d'eux* aucune capitulation[16], prirent, la plupart, la résolution[17] de se soustraire[18] à la vengeance de leurs ennemis, en se donnant[19] la mort.

C'est[20] *aux sources* pures de l'antiquité qu'il faut *puiser* les préceptes[21] de l'éloquence et de la poésie.

Quelquefois un lâche[22] *puise dans la nécessité* un courage qui ne lui appartient pas[23].

L'épée que Damoclès, au milieu[24] d'un festin somptueux[25], vit *suspendue au*[26] *plafond* par un seul crin de cheval[27], est l'image[28] de la félicité des tyrans.

Les anciens guerriers attachaient dans les temples[29] les armes *prises sur*[30] *l'ennemi.*

§ 91. Charles-Quint[1], roi d'Espagne[2], *apprit*[3] *d'un seigneur*[4] qu'il avait exilé[5] la défaite et la captivité de François premier[6].

Épaminondas, atteint[7] d'un coup mortel, *demanda à*[8] *ses amis si*[9] les Thébains étaient vainqueurs.

Lorsqu'il eut *appris*[10] *de ceux qui l'entouraient*[11] que la victoire était assurée[12] aux siens : Tout va bien[13], dit-il[14], et j'ai assez vécu.

Quelquefois on peut[15] *connaître par*[16] *le silence*, mieux que *par les paroles* des auditeurs[17], si l'on a produit sur leur esprit l'impression que l'on désirait[18].

Ayant appris par[19] *ses espions* que les Gaulois voulaient attaquer[20] les Romains dans leurs quartiers[21] d'hiver[21], César rassembla quelques légions à la hâte, et déjoua les projets[22] des ennemis.

Vous connaîtrez *par*[23] *les lettres* de mes amis ma bienveillance[24] à votre égard (*Expl. de Cicéron*).

Philippe *demandait à*[25] *Alexandre* pourquoi[26] il préférait Homère à tous les autres poëtes.

C'est[27], répondit Alexandre, que[27] la poésie d'Homère me paraît seule digne d'un roi[28].

8 Conjicio, is , ere, ex. —9 T. *plus de...* plures, *soldats être dans la Grèce.*

10 Capua, æ.—11 Deficio, feci; à. — 12 Intelligo, is; ex. — 13 T. *l'opiniâtreté des ennemis en assiégeant*, in obsidendus, a.— 14 T. *la ville d'eux*, ipsi, orum.—15 *Soi ne pouvoir.*—16 Sperare ab ii, eorum; nulla, nullius deditionis conditio, nis. — 17 Consilium inire, eo, ivi. — 18 Se subduco, is, ere. — 19 Conscisco, is, scivi, ciscere, *act.*

20 *Ne se rend pas.*—21 T. *sont devant être puisés*, haurio, is , ire , *les préceptes...*

22 Homo ignavus. — 23 T. *non sien*, non suus, a, um.

24 Inter, *acc.*—25 Apparatissimus, a, um.—26 Pendens, tis; è. 27 *Et attachée par...* et religatus, a, um; unus, a; seta, æ; equinus, a.—28 Exhibeo, es, *act.*; imago, ginis.

29 Affigo, is, ere, *aux temples.* — 30 Captus, a, um; de.

§ 91. 1 Carolus Quintus.—2 Hispani, orum.—3 Audio, is, ivi; à.—4 Quidam vir nobilis.—5 Qui, quæ, *acc.*; in exsilium pello, pepuli.—6 Franciscus, ci, *acc., avoir été vaincu et pris.*

7 Confossus, *avec l'abl.*—8 Quæro, is, sivi; à *ou* ex.—9 Nùm, *subj.*

10 Audivissem, es.—11 Circumstans, tis.—12 *La victoire (à l'acc.) être assurée*, partus, a, um.—13 T. *la chose se a bien.* —14 Inquam, quis.

15 *Tu pourras.*—16 Cognosco, cis, cere, ex.—17 Audiens, tis. —18 *Si*, nùm, *tu aies touché leur esprit à ta volonté*, moveo, verim, *acc.*; animus, i; ex, *abl.*; voluntas, tatis.

19 *Lorsqu'il eut connu par le moyen de*, comperissem, es ; per. —20 *Les Gaulois, à l'acc., agiter cela dans l'esprit*, animo , *afin qu'ils attaquassent.* —21 Hiberna, orum.—22 *Des légions étant rassemblées à la hâte (abl. absolu), déjoua....* raptim collectus, a, um; consilium; disturbo, avi.

23 Cognosco, cis, cere, ex.—24 *Touchant ma bienveillance*, de, *abl.*

25 Sciscitor, aris, ari ; ex *ou* ab.—26 Cur, *subj.*

27 T. *parce que.*—28 T. *la poésie du seul*, unus, unius; *Homère paraît à moi royale*, regius, a, um.

VERBES D'ÉLOIGNEMENT.

Christus redemit hominem à morte.

En *général*, ces verbes régissent l'ablatif avec *à* ou *ab*, lorsqu'ils ont pour régime un nom de personne, et l'ablatif seul

---

EXERCICES ÉLÉMENTAIRES.

§ 92. Le maître a séparé [1] cet enfant vicieux *de ses con-
disciples*.

Le voleur s'est échappé *de* [2] *la prison*.

Ils se sont désistés *de* [3] *leur* [4] *entreprise*.

Le cerf s'est soustrait *à ma vue* [5].

Cet homme a de l'aversion *pour* [6] *l'étude*.

Cela était sorti *de* [7] *ma mémoire*.

Nous délivrerons [8] votre ami *du danger*.

Il ôta l'anneau *de* [9] *son doigt*.

Le préteur a quitté [10] son *gouvernement* [11].

Vous avez éloigné [12] votre père *de mon ami*.

Le fleuve est sorti *de son lit* [13].

Le pilote est sorti *du* [14] *port*.

Je me suis abstenu *de* [15] *nourriture* [16].

Les serviteurs tiraient [17] le pain *des corbeilles*.

EXERCICES GÉNÉRAUX.

§ 93. Iphicrate [1], général athénien, se voyant pressé par
les ennemis [2], ordonna aux [3] soldats du premier rang de
combattre *à* [4] *genoux*.

Le décemvir Appius voulut enlever, par un jugement
inique, Virginie [5] *à son père ;* mais celui-ci tua sa fille,
pour la soustraire [6] *au* déshonneur qui la menaçait [7].

Les Hélvétiens [8] ayant quitté leur pays pour aller s'établir dans une autre partie de la Gaule, César leur coupa *les
vivres* et leur fit essuyer une sanglante défaite.

ou avec une des prépositions *ab*, *de* ou *ex*, lorsqu'ils ont pour régime un nom de chose. *A* marque seulement l'éloignement; *ex* marque aussi que l'action d'éloigner part *de l'intérieur* de la chose; *de* marque éloignement d'une surface et mouvement de haut en bas.

NOTES DES EXERCICES.

§ 92. 1 Segrego, as, avi ; à.

2 Evado, is, si; è.

3 Desisto, is, stiti, ere; à. — 4 Suus.

5 Evolo, as, avi, *v. n.*; è *ou* de; conspectus, ûs.

6 Abhorreo, es, ere; à.

7 Excedo, is, cessi, *v. n.*

8 Libero, as, are.

9 Detraho, traxi, *act.*; annulus, i; de.

10 Discedo, is, cessi; ex *ou* de. — 11 Provincia, æ.

12 Abalieno, avi; à.

13 Sese effero, ers, extuli; alveus, i.

14 Solvo, is, vi; è.

15 Abstineo, es, ui, *v. n.* — 16 Cibus, bi.

17 Expedio, is, ire, *act.*

NOTES DES EXERCICES.

§ 93. 1 Iphicrates, is. — 2 T. *lorsque les ennemis pressaient (au subj.) à lui*, insto, titi, are, *dat.* — 3 *Ordonna les*, jubeo, es, ssi. — 4 Pugno, as, are, de.

5 Contrà jus abjudico, are; Virginiam; à. — 6 *Afin qu'il la préservât*, ut, *subj.*; vindico, as, are; à. — 7 Imminens, tis.

8 *N. B.* Lisez la phrase entière, et tournez-la de cette manière : *César exclut des vivres et accabla d'une sanglante défaite les Helvétiens qui avaient quitté leur pays dans le dessein de s'établir dans une autre partie de la Gaule; commencez par :* Helvetios qui migro, avi; è, *abl.*; suus, a; regio, nis, *f.*; eo consilio ut, *subj.*, *ils s'établissent*, considerent in, *abl.*; alius, a ; pars, partis, *f.*; Gallia, æ; Cæsar intercludo, clusi; commeatus, ûs, *à l'abl. sing.*; et magnus, a; clades, is, *f., à l'abl.*; afficio, eci.

Les Lacédémoniens, pour se délivrer [9] *de la crainte* que leur inspirait Athènes [10], voulurent, après que Xercès fut *chassé de la Grèce*, empêcher [11] les Athéniens *de relever leurs murs* [12], et envoyèrent des ambassadeurs pour obtenir [13] *d'eux* qu'[14]ils renonceraient [15] *à ce projet.*

Mais Thémistocle, par son adresse [16], affranchit [17] ses concitoyens *des obstacles* [18] que leur suscitaient [19] les Lacédémoniens.

Celui qui est malade [20] doit s'abstenir [21] *de nourriture* [22]; celui qui a des penchants vicieux [23] doit s'éloigner *de* [24] *tout ce qui peut le porter* au vice [25].

Otez à l'homme [26] *l'amour* de la droiture [27], et vous ôterez à [28] *la* société *son plus ferme soutien* [29].

Caton [30], dès son enfance [31], avait tant de fermeté, que [32] rien ne pouvait le faire changer *d'avis* [33].

Lorsqu'un peuple veut s'affranchir [34] *des lois*, il se dépouille lui-même [35] *de* toute espèce de garantie [36].

Le sénat ne voulut point *racheter* [37] d'*Annibal* les prisonniers qu'il avait faits [38], afin que les soldats romains se persuadassent bien qu'il fallait vaincre ou mourir [39].

Lorsque les Romains prirent Jérusalem, ils arrachaient les enfans des bras de leurs mères [40] pour les massacrer [41].

Les verbes *abdicare*, *exsolvere*, *exonerare*, *levare*, se construisent *ordinairement* avec *l'ablatif seul ;* mais les verbes *dif-*

EXERCICES.

§ 94. Quintius Cincinnatus, vainqueur des Èques [1] *abdiqua* [2], au bout de seize jours [3] la *dictature* qu'il avait reçue pour [4] six mois.

Peu d'hommes [5] *renoncent à* [6] *la liberté.*

Le plaisir ne *dissipe* pas toujours *les inquiétudes de l'esprit* [7].

Dioclétien se *débarrassa du* [8] *poids* des affaires [9] et alla vieillir [10] dans ses domaines.

Si vous voulez *soulager* votre ami [11] *de son chagrin*, pleurez avec lui [12].

9 *Afin qu'ils se délivrassent*, ut se levo, as, *abl.* — 10 T. *de la crainte d'Athènes*, metus, ûs; Athenæ, arum. — 11 Prohibere. — 12 *Des murs devant être relevés*, excitandus, a, um, *à l'ablat.* — 13 *Qui obtinssent*, impetro, as, are; ab. — 14 Ut. — 15 Desisto, is, ere, ab.

16 *A l'abl.* — 17 Expedio, is, ivi. — 18 Impedimentum, i. — 19 Molior, iris, iri.

20 Ægroto, as, are, *v. n.* — 21 Abstineo, es, ere, *v. neut., abl.* — 22 Cibi, orum. — 23 *Celui qui est dépravé*, pravus ; *de sa nature*, naturâ. — 24 Refugere ; à. — 25 *Des attraits*, irritamenta, orum, *des vices.*

26 *Dépouille l'homme de*, spolio, as. — 27 Rectum, i. — 28 Nudo, as. — 29 Præsidium, ii.

30 Cato, nis. — 31 A teneris, *s.-ent.* annis. — 32 *Fut d'une si grande*, tantus, a ; *fermeté*, animi firmitas ; *que*, ut, *subj.* — 33 T. *l'éloigner de*, dimoveo ; de ; sententia, æ.

34 Solvo, is, se, *abl.* — 35 Ipse se nudo, as. — 36 Omnis, e ; præsidium, ii.

37 Redimo, ere, ab. — 38 T. *qui étaient venus dans*, in, *acc., le pouvoir de lui.* — 39 *Afin que*, ut, *subj.; il fût inculqué*, insitus, a, um, *aux soldats romains de vaincre ou de mourir.*

40 Les *Romains, Jérusalem étant prise* (*à l'abl.*), Hierosolyma, æ; captus, a; *arrachaient*, divello, elli, ere, *abl.*; nati, orum ; suarum matrum complexus, ûs. — 41 *Devant être massacrés*, trucidandus, a, um.

---

ferre, discrepare, distare, abhorrere, alienare et *abalienare*, exigent *en général* une préposition.

NOTES DES EXERCICES.

§ 94. 1 Æqui, orum. — 2 Se abdico, as, avi, *avec l'abl.* — 3 T. *le seizième jour, à l'abl.* — 4 In, *acc.*

5 Pauci. — 6 Se abdico, as, *abl.*

7 *Ne délivre pas l'esprit des...*, non exsolvo, is, *abl.*

8 Exonero, avi, *abl.* — 9 Moles, is ; imperium, ii, *au sing.* — 10 Alla *ne se rend pas;* consenesco, is, senui.

11 Levo, as, are ; animum amici. — 12 T. *Pleurez au (à lui) pleurant*, flens, tis ; adfleo, es, ere.

§ 95. Le courage *diffère de* [1] *la témérité.*

Il arrive souvent que les actions [2] ne *s'accordent* pas *avec les* [3] *paroles.*

Cette maison *est éloignée de* [4] *la ville.*

Malheur à l'homme qui *a de l'aversion pour* [5] *l'étude !*

Sacrifiez quelque chose de [6] votre droit, plutôt que d'[7]*éloigner de* [8] *vous* un ami.

Prohibeo et *defendo.*

Avec *prohibeo*, empêcher, tenir éloigné, on met (ce qui est mieux) la *chose à écarter* à l'accusatif, et le nom de la *chose protégée*

EXERCICES.

§ 96. Nos soldats *ont éloigné*[1] les ennemis [2] *de* [3] *la ville.*

Ce magistrat *a préservé* les citoyens *d'un grand malheur* [4].

J'*ai garanti*[1] ces fleurs *des ardeurs du soleil.*

Je *protégerai* [2] mon ami contre [3] *l'injustice* [4].

Implere dolium vino. (Voir le § 283 Gramm. lat. et § 74-76 du Cours.)

EXERCICES ÉLÉMENTAIRES.

§ 97. Crassus *avait* d'immenses [1] *richesses.*

Les rues de la ville *regorgent* [2] (ou *sont inondées*) *de* sang.

Malheureux est celui qui *n'a* point [3] *d'amis !*

L'homme le plus prudent *a besoin de* [4] conseil.

Vitellius *se gorgeait* [5] *de nourriture.*

César *comblait de* [6] *bienfaits ses* ennemis mêmes.

La guerre a *privé* [7] ce père *de tous ses enfans.*

Les triumvirs *dépouillèrent* [8] un grand nombre de citoyens *de leurs* [9] *biens.*

§ 95. 1 Differo, ers; à, *abl.*

2 Factum, i. — 3 *Diffèrent des*, discrepo, as; à.

4 Disto, as; ab.

5 Abhorreo, es; à.

6 Detraho, is, ere; aliquid de. — 7 Potiùs quàm, *subj. ou inf.*
— 8 Alieno *ou* abalieno, as, are; à.

à l'ablatif, comme: *prohibere* hostes *ab oppidis;* ou bien on met
le nom de la *chose à écarter* à l'ablatif, avec ou sans la prép. *à*,
et le nom de la *chose protégée* à l'accusatif, ex. : *prohibere* cives
calamitate.

NOTES DES EXERCICES.

§ 96. 1 Prohibeo, es, ui. — 2 Hostis, *à l'acc.* — 3 A *ou* ab.

4 Prohibeo, ui; cives; *d'un grand malheur, à l'abl. avec ou sans
la prép.* à.

1 Defendo, di.

2 Defendo. — 3 Ab. — 4 Injuria, æ.

Les verbes d'*abondance*, de *disette*, de *privation*, veulent leur
régime indirect à l'ablatif, sans préposition.

NOTES DES EXERCICES.

§ 97. 1 T. *regorgeaient de*, abundo, as, are, *v. n., abl.*

2 Redundo, as, are, *v. n.*

3 T. *qui manque*, careo, es, ere, *v. n.*

4 Egeo, es, ere, *abl. ou gén.*

5 Ingurgito, as, are, *act.*

6 Cumulo, as, are, *act.*

7 Orbo, as, avi, *act.*

8 Spolio, as, avi, *act.* — 9 Suus.

Néron ne pouvait *se rassasier* [10] *de sang.*

Le philosophe Cléanthe se *privait de* [11] *nourriture* pour acheter [12] des livres.

Annibal *prit le camp* de Varron [13].

Voir pour les exercices généraux le § 76.

Admonui eum periculi ou *de periculo.* — *Hoc* ou *hujus rei* ou *de hoc mihi venit in mentem.*

Les verbes *avertir, informer,* veulent leur régime indirect,

---

EXERCICES ÉLÉMENTAIRES.

§ 98. Le malheur *fait ressouvenir* [1] les hommes *de leurs anciens amis* [2].

Je vous *ai averti* [3] *des piéges* qu'on vous tendait [4].

Les bons citoyens *informent* [5] le prince *des dangers* qui le menacent.

Je vous *avais averti de cela;* pourquoi l'avez-vous oublié?

Vous avez informé cet homme *des bruits* [6] qui se répandent sur [7] lui.

Je veux vous *avertir d'une chose,* c'est de vous *souve nir* [8] *des bienfaits* que vous aurez reçus.

Depuis longtemps [9] *je* vous *avais averti du danger* qui vous menaçait.

Quand *je serai informé de vos projets, j'en avertirai* [10] nos amis.

On devrait *avertir* les grands [11] *d'une chose,* c'est que la vertu l'emporte sur [12] la naissance [13].

Si votre père *eût été averti de cela,* il ne l'aurait point oublié.

EXERCICES GÉNÉRAUX.

§ 99. Alexandre s'étant baigné [1] dans le Cidnus, à Tarse [2], tomba dangereusement malade [3].

Le médecin Philippe [4], pour le tirer de l'engourdissement où il se trouvait [5], ne cessait [6] de lui *parler* [7] *de sa mère, de ses sœurs, de la victoire glorieuse* qu'[8]il allait remporter [9] sur [10] Darius.

10 Saturari, *pass.*

11 Fraudo, as, are, *act.* — 12 *Afin qu'il achetât.*

13 *Dépouilla Varron de...,* exuo, ui, *act.;* Varro, nis; castra, orum, *pl. n.*

---

marqué par *de*, au génitif ou à l'ablatif avec *de*. Avec *moneo*, on met bien les accusatifs neutres *hoc*, *id*, *illud*, *unum*.

NOTES DES EXERCICES.

§ 98. 1 Commonefacio, is, ere. — 2 *De l'ancienne amitié,* vetus, eris....

3 Admoneo, ui. — 4 *Qui étaient tendus à toi,* struo, is, xi, ere.

5 Certiorem facere.

6 Rumor, is, *m.* — 7 Differor, erris, erri; de, (*sont répandus*), *abl.*

8 *Afin que vous vous souveniez.*

9 Jamdudùm.

10 T. *j'avertirai d'eux.*

11 T. *les grands devraient être avertis,* princeps, cipis; vir, i; monendus essem, eo. 12 T. *la vertu acc., à savoir,* scilicet; *l'emporter,* antecello, is, ere. — 13 Generis nobilitas, tatis, *au dat.*

NOTES DES EXERCICES.

§ 99. 1 Cum... lavatum descendisset in, *acc.* — Tarsus, i, *au gén.* 3 In, *acc.*, gravis, is; morbus, i; incido, idi.

4 Philippus. — 5 *Afin qu'il excitât lui engourdi,* ut excito, as, are, *act.;* torpens, tis; où il se trouvait *ne se rend pas.* — 6 Desisto, is, tere. — 7 Admoneo, es, ere. — 8 *Acc.* — 9 *Qu'il était devant remporter.* — 10 Ab, de *ou* ex.

Lorsque vous *avertirez* votre ami *d'une faute* qu'il aura commise, ne [11] vous emportez point contre lui, mais faites-lui connaître [12] par votre tristesse la peine que vous ressentez [13] de le voir coupable [14].

Un [15] jeune [16] patricien se rendait au [17] camp de Catilina.

Son père, *en ayant été averti*, l'arrêta sur la route, et le tua de sa main [18].

Démosthène, *informé des projets* de Philippe, roi de Macédoine, *avertissait* les Athéniens *des devoirs* qu'ils avaient à remplir envers leur patrie et envers la Grèce [19]; aussi put-il dire avec raison [20] : Autant qu'[21]il a été en moi, Philippe a été vaincu, et Athènes [22] a été victorieuse.

Insimulari aliquem furti ou *furto. Damnare ad triremes.*

Les verbes *accuser*, *condamner*, *absoudre*, *convaincre* et ceux qui ont une signification analogue, veulent leur régime indirect au *génitif* ou à l'*ablatif*, mais mieux au génitif.

Voici les principaux d'entre ces verbes : *Accusare*, *incusare*, *arguere*, *insimulare*, *coarguere*, accuser; *convincere*, convaincre; *comperiri*, être convaincu de; *increpare*, reprocher; *teneri*, être convaincu, coupable de; *damnare*, *condemnare*,

---

EXERCICES ÉLÉMENTAIRES.

§ 100. On peut *accuser* un lâche [1] *de trahison* envers sa patrie.

Les lois peuvent quelquefois *absoudre* un méchant *de ses crimes;* mais sa conscience ne l'absoudra pas.

Si vous *êtes convaincu d'une faute*, vous ne devez point *vous en défendre* [2], mais vous en corriger [3].

Ce magistrat *a été accusé de concussion* [4].

Il n'a pu se *justifier* [5] *des crimes* qu'on lui *imputait* [6].

Phocion *fut accusé d'un crime* capital [7].

J'*étais accusé* [8] *d'un vol audacieux* [9] envers un hôte qui m'est si cher [10].

Il a été *condamné* (comme *coupable*) *de* [11] *violence* [12].

Ce malfaiteur *a été condamné aux* [13] *mines*.

11 Ne, *impér. ou subj.* — 12 *Faites qu'il comprenne*, facio, is,
ut, *subj.* ; intelligo, is, ere. — 13 *Combien vous êtes affligé*,
quantùm doleo, es, *subj.* — 14 Quòd ille in culpâ sum, es.

15 Quidam. — 16 Junior. — 17 T. *gagnait le*, peto, is, ere, *act.*

18 *Tua de sa main*, ipse suâ manu ; *lui retiré* (retractus, a,
um) *du milieu du chemin*, de medius, a, um ; iter, itineris, *n.*

19 T. *de ce que*, quid, *la patrie et la Grèce demandaient* (*subj.*)
d'eux. — 20 Jure igitur ille dixit. —21 Quantùm. — 22 Athenæ,
arum, *fém. pl.*

---

condamner ; *absolvere*, *purgare*, *liberare*, absoudre, justifier ;
agere, *arcessere*, *citare*, *deferre*, *postulare*, *reum facere*, citer,
accuser, imputer.

Le nom de la peine particulière et déterminée se met aussi au
génitif ou à l'accusatif avec *ad*, rarement à l'ablatif.

Devant un infinitif, *accuser* se rend par *arguere*, et *condamner* par *jubere*, avec l'infinitif latin. *Voir les notes de la Gramm.*,
§ 296.

NOTES DES EXERCICES.

§ 100. 1 T. *un lâche* (homo ignavus) *peut être accusé.*

2 *Nier d'elle*, abnuere de, *abl.* — 3 *La corriger*, emendo, as,
are, *acc.*

4 Repetundæ, arum.

5 Purgo, as, are, *avec l'accusat. de la chose*, ou se purgo, as,
avec le génit. de la chose. — 6 T. *desquels il était accusé*,
agebar, is.

7 Accuso *ou* arcesso, ivi, situm ; *d'un crime capital*, caput,
pitis.

8 Postulo, as. —9 Latrocinium, ii. — 10 *Très-cher à moi.*

11 Condemno, avi, atum ; de. — 12 Vis, vis.

13 Damno, as, are ; ad.

Les esclaves coupables étaient *condamnés au supplice* de la croix.

Ce voleur *a été condamné à la potence.*

Je vous *accuse*[14] *d'avoir négligé* les intérêts de vos amis.

Socrate fut *condamné*[15] *à boire*[16] la ciguë.

Les sénateurs *accusèrent* Manlius *d'aspirer* à la royauté [17], et le *condamnèrent à être précipité* de la roche tarpéienne [18].

Il a été *condamné*[19] à une forte amende [20].

EXERCICES GÉNÉRAUX.

§ 101. Le célèbre Miltiade [1], qui vainquit les Perses dans les plaines de Marathon [2], et sauva Athènes [3] de la ruine qui la menaçait [4], *fut accusé de trahison* parce qu'il n'avait pu prendre [5] Paros [6], et *condamné*[7] d'abord *à payer* cinquante talens, puis *à*[8] *la prison*, parce qu'il ne put satisfaire à [9] cette amende [10].

Toutes les républiques [11], mais Athènes surtout, peuvent être *accusées d'ingratitude* [12].

Cimon, fils de Miltiade, le bienfaiteur de [13] sa patrie, Aristide surnommé [14] le Juste, Thémistocle, vainqueur de Xercès, Alcibiade, le plus habile des généraux de son temps, furent *condamnés à la mort* ou à *l'exil.*

Lorsque Quintus Metellus, surnommé [14] le Numidique, *accusé de concussion* par ses ennemis, plaida sa cause, les juges furent si persuadés de son intégrité [15], qu'aucun d'eux ne voulut examiner [16] ses registres [17].

Cependant ce grand homme *fut condamné à sortir* de la ville.

Celui qui *s'excuse d'une faute*[18] ne s'en *justifie* pas toujours [19].

Sous Domitien, les sénateurs *étaient accusés* [20] *du crime de lèse-majesté* [21] pour les paroles les plus indifférentes [22].

Popilius Lénas, *accusé de parricide*, fut sauvé [23] par Cicéron, qui le fit *absoudre*[24] *de ce crime.*

Dans la suite, Popilius fut le meurtrier de Cicéron proscrit et *condamné à mort* par Antoine.

Nos vœux sont accomplis [25], nous avons vaincu nos ennemis, notre patrie est libre.

14 Arguo, is, ere.

15 Jubeo, es, ssi, bere. — 16 Haurio, is, ire.

17 Regnum **affecto, as**, are. —18 T. *ordonnèrent lui être précipité*, eum dejicio, is, ere; de rupes, is, *f.;* tarpeius, a.

19 Mulcto, as, are, *abl.* — 20 Grandis, is; pecunia, æ.

NOTES DES EXERCICES.

§ 101. 1 Miltiades, is. — 2 In campus, i; marathonicus, ci. — 3
Servo, as, avi, *act.* Athenæ. — 4 Imminens, tis; exitium, ii,
n. — 5 Expugno, as, are. — 6 Paros, ri, *fém.* — 7 Jubeo,
ssi. — 8 Damnatus ad. — 9 T. *payer*, solvo, is, ere, *accus.* —
10 Pecunia, æ.

11 Civitas libera. — 12 Ingratus animus, i.

13 *Ayant très-bien mérité de*, mereor, reris, ritus sum; de. —
14 *Par le surnom*, cognomentum, i.

15 *Son*, ejus, *intégrité fut si* (adeò) *manifeste aux juges, que*,
ut, *subj.* — 16 Inspicio, is, cere, *act.* — 17 Tabulæ, arum.

18 *Celui qui*, qui, *excuse une faute.* — 19 *Ne justifie pas toujours l'accusation*, crimen purgo, as, *act., accus.*

20 Postulo, as, are. — 21 Crime *ne se rend pas.* Majestas, tatis.
— 22 Innoxius, a, um; de, *ablat.;* verbum, i.

23 Servo, as, avi, atum. — 24 *Lequel défendant*, qui, cujus;
patrocinans, tis, *à l'ablat., il fut absous.*

25 T. *nous sommes condamnés de* ou *par nos vœux*, damno,
as, avi, atum, *gén.* ou *ablat.*

Après les verbes de *blâme*, d'*accusation*, *le nom de la faute* se

---

EXERCICES ÉLÉMENTAIRES.

§ 102. J'ai *blâmé* mon ami *de son opiniâtreté* [1].

Les Romains *accusaient* Fabius *de lâcheté* [2].

Il est difficile de *se justifier d'une faute*, quand on se sent coupable [3].

Socrate *convinquit* ses juges *d'erreur* [4].

Les lois *châtient* le méchant *de ses crimes* [5].

Callisthène *blâmait* Alexandre de son *orgueil* [6].

Deus amat virum bonum illique favet.

Quand deux verbes n'ont qu'un régime en français, et que les verbes latins gouvernent différens cas, on met le nom au cas régi par

---

EXERCICES ÉLÉMENTAIRES.

§ 103. Les plus grands écrivains de nos jours [1] *ont lu* et *étudié les auteurs anciens* [2].

Trop souvent [3] les courtisans *flattent* et *corrompent les princes* [4].

Auguste et Louis XIV [5] ont *aimé* et *favorisé* [6] *les gens de lettres* [7].

Bien des choses [8] peuvent *exciter* [9], mais non *satisfaire* [10] *nos passions* [11].

Nous devons non-seulement *plaindre* [12], mais encore [13] *secourir* [14] *les malheureux*.

Nous ne devons point *nous irriter* [15] ni *déclamer* avec violence *contre* [16] *nos ennemis*.

Les gens de bien *sont utiles* [17] et *chers* [18] à leurs [19] concitoyens.

Un esclave ne peut ni *aimer*, ni *servir* [20] plusieurs maîtres d'un caractère opposé.

met aussi quelquefois à l'*accusatif*, et le nom de la *personne au génitif*.

NOTES DES EXERCICES.

§ 102. 1 Increpo, as, pui, *acc.*, *l'opiniâtreté de mon ami.*

2 *La lâcheté de Fabius.*

3 T. *vous justifierez*, purgo, as, avi, are; *difficilement une faute, si vous avez la conscience,* si conscius sum, es; tibi, *de la faute.*

4 Coarguo, is, ui, ere, *l'erreur de.....*

5 Punio, is, *les crimes du....*

6 Reprehendo, is, *l'orgueil d'Alexandre.*

---

le premier verbe et l'on se sert d'un des pronoms, *is*, *ille*, *ipse*, pour le mettre au cas régi par le second. Ex. : *Dieu aime et favorise l'homme de bien*, Deus amat virum bonum illique favet.

NOTES DES EXERCICES.

§ 103. 1 Nostra ætas, tatis. — 2 T. *ont lu les auteurs anciens et ont étudié à eux*, lego, is, egi, *act.*, *acc.;* studeo, es, ui, *n.*, *dat.*

3 Sæpiùs. — 4 *Flattent*, blandior, iris, *aux princes et les corrompent.*

5 Ludovicus quartus decimus. — 6 Faveo, es, vi, *dat.* — 7 Viri litterati.

8 Multa, *s.-ent.* negotia. — 9 Irrito, as, are, *acc.* — 10 Satisfacio, is, ere, *dat.* — 11 Cupiditas, tatis, *fém.*

12 Misereor, eris, eri, *gén.* — 13 Sed etiam. — 14 Opitulor, aris, ari, *dat.*

15 Irasci, *dat.* — 16 Acriter invehi in, *acc.*

17 Prosum, des, esse, *dat.* — 18 *Et sont chéris de*, diligor, eris, gi ; à, *abl.* — 19 Suus.

0 Servio, is, ire, *dat.*

Les hommes emportés[21], en voulant[22] *secourir*[23] ou *venger*[24] *leurs*[25] *amis*, les .exposent[26] souvent aux plus grands dangers.

Pour *traiter*[27] et *guérir*[28] *les maladies* de l'âme, les philosophes emploient[29] quelquefois, comme les médecins pour[30] les maladies du corps, des remèdes violens.

Celui qui, par l'appât du gain[31], *traverse*[32] ou *trahit les projets* qu'on lui a confiés[33], en perdant la réputation d'homme de bien[34], perd plus qu'il ne gagne en recevant le salaire[35] de sa perfidie.

1° *Amor à Deo.*—2° *Mœrore conficior.* — 3° *Hæc sententia neque illi, neque nobis probatur.*—4° *Claris majoribus ortus.* — 5° *Malum aureum à Discordiâ immissum.*

1° Le régime du verbe passif se met à l'*ablatif* avec *à* ou *ab*, quand c'est un nom de chose *animée.* — 2° A l'*ablatif*, sans préposition , quand c'est un nom de chose *inanimée.*—3° Avec

EXERCICES ÉLÉMENTAIRES.

§ 104. Les richesses *sont désirées*[1] *par la plupart des*[2] *hommes.*

.Le monde *est éclairé*[3] *par le soleil.*

Vos projets ont *étés improuvés*[4] et *par lui* et *par moi.*

Né[5] *d'un père affranchi*, Horace, par son génie[6], devint l'ami[7] de Mécène[8] et d'Auguste.

Typhon[9] *fut créé*[10] *par la Terre*, irritée contre Jupiter, à cause de[11] la mort des Géans.

Annibal *fut vaincu par Scipion*, à Zama[12].

Clitus *fut tué par Alexandre* au milieu d'un festin[13].

Votre esprit[14] *sera récréé par la variété* des objets[15] que[16] vous lui offrirez.

Ce qui[17] paraîtra injuste à un homme de bien ne *sera* jamais *approuvé par lui.*

Quand[18] vous seriez *issu*[19] *des ancêtres* les plus illustres, vous ne *seriez estimé de personne*, si[20] vous n'[20]étiez pas recommandable par votre mérite personnel[21].

Le temple des Muses *est ouvert par la Grammaire*[22].

Le voyage d'Italie *doit être entrepris*[23] *par ceux* qui veulent connaître les monumens anciens.

21 Iracundus, i. — 22 *Tandis qu'ils désirent*, dùm cupio, is, ere.
23 Opitulor, aris, ari, *dat.* — 24 Ulcisci, *acc.* — 25 Suus. — 26
Objicio, is, ere, *v. act.*

27 Curo, as, *acc.* — 28 Medeor, eris, eri, *dat.* — 29 Adhibeo, es
ere, *act.* — 30 T. *dans*, in, *abl.*

31 Qui turpis, e; captus, a, um; studium, ii; lucrum, cri, *pris
par un désir honteux (abl.) du gain*. — 32 Adversor, aris, ari,
dat. — 33 *Confiés à soi*. — 34 *La réputation d'homme de bien
étant perdue*, à l'abl., amissus, a, um. — 35 *Le salaire étant
reçu*, à l'abl., merces, edis, *fém.*, etc.

---

probor, *improbor*, *videor*, et les participes en *dus*, *da*, *dum*, on
met mieux le nom au *datif* qu'à l'abl. — 4° Avec les participes
natus, *editus*, *genitus*, *ortus*, *satus*, on met le nom de personne
à l'*ablatif sans préposition*. On dit aussi *natus è*. — 5° Quand les
noms *de choses* sont *personnifiés*, ils se mettent à l'ablatif avec
à ou *ab*.

NOTES DES EXERCICES.

§ 104. 1 Expeto, is, ere. — 2 Plerique, æque, aque.

3 Illustro, as, are.

4 Improbor, aris, atus sum.

5 Natus. — 6 Ingenium, ii, *à l'abl.* — 7 Sibi concilio, as, avi; amicitiam. — 8 Mæcenas, atis.

9 Typhon, nis. — 10 Procreo, as, atum. — 11 Propter, *acc.*

12 Ad, *acc.*; Zama, æ.

13 Inter epulæ, arum.

14 Animus. — 15 Res, ei, *fém.* — 16 *Acc.*

17 Quod.

18 Etiamsi. — 19 Orior, ortus sum. — 20 Nisi, *subj.* — 21 Virtus,
tis, *fém.*; proprius, a.

22 *Chose personnifiée.*

23 Suscipiendus, a, um.

N. B. Dans les exercices suivans, les élèves trouveront quel-

EXERCICES GÉNÉRAUX.

§ 105. La veille[1] de la bataille de Vouillé[2], *gagnée par Clovis* sur les Visigoths[3], les drapeaux des Français *furent bénits*[4] *par l'évêque saint Remi*[5].

Les secrets du cœur[6] *sont révélés*[7] *par la mort.*

Rien n'*est* autant *haï* que la flatterie *par un homme de bien*[8].

Les anciennes hymnes de l'église *ont le mérite de*[9] *la simplicité*; elles ont été *inspirées*[10] *par l'admiration et la reconnaissance.*

Nous ne devons pas faire de belles actions[11] pour *être admirés de la postérité*[12], mais pour être utiles[13] à nos contemporains.

Conduite par la Piété, l'Innocence s'élève jusqu'au trône de Jupiter, et attire sur[14] le juste[15] les bienfaits du père[16] des hommes.

Nous devons toujours *avoir* dans le cœur et *répéter* sans cesse cette maxime de Solon[17] : Que les autres aient les richesses; mais nous, ayons la vertu.

Dans l'antiquité[18], les héros et les rois avaient la préten-tion[19] de *descendre des dieux*[20].

Bacchus, Hercule et Alexandre se disaient *fils*[21] de Jupiter, et César faisait *remonter*[22] son origine *jusqu'*[23]*à* Énée[24], fils d'Anchise[25] et de Vénus[26].

Hoc ad me pertinet.

Les trois verbes *pertinere*, appartenir; *attinere*, *spectare*, re-

EXERCICES.

§ 106. L'héritage de la gloire d'un père[1] *appartient à son*[2] *fils.*

Si l'on veut vous parler[3] des[4] affaires d'autrui[5], répon-dez : Cela ne *me regarde* pas.

ques verbes qui, n'ayant point de passif, devront être tournés par l'actif en latin, ou par un substantif et un verbe.

NOTES DES EXERCICES.

105. 1 Pridiè, *gén. ou acc.*—2 *De la bataille livrée*, commissus, a, um; ad Boleriam. — 3 *Dans laquelle les Visigoths*, Visigothus, i, *furent vaincus par Clovis*, Clodoveus, i...—4 Consecro, as, avi, atum.—5 Remigius, ii.

6 Intimi sensus animi.—7 Retego, is, gere, *act.*

8 *L'homme de bien ne hait rien plus*, odisse, odi; pejus; *que*, quàm...

9 *Sont recommandées par*, commendo, as, are.—10 T. *elles sont parties de*, profectus sum, es; ex.

11 Præclarè gesta edo, is, edere, *act.*—12 *Pour que*, ut, *subj.*, *la postérité*, posteri, *m. pl.*, *nous admire.*—13 *Afin que nous soyons utiles.*

14 Concilio, are, *act.*—15 *Au juste*, vir, i; justus.—16 Parens, tis.

17 *Cela*, illud, *de Solon est toujours devant être eu dans l'esprit à nous, et devant être usurpé par les paroles.*

18 *Chez les anciens*, apud, *acc.;* vetus, teris.—19 T. *voulaient*, volo, velle.—20 *Soi nés des dieux.*

21 T. *nés de*, genitus, a, um.—22 Repeto, is, ere. (Faisait *ne se rend pas.*)—23 A ou ab.—24 Æneas, æ.—25 Anchises, æ.—26 Venus, neris.

---

garder, avoir rapport à, veulent le nom de la personne à l'accusatif, avec *ad.* Ex. : Cela me regarde *ou* m'appartient, *hoc ad me pertinet* ou *spectat;* pour ce qui me regarde, *quod ad me attinet.*

NOTES DES EXERCICES.

§ 106. 1 T. *de la gloire paternelle*, paternus, a, um...—2 *S'on ne se rend pas.*

3 T. *si quelqu'un veut parler avec vous*, si quis tecum, etc.—4 De. — 5 Alienus, a, um.

Tous les arts qui *ont rapport*[6] *à l'humanité* ont un lien commun.

Ce pays s'*étend*[7] *jusqu'à la mer*.

Il ne *vous importe*[8] en rien[9] que[10] je vienne ou non[11].

Cette maison *est située*[12] *à l'orient*.

Il *est très-important*[13] pour *l'État*[14] que[15] la jeunesse soit bien élevée[16].

Il *est de*[17] *la dignité* d'un citoyen de servir[18] sa patrie sans intérêt[19].

Me pœnitet culpæ meæ. Socratem non puduit fateri se multas res nescire.

Les cinq verbes *pœnitet*, *pudet*, *piget*, *tœdet*, *miseret*, veulent à l'accusatif le nom ou pronom qui précède le verbe français, et au

---

EXERCICES ÉLÉMENTAIRES.

§ 107. *Les méchans* ne se *repentent*[1] pas de leurs[2] crimes, tant qu'ils[3] sont heureux.

Socrate ne *rougissait*[4] point de recevoir des présens de ses amis.

Un enfant d'un bon naturel *est fâché*[5] des fautes qu'il a commises.

Le paresseux s'ennuie[6] plus de son oisiveté, qu'*il* ne s'[7]*ennuierait* du travail.

Un *homme* généreux *a pitié*[8] de ses ennemis, lorsque le malheur les accable.

Je suis fâché de l'erreur où je suis tombé[9].

Vous vous ennuierez bientôt des plaisirs, si vous voulez sans cesse en[10] jouir.

Les insensés se repentent d'avoir mal vécu, lorsque la vie leur échappe[11].

Le véritable savant[12] ne *rougit* pas d'avouer qu'il ignore[13] beaucoup de choses.

6 Specto, as.

7 Pertineo, es.

8 Attineo, es. — 9 *En rien*, nihil. — 10 T. *si*, utrùm. *subj.* —
11 Nec ne.

12 Specto, as, are.

13 Hoc valdè pertineo, es. — 14 Respublica. — 15 ut. — 16 Bonis
, artibus inficio, is, cere.

17 Attinet. — 18 T. *de rendre service à*, operam navare. — 19 Gratuitus, a, um, *doit s'accorder avec* operam.

---

génitif le nom qui le suit. Ex. : Je me repens de ma faute, *me pœnitet culpæ meæ*. S'il y a un verbe au lieu du nom de chose, ce verbe se met au présent de l'infinitif. Ex.: Il ne rougit pas d'avouer, *fateri illum non pudet.*

NOTES DES EXERCICES.

§ 107. 1 Pœnitet. — 2 Suus, a, um. — 3 Quamdiù.

4 Pudet. — 5 Piget.

6 Tædet. — 7 *Ne traduisez pas* se.

8 Miseret.

9 In, *acc.;* qui, quæ; incido, cidi, *v. n.*
10 T. *d'eux.*

11 Eos deficio, is.

12 Vir verè doctus. — 13 *Soi ne pas savoir*, nescio, cis, ire.

1° *Incipit me pœnitere culpœ.* 2° *Te visum est pœnitere culpœ tuœ.*

1ʳ Tous les verbes, excepté *volo*, *nolo*, *malo*, *audeo*, *cupio* (qui expriment une action qui ne convient qu'aux personnes) deviennent impersonnels devant *pœnitet*, *pudet*, etc., c'est-à-dire

EXERCICES ÉLÉMENTAIRES.

§ 108. Dans les guerres civiles, *les vainqueurs doivent*[1] *être fâchés* de leur victoire.

Un temps viendra que[2] les *hommes vicieux* ne *pourront* plus *se repentir* de leurs fautes.

Nous ne tardons pas[3] *à nous ennuyer* d'une acquisition[4] qui semble nous reprocher notre sottise.

Les *Curius*, les *Fabricius*, et *tous les grands hommes* de l'antiquité, ne *parurent*[5] jamais *avoir honte* de leur[6] pauvreté.

Les tyrans eux-mêmes paraissent quelquefois *se repentir* de leur cruauté.

Quand *vous aurez paru fâché* d'avoir fait une injure à un homme généreux, il sera disposé à vous la pardonner.

Ceux qui ne *veulent*[7] pas *se repentir* d'une mauvaise action[8] annoncent[9], par là même[10], qu'ils ne sont pas éloignés d'[11]en commettre une autre[12].

Je *crains de*[13] *m'ennuyer*[14] à la ville[15], car je ne puis vivre séparé de[16] mes amis.

EXERCICES GÉNÉRAUX.

§ 109. *Le sage n'est* jamais *mécontent*[1] de son sort[2].

Les Romains *furent* bientôt *fatigués*[3] des décemvirs[4].

Tibère[5] *lui-même*, ennemi[6] de la liberté publique, *était fatigué*[7] de la patience servile[8] des sénateurs.

Il y a des hommes[9] *qui*[10] *n'ont* ni *honte*, ni *dégoût*[11] de leurs débauches[12] et de leur infamie.

Les historiens romains paraissent avoir peine[13] à parler de[14] la conduite du sénat envers les Carthaginois, dans la troisième guerre punique[15].

qu'on les met à la troisième personne du singulier, et le nom ou pronom qui les précède se met à l'accusatif. — 2° Si le verbe qui précède *pudet*, etc., est au passif, il faut mettre *les temps composés*, tels que le *parfait*, le *plus-que-parfait* et le *futur passé*, à la 3° *personne du singulier et au neutre.*

NOTES DES EXERCICES.

§ 108. 1 3e *personne singul.* (Leur *se rend dans ces phrases par* suus, a, um.)

2 Quàm.

3 T. *il commence bientôt*, incipio, is; brevi. — 4 Emptio, nis, *f.*

5 3° *pers. sing. neut.* — 6 Suus.

7 3° *pers. pluriel.* — 8 Malefactum, i. — 9 Declaro, as. — 10 Hoc ipso. — 11 T. *s'en falloir peu qu'ils*, paulum abesse quin, *subj.* — 12 Alter, a, um.

13 Timeo ne. — 14 *L'ennui tienne*, tædet, *au subj.*, moi. — 15 *Dans la ville.* — 16 T. *loin de*, procul ab.

NOTES DES EXERCICES.

§ 109. 1 Pœnitet. — 2 Fortuna, æ.

3 Pertæsum est. — 4 Decemvir, iri.

5 Tiberius. — 6 T. *qui ne voulait pas*, qui nollet, *acc.* — 7 Tædet, ere. — 8 Projectus, a, um.

9 *Des hommes sont.* — 10 *Se tourne par que (que la honte ne tient pas*, qui, quæ, non pudet). — 11 Tædet. — 12 Flagitium, ii.

13 Piget, ere — 14 *De rapporter quelle fut*, quæ fuerit. — 15 *Ablat. sans prép.*

7.

Je rougis de le dire[16], mais, après avoir déclamé de belles sentences sur[17] le mépris de l'argent, *nous ne craignons pas*[18] de sacrifier notre liberté pour acquérir des richesses[19].

Diogène[20] *le cynique*, voyant[21] les Athéniens célébrer[22] un jour de fête, *parut* un instant *se repentir* d'avoir renoncé de lui-même à tous les plaisirs; mais ayant aperçu[23] une souris qui mangeait[24] les miettes qui tombaient de son pain[25] : Quoi[26] donc! s'écria-t-il, voilà un animal qui se trouve heureux de mon superflu[27], et *moi*[28], *né* pour de si grandes choses, parce que je ne me plonge pas avec les autres dans la débauche[29], *je me repentirais*[30] *d'avoir embrassé*[31] un genre de vie si digne d'un homme!

Sous Néron[32], les Romains n'*osaient* point *avoir pitié* des hommes vertueux que[33] le tyran faisait périr indignement[34].

N. B. On se rappellera que les parfaits de ces verbes sont *pœnituit, puduit* ou *puditum est, tœduit* ou *pertœsum est, misertum est* (et non *miseruit*), *piguit* et *pigitum est.*

EXERCICES.

§ 110. J'*ai eu pitié* de vos malheurs.

Quand *les méchans ont-ils rougi* d'avoir fait une mauvaise action[1]?

Quand *un paresseux a-t-il eu honte* de lui-même[2]?

Quand *un avare a-t-il eu pitié* d'un malheureux?

Le peuple s'est lassé[3] de la guerre.

Jamais *Atticus ne se dégoûta*[3] d'une entreprise[4].

Refert, interest regis.

Les verbes *refert*, *interest*, il importe à, il est de l'intérêt de, veulent au génitif le nom qui suit le verbe français *il importe* (c.-à-d. le nom de la personne à laquelle il importe).

EXERCICES ÉLÉMENTAIRES.

§ 111. Il *importe à tous les hommes* d'être vertueux[1].

Il *était de l'intérêt de l'empereur Auguste* de pardonner à Cinna[2].

16 Pudet dictu.—17 T. *après les déclamations de sentences sur*, post, ampullæ, arum ; sententiæ, arum ; *de, abl.*—18 Piget.— 19 T. *d'acheter*, mercor, ari, *des richesses par notre liberté, à l'abl.*

20 Diogenes, is.—21 *Lorsqu'il voyait, subj.*—22 *Célébrant.*—23 Sed cùm conspexissem, es.— 24 *Mangeant*, edo, is, ere, *act.* —25 Frustulum, i; panis deciduus, a, um.—26 Quid.—27 T. *celui-ci se réjouit*, gaudeo, es, *de cela qui est superflu*, super-sum, es, esse, *à moi.*—28 *Moi au contraire*, me verò.—29 Ingurgito me in flagitia. — 30 Piget, ere. Je *et* me *ne se rendent pas; ils sont traduits par* me verò.—31 Suscipio, cepi, ere, *act.*

32 *Néron*, Nero, nis ; *étant empereur*, imperans, tis, *à l'abl.* — 33 *A l'acc.*—34 Indignâ morte perimo, is, ere, *act.*

NOTES DES EXERCICES.

§ 110. 1 Malefactum, i (avoir fait *ne se rend pas*).

2 Sui, sibi.

3 Pertæsum est.
4 Susceptum, i, negotium, ii.

Ex. : Il importe au roi, *refert* ou *interest regis.* Après ces verbes, *de*, suivi d'un infinitif, se rend par l'infinitif latin, ou par *ut* avec le subjonctif. Ex. : Il importe à un roi de punir les méchans, *refert* ou *interest regis punire improbos*, ou *ut puniat improbos.*

NOTES DES EXERCICES

§ 111. 1 T. *de cultiver la vertu*, colo, is, ere, *act.*; virtus, tis. 2 Cinna, æ.

Il *eût importé aux Perses* d'avoir un bon général.

Il *sera* toujours *de l'intérêt* des jeunes gens de suivre les conseils des vieillards.

Il *aurait été important pour votre père* de terminer[3] cette affaire.

Il *serait de l'intérêt* des citoyens de travailler au[4] bonheur de l'Etat[5].

Il *eût importé à César* de se défier de[6] ses ennemis.

Refert, interest meâ, tuâ, nostrâ, vestrâ, suâ.

Avec *refert, interest*, ces pronoms *me, te, se, nous, vous, lui, leur*, s'expriment par *meâ, tuâ, nostrâ, vestrâ, suâ;* on sous-entend *causâ.* Ex. : Il m'importe, *refert, interest meâ*; il vous importe, *tuâ.* — Le maître croit qu'il lui importe, *magister*

EXERCICES ÉLÉMENTAIRES.

§ 112. Il vous importerait. Il m'importait. Il nous eût importé.

Il est de ton intérêt. Il sera de votre intérêt.

Pompée[1] croit qu'il lui importe[2].

Nous croyons qu'il est de son intérêt[3]

Il nous aurait importé.

Il a été de ton intérêt.

Je souhaiterais qu'[4]il t'importât.

Nous aurions souhaité qu'il eût été de votre intérêt de venir ici[5].

Les méchans croient qu'il leur importe[6] de nuire à autrui.

Il m'importe de vivre honnêtement.

Si, après *il importe*, ces pronoms *à moi, à toi*, etc., sont suivis d'un *adjectif* ou d'*un nom*, l'on met *au génitif cet adjectif* ou *ce nom.* Ex. : Il importe à vous seul, *interest tuâ unius.* Il m'importe à moi César, *refert meâ Cæsaris.* Avec les *noms de qualité*, il vaut mieux tourner par *qui suis, qui es.* Ex. : Il importe à

3 Conficio, is, ere, *act.*

4 Operam conferre in, *acc.* 5 Felicitas, tis; publica.

6 Diffido, is, ere, *dat.*

---

credit suâ referre. Lui se tourne ici par *à soi*, et s'exprime par *suâ*, parce qu'il se rapporte à *maître*, nominatif de la phrase; autrement ce serait *ejus.* Je crois qu'il *lui* importe, *credo ejus referre. Ejus* et non *suâ*, parce que *lui* ne se rapporte pas au nominatif *je.*

NOTES DES EXERCICES.

§ 112. 1 Pompeius. — 2 *Croit importer à soi.*
3 *Être de l'intérêt de lui.*

4 Ut, *subj.*
5 Hùc.

6 *Importer à soi.*

---

toi orateur, *tuâ qui es orator interest.* Si le nom qui suit est au vocatif en français, il faut aussi le mettre au vocatif en latin. Il vous importe, soldats, *vestrâ, commilitones, interest.* Voir les notes de la Gramm., § 304.

EXERCICES ÉLÉMENTAIRES.

§ 113. Il vous importe *à vous, soldats romains*, de préférer la mort à la captivité.

Il t'importe *à toi, Alexandre*[1], de vaincre tes passions.

Il eût été important *pour nous*, mes amis, de prévenir les desseins de cet homme.

Il t'importe *à toi, Cicéron*[2], *consul intrépide*, de punir les méchans.

Il vous importe *à vous, magistrats*, de distinguer la vérité.

Il vous importe, jeunes gens, de penser au bonheur de vos parens.

Il eût été dans *votre* intérêt, hommes riches et puissans, de secourir les pauvres, et d'échanger des richesses périssables contre des richesses éternelles.

Ces phrases *il nous importe à tous deux*, *il vous importe à tous deux, il leur importe à tous deux*, se tournent ainsi : Il importe

---

EXERCICES ÉLÉMENTAIRES.

§ 114. Il *nous* eût importé *à tous deux* d'entreprendre ce voyage.

Il *leur* importe *à tous deux* de se[1] concilier votre bienveillance.

Il était *de votre* intérêt *à tous deux* de partir au plus tôt[2].

Ils pensent qu'il *leur*[3] importe *à tous deux* d'attendre votre père.

Il *nous* importe, *à l'un et à l'autre*, que[4] j'aille vous trouver[5].

Il est *de votre* intérêt et *du sien*[6] (il est *de votre* intérêt *à tous deux*) de ne pas vous absenter[7] de la ville.

Je crois qu'il *leur* importe *à tous deux* de ne pas[8] venir.

Il sera *de votre* intérêt et *du mien* (il *nous* importera *à l'un et à l'autre*) d'éloigner[9] cet obstacle.

NOTES DES EXERCICES.

§ 113. 1 Alexander, dri.

2 Cicero, nis.

à l'un et à l'autre de nous, de vous, d'eux, *utriusque nostrûm*, *vestrûm*, *illorum interest*. On dit aussi *nostrâ*, *vestrâ*, *suâ*, *utriusque refert*, *interest*, etc. Voir les notes de la Gramm., § 305.

NOTES DES EXERCICES.

§ 114. 1 Sibi.

2 Quamprimùm.

3 Suâ.

4 Ut, *subj.* — 5 *Aller trouver*, convenio, ire, *act.*

6 T. *il importe à vous et à lui.* — 7 T. *que vous ne vous absentiez pas*, ne, *subj*...

8 Ne, *subj.*

9 Removeo, es, *act.*

Ad honorem nostrum interest.

Lorsque les verbes *refert*, *interest*, ont pour régime ún nom de chose, on met ce nom à l'accusatif avec *ad.* Il importe à

EXERCICES ÉLÉMENTAIRES.

§ 115. Il *importe au bonheur* de tous les citoyens que [1] la vertu soit cultivée.

Il *importe à notre gloire* que cette entreprise soit achevée [2].

Il *importe au salut* des passagers [3] que le pilote soit en bonne santé [4].

Il *importe à la gloire et à l'honneur* de l'État [5] que les citoyens soient gouvernés par des lois justes et sévères.

Il *importe à la sûreté* [6] des rois que les gens de bien soient élevés [7] aux honneurs.

EXERCICES GÉNÉRAUX.

(Voir les notes de la Grammaire.)

§ 116. César avait coutume [1] de dire que *la république était plus intéressée* que lui-même à sa conservation [2].

Notre intérêt exige [3] que nous ne nous confiions qu'[4] à des hommes d'une vertu éprouvée [5].

Les vérités qu'on aime le moins à entendre sont celles qu'on a *le plus d'intérêt* à savoir [6].

Ne vous mêlez point des affaires qui [7] ne *vous regardent* [8] pas.

Catilina, sur le point de livrer bataille à [9] Antoine, dit à ses soldats : *Il importe à votre gloire et à votre sûreté* [10] de remporter la victoire.

Si la fortune trahit [11] votre valeur, montrez à vos ennemis quelle différence il y a [12] entre des gens de cœur [13] et des esclaves.

Il *nous importe à tous* de sacrifier [14] quelquefois [15] nos intérêts [16] à ceux de l'État [17].

notre honneur, *ad honorem nostrum interest.* On trouve aussi le génitif dans Cicéron et dans Quintilien, mais l'accusatif paraît être plus usité.

NOTES DES EXERCICES.

§ 115. 1 Ut, *subj.*

2 Perficio , is , ficere, *act.*

3 Vector, is, *m.* — 4 Rectè valeo, es, ere, *v. neut.*

5 Civitas, tatis.

6 Incolumitas, tatis. — 7 Evehor, eris, ad.

NOTES DES EXERCICES.

§ 116. 1 Soleo, es, ere , *v. n.* — 2 *N. B. la chose qui importe* ne doit pas s'exprimer *par un substantif,* mais *par l'infinitif* ou par *ut,* ou *ne,* avec le subjonctif. Ainsi, dites : *qu'il n'importait pas tant à soi, qu'à la république, qu'il fût sain et sauf,* non tàm suus, a; referre ; quàm respublica , reipublicæ; ut ipse essem, es; salvus.

3 Noster, tra ; interest. — 4 T. *que nous nous confiions seulement.* — 5 Spectatus , a , um.

6 T. *alors il importe le plus aux hommes d'entendre le vrai, lorsqu'à eux il est le moins agréable,* tùm homines, um; maximè refert , etc.

7 T. *ne soignez pas celu qui,* illud ne cures quod. — 8 Refert.

9 T. *devant livrer bataille ,* congredior, deris, gressus sum; cum, *abl.* — 10 Salus, tis.

11 Quòd si fortuna invidero, is, *dat.* — 12 Quantum intersit discrimen, inis. — 13 Vir fortis.

14 Posthabeo, es , ere, *act.* — 15 Nonunquàm. — 16 T. *l'utilité particulière,* privata utilitas, tatis. — 17 T. *à l'utilité publique,* publica utilitas.

Vous êtes frères, il est de votre *intérêt à tous deux* d'entretenir [18] et d'accroître cette amitié dont la nature a mis le germe [19] dans vos cœurs [20].

Il vous *importe à vous*, *orateur*, de défendre [21] l'innocence opprimée.

Il t'*importait à toi*, *Sylla*, *dictateur* des Romains, de défendre la république contre les factieux [22], mais non de massacrer les citoyens innocens.

Est regis.

Le verbe impersonnel *est* veut au génitif le nom qui suit le verbe français. Ex. : Il est d'un roi, il appartient à un roi de défendre ses sujets, *est regis tueri subditos*. On sous-entend *negotium*,

---

EXERCICES ÉLÉMENTAIRES.

§ 117. *Il est d'un homme de bien* d'être utile [1] à ses amis, et de pardonner à ses ennemis.

Il appartenait à Domitien [2] de marcher sur les traces [3] de Titus.

Il appartiendra aux soldats de mourir courageusement pour la patrie.

C'est le devoir des maîtres d'être utiles aux élèves; *c'est le devoir des élèves* de faire des progrès [4].

Il convient [5] *aux citoyens* d'obéir aux lois. Cet emploi ne *convient* pas [6] *à mes forces*.

Il y a de la folie, *c'est le propre de la folie* de s'exposer [7] témérairement au danger.

Il y a de la légèreté à parler sans réfléchir [8].

L'Espagne *tomba au pouvoir* [9] *des Carthaginois*.

Est meum, tuum, nostrum, vestrum, suum.

Quand on se sert du verbe *est* pour exprimer *il appartient à*, *c'est à*, ces pronoms *à moi*, *à toi*, *à nous*, *à vous*, *à lui*, *à eux*, se rendent en latin par *meum*, *tuum*, *nostrum*, *vestrum*, *suum*. Ex. : C'est à moi de parler, ou il m'appartient de parler, *meum*

18 Foveo, es, ere, *act.*—19 T. *que la nature a implantée,* quam...
insero, sevi.—20 Animus, i.

21 Tucor, eris, eri, *acc.*

22 Factiosi homines.

---

proprium, officium, etc., devant ce génitif; c'est comme s'il y avait
est negotium regis. Voir les notes de la Gramm., § 307.

N. B. L'infinitif français, quoique précédé de la prép. *de,*
se met au présent de l'infinitif en latin, et non au gérondif
en *di.*

NOTES DES EXERCICES.

§ 117. 1 Prosum, des, desse.

2 Domitianus, i. — 3 Vertigiis insisto, is, ere, *v. n.*

4 Proficio, is ere.

5 Sum, es. — 6 Hoc munus non sum, es.

7 *S'exposer au....* adeo, is, ire, *accus.*

8 Inconsultè.

9 T. *devint (la possession, s.-ent.) des...* fio, fis, factus, a,
sum.

---

est loqui; c'est à toi, *tuum est,* etc. — Le maître croit que c'est à
lui de... ou qu'il lui appartient de, *magister credit suum esse.*
(On met *suum* quand *lui* se rapporte au nominatif de la phrase,
autrement ce serait *ejus.*) Je crois que c'est à lui, à eux, *credo ejus,
eorum esse.*

EXERCICES ÉLÉMENTAIRES.

§ 118. Il *nous appartient* d'agir ainsi.

C'est à toi de répondre.

Il *est de mon devoir* de vous avertir.

Les philosophes croient qu'il *est de leur devoir*[1] d'instruire les hommes.

C'est à vous, jeunes gens, de satisfaire vos parens.

Il *m'appartient* de détourner[2] mes amis d'un projet dangereux.

C'est ton devoir d'être utile à tes parens.

C'est à nous d'éviter ce qui peut nous nuire.

Il vous convient, mortels, de penser à la mort.

Les grands hommes croient que *c'est à eux*[3] de défendre la patrie.

Je pense que *c'est à eux*[4] de gouverner l'État.

Il croit que *c'est à lui*[5] de parler, et moi, je crois que *c'est à lui*[6] de se taire.

Hic liber est meus.

Mais si ces pronoms *à moi*, *à toi*, etc., peuvent se tourner par

---

EXERCICES ÉLÉMENTAIRES.

§ 119. *Les fruits* de la terre sont *à nous.*

Cette *maison* est *à moi.*

Cet *argent* n'est pas *à toi.*

Les richesses ne *nous appartiennent pas, la vertu* seule est *à nous.*

Ces bois sont *à vous.*

Notre *vie* n'est pas *à nous;* elle est due à la patrie.

Ces *prairies*, ces *champs* sont *à toi.*

Ce *cheval* est *à moi.*

Cette *maison*, cette *terre* et ce *parc*[1] sont *à vous.*

Il croit que *ces livres* sont[2] *à lui*[3].

Le sage croit que la vertu seule *lui appartient*[4]; il ne regarde pas comme[5] *à lui*[6] les présens de la fortune.

NOTES DES EXERCICES.

§ 118. 1 Suus, a, um.

2 Deterreo, ere, à, *accus. de la personne*, *ablat. de la chose*, ou dissuadeo, es, ere, *accus. de la chose* (consilium, ii), *datif de la personne* (amicus, ci).

3 T. *croient être sien*, suus, sua, suum.

4 Is, ejus.
5 T. *être sien*, suus, a, um. — 6 *Être de lui.*

---

mien, *tien*, *notre*, *votre*, on les exprime par *meus*, *tuus*, *noster*, *vester*, que l'on fait accorder avec le nom. Ex. : Ce livre est à moi, T. ce livre est le mien, *hic liber est meus.*

NOTES DES EXERCICES.

§ 119. 1 Nemus, oris, *neu*
2 T. *ces livres, acc. être.* — 3 Suus, a, um.
4 Suus, a, um; esse. — 5 Existimo, as, are. — 6 Suus, a, um; esse.

EXERCICES GÉNÉRAUX.

§ 120. Tout homme peut [1] (*il est de tout homme de*) se tromper [2], mais *il n'y a* que l'insensé qui persiste dans son erreur [3].

Il *appartient à* un maître intelligent [4] de voir [5] quelle est l'étude qui [6] convient [7] le mieux à ses élèves.

Dans la guerre des Gaulois [8], tout [9], excepté le Capitole, *était au pouvoir* [10] des ennemis.

C'est le devoir des grands [11] de résister aux emportemens [12] de la multitude.

Il *ne convient pas* à un homme bien né [13] de demander [14] qu'on lui sache gré d'une chose qu'il n' [15] a pas faite.

C'est la marque d'un grand caractère de conserver toujours de l'espérance.

C'est le propre du sage de ne rien faire dont il puisse se repentir.

C'était un usage [16] dans la Gaule [17] de former des projets en buvant [18], et de les discuter [19] le lendemain [20].

C'est le propre de la légèreté [21] de désirer une chose avec ardeur [22], et de s'en dégoûter aussitôt [23].

§ 121. C'*est à vous*, compagnons d'armes [1], qui tenez [2] entre vos mains [3] les destinées de la patrie, *c'est à vous* de prouver par votre courage que l'espoir de vos concitoyens ne sera pas trompé [4].

C'est *à toi*, Marcus Caton, qui n'es pas né pour toi seul [5], mais pour ta patrie [5], de te conserver à la République.

Peu de riches pensent *qu'il est de leur devoir* [7] de secourir les malheureux.

Insensé! pourquoi garder [8] ces trésors comme [9] s'ils t'*appartenaient* [10] ?

Ces coffres remplis d'or *ne sont pas à toi*.

Ils *ne t'appartiennent pas* ces palais magnifiques, ces jardins délicieux [11], ces terres [12], ces forêts que tu regardes *comme ta propriété* [13]; ils t'*appartiennent* déjà moins qu'à *ton héritier* [14].

NOTES DES EXERCICES.

§ 120. 1 T. *il est humain*, humanus, a, um, *ou, il est de l'humanité de*, humanitas, tatis; sum, es. — 2 Erro, as, are. — 3 T. *mais il est de la sottise*, stultitia, æ, *seulement de persister*, persevero, are, *dans l'erreur.*

4 Prudens, tis. — 5 Discerno, is, nere. — 6 T. *quelle étude,* quæ studii ratio. — 7 *Au subj.*

8 Gallicus, a, um, *abl. sans prép.* — 9 Omnia. — 10 Sum, es, eram. *Au pouvoir ne se rend pas.*

11 Viri principes. — 12 Temeritas, tatis, *au sing.*

13 *Bien né*, ingenuus, a, um. — 14 Postulo, as, are. — 15 T. *cela être placé à grâce à soi*, id appono, is, ere; gratia, æ; sui, sibi; quod non, *etc.* (*avec le subjonctif*).

16 Mos, oris. 17 Apud Galli, orum. — 18 Inter poculum, i. — 19 T. *de délibérersur eux*, consulto, as, are; de, *abl.* — 20 Crastinus dies, ei, *abl.*

21 Levior, is; animus, i. — 22 Avidissimè quædam appetere. — 23 Appetitaque statim fastidio, is, ire.

§ 121. 1 Commilito, nis. — 2 Porto, as, are, *act.* — 3 In, *abl.;* dextra, æ. — 4 T. *l'espoir de.... ne devoir pas être trompé*, irritus, a, um; fore *ou* futurum, futuram esse.

5 *Au datif, sans rendre pour.*

6 Pauci, æ, a. — 7 T. *être sien*, suus, a, um.

8 *Pourquoi gardes-tu.* — 9 Tanquàm, *subj.* — 10 Sum, es; tuus, a, um.

11 Delicatus, i. — 12 Ager, gri, *m.* — 13 *Que tu penses être (les) tiens.* — 14 T. *ils sont déjà moins les tiens que de ton héritier.*

Opus est mihi amico.

Quand on exprime *avoir besoin* par l'impersonnel *opus est*, on met, en latin, *au datif*, le nom ou pronom qui *précède* le verbe

EXERCICES ÉLÉMENTAIRES.

§ 122. *Vous* n'avez pas *besoin de ces livres.*

Ils ont eu *besoin de secours.*

Nous aurions *besoin d'un chef habile.*

Ils auraient eu *besoin de vos services*[1].

Tu auras *besoin de ton frère.*

Vous n'aurez jamais *besoin de richesses*, si vous êtes instruits.

Les Gaulois eurent *besoin du secours* des Romains contre les Germains.

La patrie a *besoin de citoyens vertueux.*

*J'*ai *besoin d'aller voir*[2] votre père.

Un orateur a *besoin d'étudier* les discours de Démosthène et de Cicéron.

Vous avez *besoin de lire* les bons auteurs.

Pompée aurait eu *besoin d'avoir*[3] des soldats aguerris.

Interdico tibi domo meâ.

Le verbe *interdico* veut le nom de la personne au datif, et le nom

EXERCICES ÉLÉMENTAIRES.

§ 123. César interdit *la Gaule aux Germains.*

Nous interdisons *aux jeunes gens la société* des méchans.

J'ai interdit *ma maison à cet homme ;* vous devriez aussi *lui* interdire *la vôtre.*

Mahomet[1] a interdit *l'usage* du vin *aux Musulmans*[2].

Je *me* suis interdit *tous les plaisirs dangereux.*

français, et *à l'ablatif* le nom qui le *suit.* Ex. : J'ai besoin d'un ami. T. *besoin* est à moi, *mihi opus est amico.* L'infinitif qui suit *avoir besoin* se met à l'infinitif en latin, ou au subjonctif avec *ut.* (*Voir les notes de la Gramm.*, § 310.)

NOTES DES EXERCICES.

§ 122. 1 Opera, æ, *au sing.*

2 Conventus, a, um. (*De votre père trouve*).

3 *Ne se rend pas.* T. *aurait eu besoin de soldats aguerris*, bello exercitati.

de la chose à l'ablatif. Ex. : Je vous interdis ma maison, *interdico tibi domo meâ.* Voir les notes sur *intercludo*, etc., Gr. lat., § 311.

NOTES DES EXERCICES.

§ 123. 1 Mahumetus. — 2 Musulmanus, i.

IIe PARTIE.   8

Nous n'interdirons pas *aux enfans les délassemens honnêtes.*

Le général a coupé [3] *les vivres* [4] *aux ennemis.*

Je *vous* ôterai [5] *tous les moyens* [6] de fuir [7].

Il *nous* a fermé [8] l'*accès* [9] de ce lieu.

EXERCICES GÉNÉRAUX.

Sur *opus est, usus est*, et sur *interdico, intercludo.*

§ 124. Celui *qui* n'a *pas besoin* de richesses est toujours
riche.

Chez les Romains, on avait coutume d'*ôter la gestion* de
ses biens à un père de famille [1], lorsqu'il gérait [2] mal ses
affaires [3].

Je ne reçois pas cet argent *dont je n'ai pas besoin*, disait
un illustre Romain à des ambassadeurs qui lui offraient une
somme considérable, et je ne veux pas priver de cet or
ceux auxquels il peut *être utile* [4].

Après la mort du jeune Cyrus, les Barbares firent de
vains efforts pour [5] *couper* [6] le *chemin aux Grecs* que Cyrus
avait pris à sa solde [7].

Un médecin habile prépare *ce qui est nécessaire* [8] pour
guérir les blessures du corps, le sage prépare *ce qui est
nécessaire* [8] pour guérir les blessures de l'âme.

Le peuple [9], excité par ses tribuns, *interdisait* quelquefois l'*eau et le feu* aux patriciens qui s'opposaient [10] à des
lois contraires à la majesté du sénat.

Il n'est pas nécessaire (*il n'est pas besoin* [11]) *que je
m'étende* plus au long [12] sur le soin et la diligence que j'ai
apportés [13] à cette affaire.

Thémistocle trouvait [14] promptement *les expédiens dont
on avait besoin* [15].

Les rois eux-mêmes *ont besoin d'un guide* et d'une au-
torité [16], dans leurs actions [17].

Esclave, j'ai besoin *de voir ton maître* [18] : je veux l'avertir [19] qu'il ne peut [20] *interdire* à un homme libre *le droit*
d'exprimer librement sa pensée [21].

3 Intercludo, is, si, dere, *dat. de la personne et acc. de la chose; ou acc. de la personne et abl. de la chose.* — 4 Commeatus, ûs, *m., au sing.*

5 Intercludo, si. — 6 Via, iæ, *au sing.* — 7 Fuga, æ.

8 Intercludo. — 9 Aditus, ûs.

NOTES DES EXERCICES.

§ 124. 1 T. *il avait coutume*, soleo, ebam, *d'être interdit à un père... de la gestion*, administratio, nis. — 2 T. *gérant*, gerens, tis. — 3 Res, ei, *au sing.*

4 T. *ceux auxquels il peut être à usage.*

5 Frustrà conor, aris, atus sum. — 6 Intercludo, is, ere. — 7 Conduco, cis, xi, *act.*

8 T. *les choses qui sont besoin*, *sous-entendez* negotia.

9 Plebs, bis, *féminin.* — 10 Obsisto, is, ere, *v. neut.*

11 T. nihil opus; sum, es. — 12 T. *moi*, me; *rapporter*, commemoro, as; *en plus de paroles*, pluribus verbis. — 13 T. *quel soin et quelle diligence*, quantus, a, um; cura, æ; diligentia, æ, *j'ai apportés*, *au subj.*, adhibeo, es, ui, ere.

14 Reperio, is, peri, ire, *act.* — 15 T. *les choses* (negotia *s.-ent.*) *lesquelles besoin était.*

16 T. *un guide et une autorité est besoin*, dux, cis; et auctor, is. — 17 T. *en agissant*, in; ago, is, ere.

18 T. *de ton maître vu*, dominus, i; conventus, a, um. — 19 T. *lui averti.* — 20 T. *lui ne pouvoir*, ipsum, *etc.* — 21 T. *d'exprimer librement ce qu'il pense*, liberè quid sentio, is, ire, *subjonct*

Verbes de différens régimes.

Les verbes *aspergo* et *inspergo*, arroser, couvrir de, répandre; *circumdo*, entourer; *circumfundo*, entourer, répandre autour; *dono* et *impertio*, gratifier, accorder; *exuo*, dépouiller; *induo*, revêtir, se construisent avec l'accusatif de la chose et le datif de la

EXERCICES ÉLÉMENTAIRES.

§ 125. Les prêtres *arrosaient* les autels du sang des victimes.

Il *a noirci* votre réputation[1].

Cicéron *mêlait*[2] des plaisanteries[3] à ses discours.

Sémiramis *entoura*[4] Babylone[5] de hautes murailles[6].

Le général *a donné*[7] des gardes[8] aux prisonniers.

Alexandre *faisait*[9] de grands présens[10] à ses amis.

Je vous *accorde*[11] les louanges que vous méritez[12].

Cyrus *donna*[13] sept villes à un de ses amis.

Les voleurs *ont dépouillé*[14] cet homme de ses habits.

Manlius *mit*[15] à son cou le collier[16] du Gaulois qu'il avait tué.

Les jeunes[17] Romains *prenaient*[18] la robe[19] virile à quinze ans[20].

Les triumvirs *dépouillaient* les proscrits de leurs biens.

Despero, signifiant désespérer de quelque chose, prend le datif, ou l'ablatif avec *de*. Ex. : Désespérer de son salut, *desperare*

EXERCICES.

§ 126. Un homme de cœur[1] ne *désespère* jamais *de sa fortune*, et un brave soldat ne *désespère* jamais *de la victoire*.

Les médecins *désespéraient de la vie* d'Alexandre, mais Philippe le sauva[2].

Marius, malgré les refus qu'il essuya[3], ne *renonça*[4] pas aux honneurs.

personne ou de la chose (au figuré), ou avec l'accusatif de la personne et l'ablatif de la chose, comme, *circumdare urbem mœnibus*
ou *circumdare mœnia urbi*, entourer une ville de murailles. Avec
induo et *exuo*, on supprime ordinairement le datif de la personne,
et l'on dit *exuo* et *induo vestem*, s.-ent. *mihi*.

NOTES DES EXERCICES.

§ 125. 1 T. *il a arrosé une tache à votre vie*, ou *arrose votre vie
d'une tache*, aspergo, is, persi, *act.;* vita, æ; labes, labis, *fém.*

2 Aspergo. — 3 Sales, ium, *m. pl.*

4 Circumdo, as, dedi, are, *act.* — 5 Babylon, is. — 6 Mœnia, ium.

7 Circumdo, as, dedi. — 8 Custodiæ, arum.

9 Dono, as, are. — 10 Munus, eris, *n.*

11 Impertio, is, ire. — 12 T. *dues à vous*, debitus, a, um.

13 Dono, as.

14 Exuo, is, ui, ere.

15 Induo, is, ui, ere. — 16 Torques, quis, *m.*

17 Junior, is. — 18 Induo, is. — 19 Toga, æ. — 20 Quindecimus, a,
um; ætas, atis; annus, i, *à l'abl.* (*à la* 15ᵉ *année de leur âge*)...

---

saluti suæ; de la république, *de republicâ.* On le trouve aussi
avec l'accusatif, surtout quand il signifie renoncer à : Je renonce
(je désespère de parvenir) aux honneurs, *honores despero.*

NOTES DES EXERCICES.

§ 126. 1 Vir fortis.

2 Servo, as, avi.

3 T. *quoiqu'il eût souffert plus souvent*, pati, ior, passus sum;
sæpiùs; *le refus;* repulsa, æ. — 4 Despero, as, avi.

Amat ludere. Desiit loqui.

Quand deux verbes sont de suite, et que le premier ne marque

EXERCICES.

§ 127. L'habitude apprend[1] *à supporter*[2] la fatigue[3].

Phaéton tenta *de conduire* le char du Soleil; mais sa témérité causa sa perte[4].

Auguste cessa *de craindre* les Romains, lorsque les Romais cessèrent *de le craindre.*

La plupart des hommes commencent *à vivre* lorsqu'ils doivent se *préparer* à mourir[5].

Ceux qui veulent faire[6] de grandes choses[7] ont coutume[8] d'y réfléchir[9] longtemps.

Tu sais *vaincre*, Annibal, mais tu ne sais pas *profiter*[10] de la victoire.

Les hommes qui s'efforcent *de l'emporter* sur[11] leurs rivaux par des moyens[12] déshonnêtes réussissent rarement dans leurs projets[13].

Il n'est pas permis[14] à un soldat *d'abandonner*[15] le poste[16] qui[17] lui est assigné[17], sans l'ordre[18] de son général, ni au sage d'abandonner la vie, sans l'ordre de Dieu.

Il n'a été donné[19] à personne[20] *de vivre* heureux[21] sur cette terre[22].

Mithridate, roi de Pont, avait résolu[23] *de porter*[24] la guerre en[25] Italie.

Annibal fut contraint[26] de se donner[27] la mort pour ne pas[28] tomber[29] vivant[30] entre[31] les mains des Romains.

Eo lusum.

Si le premier verbe signifie *mouvement* pour *aller* ou *venir*

---

point de mouvement, on met le second à l'infinitif. Ex. : Il aime
à jouer, *amat ludere.* Il cessa de parler, *desiit loqui.*

NOTES DES EXERCICES.

§ 127. 1 Doceo, es, ere.—2 Fero, fers.—3 Labor, is.

4 T. *sa à lui témérité fut à perte*, exitium, ii ; sum, es, fui.

5 Cogito, are ; de mors, tis.

6 T. *qui tentent*, molior, iris, iri, *acc.* — 7 Magna, orum, *pl. n.*
— 8 Soleo, es, itus sum.—9 Ea secum reputo, as, are.

10 Utor, eris, uti, *abl.*

11 Vinco, is, cere, *act.*—12 Ars, tis, *f.* — 13 T. *conduisent rarement leurs projets à une bonne fin*, rarò consilium, ii ; ad bonus, i ; exitus, ùs, *m.;* perduco, cis.

14 Licet.—15 Desero, ere, *act.* — 16 Statio, nis, *f.* — 17 T. *assigné*, assignatus, a. — 18 Sans *ne se rend pas.* Injussus, ùs, *à
l'abl.*

19 Datum est. *Lorsque il ne représente pas un nom de personne,
on ne l'exprime pas en latin, et le verbe se met à la 3ᵉ p. du
sing. et au neut., si le verbe est à un temps composé.* — 20
Nemo, minis. — 21 Felix, icis, *à l'acc.*—22 Hæ, harum ; in,
abl.; terræ, arum.

23 Decerno, is, crevi.—24 Infero, ferre. — 25 In, *acc.*

26 Cogo, is, coegi, coactum. — 27 Suî, sibi ; conscisco, conscivi,
sciscere. — 28 Ne, *subj.* — 29 Venirem, es. — 30 Vivus, a um.
— 31 In, *acc.*

---

en quelque lieu, on met le second au supin en *um.* Ex. : Je vais
jouer, *eo lusum ;* je viens jouer, *venio lusum.* On se sert aussi du
participe en *rus, a, um.* Voir les notes de la Gr., § 313.

EXERCICES ÉLÉMENTAIRES.

§ 128. Je pars pour *combattre*[1].

Je vais *chasser*.

Je viens *saluer* mes amis.

Il est allé *se coucher*[2].

Le général a envoyé ce soldat *observer*[3] l'ennemi.

Ils venaient vous *prier*.

Je viens vous *féliciter*.

Les jeunes gens venaient en foule[4] *entendre* ce maître célèbre.

L'ennemi vient à grandes journées[5] *attaquer*[6] la ville.

Venio ad studendum, studendi causâ ou *ut studeam.*

Quand le second verbe n'a point de supin, ou que le supin est peu usité, il faut le tourner par *pour*, et l'exprimer par *ad* avec le gérondif en *dum;* ou par *afin que*, et l'exprimer par *ut*, avec le subjonctif; ou par le gérondif en *di* avec *causâ* ou *gratiâ;* ou par le participe futur en *rus*, si le verbe en a un.

EXERCICES ÉLÉMENTAIRES.

§ 129. Je viens *guérir*[1] les maladies de l'âme.

Il accourt ici[2] pour nous *nuire*[3].

Nous allons dans[4] notre chambre[5] *étudier* nos leçons.

Courons[6] *secourir*[7] nos amis en danger[8].

Le général viendra *commander*[9] l'armée.

Quand viendrez-vous à la campagne[10] *jouir*[11] des vrais plaisirs?

Ce magistrat est venu *présider*[12] l'assemblée[13] des juges.

EXERCICES

SUR LES DEUX RÈGLES PRÉCÉDENTES.

§ 130. Je ne viens point *accuser*[1] nos concitoyens d'avoir commis une faute, je viens *veiller*[2] à ce qu'ils n'en commettent pas[3].

Perdiccas passa en Égypte *pour attaquer* Ptolémée.

NOTES DES EXERCICES.

§ 128. 1 Pugnatum *ou* pugnaturus.

2 Cubo , as , cubui , cubitum , *v. neut.*
3 Speculor, aris, atus sum , *accus.*

4 Confluo, is, xi, ere.

5 Contendo, is, dere *ou* festino, as, are; citatus, a, um; iter, itineris, *n., à l'abl. sing.* — 6 Oppugno, as, are, *act.*

N. B. Après *ut*, le second verbe se met au présent du subjonctif si le premier verbe est au présent ou au futur; mais si le premier
verbe est à l'un des trois parfaits, le second se met à l'imparfait
du subjonctif. Ex. : *Venio, veniam ut studeam. Veniebam, veni, veneram ut studerem.* — La construction avec le supin en *um*
parait moins usitée que les autres.

NOTES DES EXERCICES.

§ 129. 1 Medeor, eris, eri, *dat.*
2 Hùc. — 3 Officio, is, officere, *dat.*
4 In, *acc.* — 5 Conclave, is, *n.*
6 Provolo, as, *à l'impér.* — 7 Succurro, is, ere, *dat.* — 8 Peri-
clitans, tantis.
9 Præsum, præesse, *dat.*
10 Rus, ruris, *neut. à l'acc. sans prép.* — 11 Fruor, eris, frui,
abl.
12 Præsum, præesse. — 13 Consessus, ûs, *m.*

NOTES DES EXERCICES.

§ 130. 1 Arguo, is, utum, ere. — 2 Provideo, es, idi, sum, ere.
— 3 T. *de peur qu'ils n'en commettent une,* ne, *subj.*; quis, qua
(*pour,* aliquis, aliqua); admitto, is, ere, *act.*

8.

Annibal fut rappelé par ses concitoyens *pour défendre* sa patrie que Scipion venait *attaquer*.

Les habitans de Sagonte[4] envoyèrent des députés au sénat, *pour remercier*[5] le peuple romain.

Philippe, père d'Alexandre, fut tué à Egée[6] par Pausanias[7], auprès du[8] théâtre, lorsqu'il venait *assister*[9] aux jeux.

Les Gaulois, irrités de ce que[10] les ambassadeurs romains avaient combattu contre eux, abandonnèrent le siége[11] de Clusium, et se mirent en marche[12] *pour livrer* bataille aux Romains et *assiéger* Rome.

§ 131. Le roi a résolu[1] *de punir* par les armes[2] l'audace de ces rebelles.

Un prince doit faire[3] exécuter[4] les lois, de peur qu'[5]en épargnant[6] quelques[7] scélérats, il *ne cause la perte* de[8] tous les gens de bien.

En persistant[9] dans ce funeste projet, vous vous perdez[10].

§ 132. Les jeunes gens les plus distingués[1] de Rome allaient à Athènes[2] *étudier* les lettres grecques.

Je viendrais *mourir*[3] avec mes concitoyens, si[4] je n'[4]avais l'espérance[5] de les sauver[6].

Agésilas[7] abandonna les conquêtes qu'il avait faites[8], et revint *défendre* sa patrie menacée de sa ruine par[9] les Thébains, sous la conduite d'Epaminondas[10].

Je suis venu ici[11] *servir*[12] sous vos ordres[13], disait un grand prince à un de ses généraux[14], car c'est en vous obéissant que j'apprendrai[15] à commander aux autres.

Le sage n'ira point dans les cours *s'exposer à*[16] l'insolence des flatteurs, et *rougir*[17] en même temps de leurs bassesses[18].

Celui contre lequel je t'ai donné des conseils[19] viendra te *punir*[20] de ne les avoir pas suivis[21], dit Charidème à Darius.

4 T. *les Sagontins*, Saguntinus. — 5 *On peut tourner par qui
remerciassent*, gratias ago, egi, actum, agere, *dat.*

6 Ægis. — 7 Pausanias, æ. — 8 Juxta, *acc.* — 9 Specto, as, avi,
atum, are, *act.*

10 Quòd, *indicat. ou subj.* — 11 *Le siége étant abandonné;*
omissus, a; obsidio, nis, *f.* T. *par l'abl. absolu.* — 12 Profi-
ciscor, ceris, fectus sum, cisci (et *ne se rend pas*).

§ 131. (*Voir les notes de la Gramm.*, § 313.) 1 Decerno, is,
decrevi. — 2 T. *d'aller venger par les armes*, armis ulciscor,
ultum; eo, is, ire.

3 Dare operam ut. — 4 *Qu'il soit obéi*, pareatur, *dat.* — 5 Ne,
subj. — 6 T. *tandis qu'il épargne*, dùm parco, cis, ere, *dat.*
— 7 Pauci, corum. — 8 T. *il n'aille perdre*, eo, is; perdo, per-
ditum.

9 T. *si vous persisterez*, persevero, as, are. — 10 T. *vous irez
vous perdre.*

§ 132. 1 T. spectatissima, juventus. — 2 *Acc. sans prép.*

3 T. *devant mourir.* — 4 Nisi, *subj.* — 5 T. *l'espoir serait*, spes
adessem. — 6 Servo, as, are.

7 Agesilaus. — 8 T. *les provinces qu'ils avaient obtenues par
les armes*, quas armis obtineo, es, ui; provinciæ, arum. — 9 T.
à laquelle menaçait la ruine. — 10 T. *Epaminondas chef,*
Epaminondas, æ; dux, cis, *à l'ablat. absolu.*

11 Hùc. — 12 Stipendia, facio, feci, factum. — 13 T. *toi général,*
imperator, is. — 14 Præfectus, i. — 15 T. *car, en vous obéissant, j'apprendrai.* (*On ne rend ni c'est ni que.*)

16 T. *où*, ubi, *il soit expose*, pateo, es; obnoxius. — 17 T. *où il
rougisse.* (*Au subjonctif.*) — 18 Abjecta pravitas, talis, *au
sing.*

19 T. *j'ai conseillé à toi*, suadeo, es, si. — 20 Pœnas expeto,
is, titum, ere. — 21 T. *de mon conseil méprisé*, spretus, a,
um.

Redeo ab ambulando. Redibam ab agris invisendis.

Lorsque deux verbes sont de suite, et que le premier signifie mouvement pour *venir de quelque lieu*, on met le second au gérondif en *do*, avec *à* ou *ab*. Ex. : Je reviens de me promener, *redeo ab ambulando.* — Si le second verbe a un régime, et qu'il gou-

---

EXERCICES ÉLÉMENTAIRES.

§ 133. Je revenais *de chasser.*
Il m'a détourné[1] *de partir* [2].

Vous revenez *de vous promener.*
Les soldats reviennent *de combattre*[3].
Quand vous serez revenu *de pêcher*, nous irons chasser.
Ce cheval revient de *courir.*
Les bœufs sont revenus *de labourer.*
Cet enfant revient *d'étudier* sa leçon.
Je reviens *de parcourir* [4] les montagnes de ce pays.
Le berger revient *de faire* [5] *paître* [6] son troupeau.
Ce fermier revient *de vendre* son blé.
Je reviens *de voir* mon ami.

§ 134. César revenait *de dompter* la Gaule, lorsqu'il passa le Rubicon [1], pour aller attaquer Rome.

Scipion l'Africain revenait *de vaincre* Antiochus, et *de soumettre* l'Asie, lorsqu'il fut accusé de concussion [2] par ses ennemis [3].

Ce fut en revenant[4] *de faire la conquête*[5] des Indes [6], et *de reculer* [7] les limites [8] de son empire jusqu'à l'Océan, qu'[9]Alexandre mourut à Babylone [10], à [11] la fleur de son âge.

Lorsque Platon fut revenu *de parcourir* l'Égypte [12], il établit dans les jardins d'Académus, citoyen d'Athènes, cette école célèbre qui prit le nom [13] d'Académie.

Sens figuré.

§ 135. L'ingratitude [1] des hommes ne *détourne*[2] point un bon citoyen *de rendre* service [3] à son pays [4].

\erne *l'accusatif*, il est mieux de se servir du participe en *dus*, *da*, *dum;* et alors on met le participe et le régime à l'ablatif, avec *à* ou *ab*, en les faisant accorder. Ex. : Je revenais de visiter mes terres, *redibam ab agris invisendis*. (*Voir les notes de la Gramm.*, § 315.)

NOTES DES EXERCICES.

§ 133. 1 Dissuadeo, es, si, mihi — 2 T. *par le gérondif en* do, *ou par de peur que je ne partisse*, ne...

3 *Ou du combat*, à pugna, æ.

4 Perlustro, as, are, *act.*
5 Pasco, pavi, pascere, *act.*

§ 134. 1 Rubico, nis, *m.*

2 Pecuniæ, arum; repetundæ, arum. — 3 Inimicus, ci.

4 T. *alors qu'il revenait*, tùm cùm redirem, es. — 5 Subigo, is, ere, *act.* — 6 Indi, orum, *m. pl.* — Profero, ers, erre, *act.* — 8 Fines, ium, *m.* — 9 Que *ne se rend pas*. — 10 Babylon, is, *à l'abl.* — 11 In.
12 Ægyptus, i, *fém.* — 13 Cui nomen inditum est.

§ 135. 1 Ingratus animus. — 2 Deterreo, es, ere, *act.* — 3 Operam navo, are. — 4 Patria, æ.

L'empereur Titus *avait horreur*[5] *de répandre* le sang, et aurait mieux aimé mourir que de faire périr[6] un citoyen.

Les Romains ne purent *empêcher* les Gaulois *de pénétrer* dans l'Italie[7], et même *d'assiéger* et *de prendre* Rome.

Une sage prévoyance *diffère* beaucoup *de la crainte*[8].

La laideur[9] du vice *détourne*[10] *de commettre* des fautes[11].

Heureux celui[12] que la passion des richesses ou des honneurs *n'éloigne*[13] pas *de la pratique*[14] de la vertu !

Te hortor ad legendum.

Après les verbes qui signifient mouvement vers quelque lieu, ou inclination vers quelque chose, comme *pousser à*, *exhorter à*, etc.,

EXERCICES ÉLÉMENTAIRES.

§ 136. Le son de la trompette excite les guerriers *à combattre*.

J'exhorte les jeunes gens *à travailler*.

Les bons exemples nous engagent[1] *à cultiver la vertu*.

L'amour de la gloire excite les hommes *à se distinguer* par de belles actions.

L'envie porte[2] le méchant *à nuire* aux autres.

La débauche poussa[3] Catilina *à conspirer* contre sa patrie.

La nature invite l'homme *à jouir* des vrais plaisirs.

Le désir de se venger entraîne[3] quelquefois les âmes ardentes[4] *à commettre* des crimes.

§ 137. J'engage le paresseux *à suivre* l'exemple de la fourmi, et *à faire* des provisions[1] pour sa vieillesse[2].

Le gladiateur Spartacus excita les esclaves *à tourner* contre les Romains le fer dont ils s'armaient[3] contre[4] eux-mêmes[5].

La nature elle-même semble nous avoir donné la musique, comme un présent[6] *pour nous faire supporter* plus facilement les travaux[7].

Rien n'est plus capable[8] *d'*[9]*enflammer* les passions que le séjour[10] d'une ville corrompue.

5 Abhoreo., es ere. — 6 Morte afficere.

7 T. *éloigner les Gaulois pénétrant*, arceo, es, ere, *act.;* Galli, orum; invadens, tis; in, *acc.;* Italia, æ, *etc.*, *ou* prohibere Gallos ab Italia, æ; invadendus, a, um; Romaque, *etc.*

8 T. *Prévoir sagement diffère beaucoup de craindre*, discrepo, as, are; à timendi, do, dum.

9 Fœditas, tatis. — 10 Deterreo, es, ere. — 11 Pecco, as, are.

12 *A l'acc.*, *s. ent.* dico, *je dis.* — 13 Avoco, as. — 14 Colendus, a, um.

---

on exprime *à* par *ad*, et l'on met le verbe au gérondif en *dum*. Ex. : Je vous exhorte à lire, *te hortor ad legendum;* à lire l'histoire, *ad legendum historiam*, ou mieux *ad legendam historiam*.

NOTES DES EXERCICÉS.

§ 136. 1 Invito, as.

2 Induco, cis, *act.*

3 Impello, is, puli.

4 Acrior, is.

§ 137. 1 Subsidium, ii; paro, as, *act.* — 2 *Au dat.*, *sans rendre* pour.

3 T. *qu'ils tiraient*, distringo, is, xi, gere, *act* — 4 In, *acc.* — 5 Sui, sibi; ipse, a, um.

6 T. *nous avoir donné à présent*, do, dedi; munus, neris, *n.* — 7 T. *pour les travaux devant être supportés.*, ad tolerandus, a, um... (*Cet exemple est de Quintilien.*) *On peut dire aussi* quò faciliùs toleremus, *afin que nous supportions.*

8 Valeo, es, ere. — 9 Ad. — 10 T. *que si l'on habite dans*, quàm si quis versatur in, *abl.*

Pélopidas appela tous les Thébains *à ressaisir*[11] leur[12] liberté.

Si le verbe n'a pas de gérondif en *dum*, servez-vous de *ut*, avec le subjonctif, ou prenez un autre tour de phrase.

Je vous engage[1] *à assister*[2] à la séance[3].

Je vous exhorte *à vous absenter*[4] de la ville.
Les méchans sont enclins à *haïr*[5] les gens de bien.

Consumit tempus legendo.

Quand *à* devant un infinitif français peut se tourner par *en* et le participe présent, on met cet infinitif au gérondif en *do*, avec ou

---

EXERCICES.

§ 138. Vous perdez[1] votre temps[2] *à jouer*.

Il trouve du plaisir[3] *à étudier*.

Le bavard se fatigue[4] inutilement[5] *à parler*.

Le pauvre épuise ses forces *à travailler*, le riche use[6] sa santé *à boire*, *à manger*, *à être oisif*[7].

Si vous vous occupez[8] *à l'étude des lettres*[9], vous échapperez à[10] tous les ennuis.

La plupart des hommes passent la vie entière *à désirer*[11] et *à regretter*[12], *à craindre* et *à espérer*.

L'esprit[13] de l'homme se nourrit[14] *par l'étude*[15].

Il est honteux pour un homme de cœur[16] de se laisser vaincre[17] *en bienfaits*[18].

Bien des gens[19] ont dissipé leur fortune *par des largesses inconsidérées*[20].

Consumit tempus in legendâ historiâ.

§ 139. Les sauvages[1] passent leur vie à chasser, à pêcher, à combattre. *à se venger*[2] *de leurs ennemis*[3].

Les Lacédémoniens, dès leur plus tendre jeunesse[4], étaient exercés[5] *à supporter*[6] *les fatigues*[7], *à manier*[8] *les armes*, et *à mépriser les dangers* et *la mort* même[9].

11 Recipio, is, ere. — 12 *Ne se rend pas.*

1 Hortor. — 2 T. *afin que vous assistiez*, ut adsum, adesse. —
3 Consessus, ûs.

4 Absum, abesse, à.

5 Ad prosequendum odio.

---

sans la préposition *in*. Ex. : Il passe son temps à lire, T. en lisant,
consumit tempus legendo; à lire l'histoire, *legendo historiam*,
et mieux *in legendâ historiâ.*

NOTES DES EXERCICES.

§ 138. 1 Tero, is, trivi, tritum, terere, *act.* — 2 T. *le temps.*

3 Delector, aris, ari.

4 T. *est lassé*, lassor, ari. — 5 Frustrà.

6 Imminuo, is, ere, *act.* — 7 Otior, aris. *Quelquefois on peut
changer les verbes en subst., surtout lorsqu'on peut les faire
précéder d'un adjectif de quantité, comme* multo labore, *à force
de travailler. Quelquefois aussi on change les substantifs en
verbes.*

8 Si consumo, is; tempus. — 9 Studeo, es, ere, *dat.;* litteræ,
arum. — 10 Effugio, is, gere, *acc.*

11 Cupio, is, ere. — 12 Desidero, as, are.

13 Mens, tis, *f.* — 14 *Est nourri*, alor, eris, ali. — 15 T. *en apprenant*, disco, is, scere.

16 Vir fortis, *au dat.* — 17 T. *d'être vaincu.* — 18 T. *en bien
méritant*, benè mereor, eris, eri.

19 Multi. — 20 Suus, a; inconsultè largior, iris, iri; fortunas ef-
fundo, effudi.

§ 139. 1 Ferus homo. — 2 Ulciscor, cisci, scendus. — 3 Hostis,
is; suus, a, um.

4 A teneris, *s -ent.* annis. — 5 Exerceor, eris, eri. — 6 Tolero, as,
are. — 7 Labor, is. — 8 Tracto, as, are, *act.* — 9 Ipse, a, um.

Le courage[10] consiste[11] *à s'exposer*[12] *aux fatigues* et *aux dangers*, la tempérance *à s'abstenir*[13] *des plaisirs*, la prudence *à distinguer les biens* d'avec les maux[14], la justice[15] *à rendre*[16] à chacun ce qui lui appartient[17].

Scipion fut presque aussi grand en *refusant*[18] *les honneurs*, qu'il l'avait été[19] en *les méritant*[20].

Bien des gens *s'occupent*[21] *à acheter*[22] *des chevaux*, *des tableaux*, et ne pensent pas *à*[23] *se choisir*[24] *des amis*.

La prudence, ainsi appelée de[25] *prévoir*[26], consiste[11] aussi *à réfléchir sur*[27] le passé[28]

On se sert aussi du gérondif en *do* pour exprimer *en* suivi du participe présent, lorsque ce participe exprime *la manière* dont une chose se fait. On s'en sert aussi pour traduire des substantifs répondant au nom de manière; et réciproquement on traduit le participe par des substantifs.

EXERCICES.

§ 140. L'esprit[1] de l'homme se nourrit[2] *en apprenant* et *en pensant*[3] (c'est-à-dire par l'*étude* et par la *réflexion*).

Vous acquerrez de la gloire *en épargnant* vos ennemis.

Vous deviendrez[4] savant *en travaillant*.

César arma contre lui[5] Brutus et Cassius, *en opprimant* la liberté.

En donnant de bons conseils à vos amis, vous leur[6] serez quelquefois plus utile qu'*en* leur *donnant* de l'argent.

Les princes affermissent leur[7] autorité en *affermissant* l'autorité de la religion.

En détruisant[8] la superstition, on ne détruit pas[9] la religion (ou, détruire la superstition, ce n'est pas détruire la religion).

C'est par la *vigilance*[10], l'*activité*[11], et par *de sages mesures*[12], que[13] tout[14] réussit[15].

10 Fortitudo. — 11 Cernor, eris, cerni. — 12 Subeo, is, ire *act.* — 13 T. *à omettre*, prætermitto, is, ere, *act.* — 14 T. *dans le choix des biens et des maux*, in delectus, ûs, *etc.* — 15 Justitia. — 16 Tribuo, is, ere. — 17 T. *le sien à chacun.* (*Ex. de Cicéron.*)

18 T. *se montra presque aussi grand*, tantus, a, um; se gero, is, gessi, *act.;* recuso, as, are, *act.* — 19 Quantus, a, um; se gero, gessi. — 20 Emereor, eris, eri.

21 Curam adhibeo, es. — 22 Paro, as, are, *act.* — 23 Cogito, as, are; de. — 24 Eligendus, a, um.

25 Ex. — 26 Provideo, dendi, dendo. — 27 Retracto, as, andus. — 28 Præterita, orum. — On voit que le participe en *dus* se construit, suivant le sens de la phrase, avec les prépos. *à, de, ex, in.* On sous-entend quelquefois *in.* Ex.: *Loquendi elegantia augetur legendis oratoribus et poetis.* Cic. C'est l'ablatif du nom de manière.

On se sert alors du gérondif en *do* avec *in* ou sans *in*, et si le participe a un régime, et qu'il gouverne l'accusatif, on se sert du participe en *dus, da, dum*, que l'on fait accorder avec le nom.

NOTES DES EXERCICES.

§ 140. 1 Mens, tis, *f.* — 2 T. *est nourri*, alo, is, ere. — 3 Disco, scere; meditor, ari.

4 Evado, is, dere.

5 Sui, sibi, se.

6 *Commencez la phr. par* amicis benè suadeo, es, *et n'exprimez pas* leur. (*A vos amis en bien conseillant, vous serez quelquefois plus utile*, prosum, desse, etc.)

7 Suus, a, um.

8 Tollo, is; tollendus, a, um. — 9 T. *n'est pas détruite.*

10 T. *en veillant*, etc., vigilo, as, are. (C'est *ne se rend pas.*) — 11 Ago, is, gere. — 12 Sapienter consulo, is, ere. — 13 *Ne se rend pas.* — 14 Omnia. — 15 Feliciter cedo, is, ere.

Le participe précédé de *en* se rend encore de différentes manières, ainsi qu'on le verra ci-après. Souvent on l'exprime par le participe passé passif que l'on met à l'ablatif avec le nom auquel il

EXERCICES.

1° Participe passé à l'ablatif absolu.

§ 141. *En retranchant* [1] les dépenses [2] inutiles, on
augmente ses richesses [3].

En détruisant [4] Sagonte [5], ville alliée [6] des [7] Romains,
Annibal détruisit Carthage.

En refusant [8] les présens d'Alexandre, Phocion se montra plus grand [9] que le vainqueur des Perses.

2° Par tandis que, *dùm*.

En parlant (tandis que je parle), le temps fuit.

Les sots, *en cherchant* à plaisanter [1], s'exposent [2] souvent
à un grand [3] danger.

Quiconque fait le mal [4], *en croyant* [5] faire le bien [6], ne
mérite pas le blâme [7].

3° Par celui qui, *qui*, ou si quelqu'un, *si quis,... ille*.

En remplissant [1] ses devoirs, on assure son bonheur [2].

En désirant [3] le bien d'autrui [4], on perd justement [5] le
sien [6].

En méprisant les pauvres, le riche [7] fait voir [8] qu'il n'est
pas digne [9] de sa fortune.

4° Par *inter* avec le gérondif en *dum*.

En se promenant [1]. *En buvant. En soupant. En allant.*

C'est *en jouant que* [2] les enfans montrent [3] leurs penchans [4] plus à découvert [5].

Platon instruisait ses disciples *en se promenant*.

5° Par un substantif à l'ablatif, et quelquefois à un autre cas.

En travaillant beaucoup [1] (à force de travailler), vous
surmonterez les obstacles.

Souvent on cache sa frayeur [2] *en affectant* [3] de l'audace.

se rapporte, ou l'on tourne la phrase par *tandis que*, *dùm*, ou par
celui qui, *qui*, quelquefois par *inter* avec le gérondif en *dum;*
quelquefois ou le rend par un *substantif*, qui se met *ordinairement*
à l'ablatif.

NOTES DES EXERCICES.

§ 141. 1 Amputatus, a, um.—2 Sumptus, ûs, *m.*, *au sing.*
— 3 T. *les richesses sont augmentées.*

4 Everto, is, ti, rsum. — 5 Saguntus, i, *f.* — 6 Fœdere junctus,
a, um. — 7 T. *aux.*

8 Repudio, as, atum. — 9 T. *fut d'une âme plus grande.*

1 Risum capto, as, are. —2 In se concito, as, are, *act.* —3 T.
un nuisible, nocivus, a, um.

4 Malè ago, is. — 5 Puto, as. — 6 T. *soi bien faire*, se rectè facio, is. — 7 Non culpandus; sum, es.

1 Qui fungor, eris, gi. — 2 T. *se prépare un bonheur sûr*, certus,
a; sibi paro, as, *act.*

3 Appeto, is, ere, *act.* — 4 Alienus, a, um. — 5 Meritò amitto,
is, ere. — 6 Proprius, a, um.

7 T. *si quelqu'un riche méprise....* — 8 Ille ostendo, is. — 9 T.
soi n'être, se non esse.....

1 Inter ambulo, as.

2 T. *en jouant.* C'est *et* que *ne se rendent pas.* — 3 Detego, is,
ere, *act.* — 4 Sui, suæ; mores, um, *m. pl.* — 5 Simpliciter,
iciùs.

1 T. *par beaucoup de travail*, multus, a, um; labor, is, *m.*,
à l'abl.

2 T. *souvent la frayeur est cachée*, tegor, eris, gi. — 3 Simula-
tio, nis, *f.*

C'est *en méprisant* les richesses que vous **assurerez** votre liberté[4].

Darius, *en fuyant*[5], jeta[6] son diadème.

Chacun déclame[7] contre[8] son siècle[9], *en louant*[10] le temps passé[11].

Il ne faut pas confondre le participe présent marquant l'*état*

EXERCICES.

§ 142. *Gérondif* en *do*. — Codrus, *en mourant* pour sa patrie, la délivra[1] de la guerre.

Participe présent. — Alexandre, *en mourant*, donna son anneau à Perdiccas[2].

Gérondif. — Thémistocle, *en poursuivant*[3] les pirates, rétablit la liberté des mers[4].

Participe. — Alexandre, *en poursuivant* les Perses, n'avait avec lui que quelques cavaliers[5].

Gérondif. — Le soldat, *en fuyant* dans[6] un combat, le magistrat, *en s'écartant*[7] de la justice, trahit sa patrie.

Participe. — Séleucus, *en fuyant* après une défaite[8], arriva dans[9] une chaumière où il fut bien reçu[10], mais dont il fit tuer le maître[11], parce que celui-ci l'avait reconnu et lui avait dit *en se retirant*[12] : Portez-vous bien[13], roi Séleucus.

Dedit mihi libros legendos.

Quand à devant un infinitif français peut se tourner par *pour*, avec l'infinitif passif, on se sert du participe en *dus, da, dum,*

EXERCICES ÉLÉMENTAIRES.

§ 143. Je vous ai donné[1] mon fils *à instruire*[2].

J'ai donné au messager des lettres *à porter*.

Le général a livré la ville *au pillage*[3] (à piller).

Cet auteur a donné ce livre *à transcrire*.

4 T. *par le mépris des richesses, vous assurerez*, etc., dīvitiæ.
arum ; contemptus, ûs ; certus, a, um ; libertas, tatis ; tibi paro,
as, are, *act.*

5 In fuga, æ. — 6 Abjicio, is, jeci, *act.*

7 Invehor, eris, vehi. — 8 In, *acc.* — 9 Ætas, tatis. — 10 Lauda-
tor, is. — 11 *Au gén.*

---

du sujet, avec le gérondif en *do*, qui répond au nom de manière,
d'instrument.

NOTES DES EXERCICES.

§ 142. 1 T. *la patrie, en mourant pour elle, Codrus délivra*,
patriam...

2 Perdiccas, diccæ.

3 Consector, aris, *acc.* — 4 T. *rendit la mer sûre*, tutus, a, um.

5 T. *peu de cavaliers accompagnaient Alexandre poursuivant
les Perses. Commencez par* Alexandrum Persas insequens, tis ;
pauci, etc.

6 In, *abl.* — 7 Discedo, is, dere. *On peut tourner aussi par : le
soldat qui fuit*, etc.

8 T. *après une défaite reçue.* — 9 In, *acc.* — 10 Benignè excipio,
cepi, ceptum, ipere, *act.* — 11 *Il ordonna le maître*, dominus,
i, *acc., être tué.* — 12 Discedo, is, ere, *v. n.* — 13 Vale.

---

que l'on fait accorder avec le nom qui précède. Ex. : Il m'a
donné des livres à lire, c'est-à-dire pour être lus, *dedit mihi
libros legendos.*

NOTES DES EXERCICES.

§ 143. 1 Trado, is, didi. — 2 Erudiendus, a, um.

3 Diripio, is, ere.

Je vous ai chargé [4] *de plaider* [5] ma cause.

Nous avons résolu [6] d'*achever* [7] cette entreprise.

Tous les hommes ont des obstacles *à vaincre* [8].

Vous avez eu [9] bien des [10] dangers *à courir* [11].

En obéissant [12] à leurs [13] passions, les hommes se donnent [14] des maîtres [15] difficiles *à contenter* [16].

Les anciens [17] nous ont laissé [18] de sages préceptes *à étudier*.

Astyage, roi des Mèdes, livra à Harpagus son petit-fils [19] Cyrus *pour le mettre à mort* [20].

EXERCICES GÉNÉRAUX.

§ 144. Le tribun Clodius abandonna [1] les provinces les plus riches *aux vexations* [2] et *aux rapines* [3] des [4] consuls.

Livrons-nous *aux leçons* [5] de la philosophie.

Lentulus avait chargé [6] Céthégus de *massacrer* [8] les consuls, Gabinius de *tuer* les autres citoyens, Cassius de *mettre le feu* [9] à la ville, Catilina de *ravager* et de *piller* toute l'Italie.

Le roi de Perse entreprit, mais en vain, de *corrompre* Épaminondas.

Conon, vainqueur des Lacédémoniens, fit [10] *rétablir* [11] les murs d'Athènes détruits [12] par Lysandre.

Lorsque Épaminondas envoyait son habit *à nettoyer* [13], il restait chez lui [14], parce qu'il n'en [15] avait pas d'autre [16] *à mettre* [17].

Antigone remit le corps d'Eumène à ses proches *pour l'ensevelir*, et ceux-ci prirent soin *d'envoyer* ses [18] cendres en Cappadoce, à sa mère, à sa femme [19] et à ses 'enfans [20].

J'ai pensé *qu'il fallait vous envoyer* ces lettres [21].

J'ai donné [22] (s.-ent. *pour un certain prix*) ma maison *à bâtir*.

A Rome [23], on assemblait les comices [24] *pour l'élection* des consuls [25].

On établit les décemvirs [26] *pour rédiger* [27] les lois.

4 Tibi demando, as, avi.—5 Perorandus, a, um.

6 Decerno, is, crevi, *act.*—7 Perficio, is, ere.

8 T. *à tous les hommes des obstacles sont devant être vaincus.*

9 Fuerunt tibi.—10 Multi, æ, a.—11 Subeundus, a, um.

12 T. *lorsqu'ils obéissent.*—13 Suus, a, um.—14 Impono, is, ere, *à soi.*—15 Dominus, i, *m.*—16 T. *auxquels satisfaire est difficile.—Si le verbe n'a pas de participe en* dus, *ou qu'il ne gouverne pas l'accusatif, il faut tourner la phrase comme ci-dessus, ou se servir de* ut, *avec le subjonctif, ou de* qui, quæ, quod, *qui se met alors au cas que demande le verbe qui est au subjonctif. Ex.: Il m'a donné des livres à étudier,* dedit mihi libros quibus (*pour* ut eis) studerem.

17 Vetus, teris, *m.*—18 Trado, dis, didi, *act.*

19 Nepos, potis, *m.*—20 Neco, are, *act.*

NOTES DES EXERCICES.

§ 144. 1 Permitto, misi, *act.*— 2 Vexo, are, andus. — 3 Diripio, pui, pere, piendus.—4 T. *aux.*

5 Erudio, is, iendus.

6 T. *avait attribué,* attribuo, ui, *act.* — 7 T. *à Céthégus.* — 8 Trucido, are, *act.*—9 Inflammo, are, *act.*

10 Curo, avi, *act.*—11 Reficio, cere, *act.*—12 Dirutus, a, um.

13 Detergo, ere, *act.*—14 Domi se contineo, es.—15 En *ne se rend pas.*—16 Alter, a, um.—17 Induo, endus, a (*ou* quam indueret).

18 Ejus.—19 Uxor, is, *et* non mulier, *qui signifie une femme mariée en général.*—20 Liberi, orum, *et non* pueri, *qui signifie les enfants en général.*

21 T. *ces lettres devant être envoyées.*

22 Loco, as, avi, *act.*

23 Romæ, *au gén.*—24 T. *les comices,* comitia, *étaient eus,* habeor, eris, eri.—25 Creandus, a, um; consul, lis, *au dat.* N. B. *Le datif du participe accompagne souvent les noms de dignité et de charge.*

26 T. *les décemvirs furent établis,* creati sunt.—27 Scribo, ere, endus, a, um, *ou* qui *avec l'imparf. du subj.*

Vidi eum ingredientem.

Après les verbes *voir*, *sentir*, *comprendre*, *écouter*, *entendre*, *admirer*, l'infinitif français se met en latin au participe présent,

---

EXERCICES.

§ 145. Je vous ai entendu *chanter*.

Nous avons vu *arriver* votre père.

Lorsque vous entendrez la trompette *sonner*, les chevaux *hennir*, le général *exhorter* les soldats, prenez vos armes et marchez à l'ennemi.

Quand le chien sent *approcher* un voleur, il fait entendre des aboiemens menaçans et répétés [1].

Il est agréable d'entendre les vents *siffler* [2], la pluie *tomber*, lorsqu'on est [3] sous un abri sûr [4].

Les Romains admiraient Cicéron *lorsqu'il parlait* [5].

Lorsque Clitus entendit Alexandre *déprécier* [6] les actions de son père, et *faire* le plus pompeux éloge [7] des siennes, il le reprit [8] avec tant de liberté [9] qu'[10]Alexandre irrité le [11] perça [12] d'une javeline [13].

Timoléon, avancé [14] en âge [15], perdit les yeux ; il supporta ce malheur avec tant de modération [16], que [17] jamais personne ne [18] l'entendit *se plaindre* [19].

Lorsque César vit Brutus *se précipiter* sur [20] lui [21], il se couvrit [22] la tête de sa robe [23], et n'essaya plus de se défendre.

Octavie ayant entendu [24] Virgile *lire* [25] des vers sur [26] son fils Marcellus, récompensa magnifiquement le poëte.

Lorsqu'il y a amphibologie, il faut l'éviter en changeant l'actif en passif, ou prendre un autre tour.

§ 146. Lorsque Varus vit les Germains *massacrer* les légions romaines [1], il se perça de son épée.

Les Athéniens entendirent Mélitus *accuser* Socrate [2], les Romains entendirent Pétilius *accuser* Scipion l'Africain.

Énée, en voyant Pyrrhus *tuer* Priam [3], se rappela [4] son vieux [5] père, et vola à son secours [6].

que l'on fait accorder avec le régime des verbes *voir*, *sentir*, etc.
Ex. : Je l'ai vu entrer, T., j'ai vu lui entrant, *vidi eum ingredientem* ; vous l'entendrez parler, *illum loquentem audies.*

NOTES DES EXERCICES.

§ 145. 1 T. *il tonne par un aboiement...*, latratus, ûs ; minax, cis ;
et creber, bra, *à l'abl sing.* ; intono, as.

2 Strideo, es, ere, *n.* — 3 T. *à (celui s.-entendu) étant*, versor,
aris, versans, tis.—4 In tuto, *s.-ent.* loco.

5 T. *parlant*, peroro, as, are, *ou* verba facio.

6 Deprimo, is, ere, *act.*, *ou* elevo, as, *act.* —7 Verbis magnificè
extollo, is, ere, *act.*—8 Redarguo, is, ui, ere, *act. N'exprimez
pas* le, *et commencez la phrase par* Alexandrum cùm audivit
Clitus, *etc.*—9 Tàm liberè. — 10 Ut, *subj.*—11 T. *par* increpans,
tis. — 12 Transfigo, is, xi. — 13 Hasta, æ, *à l'abl.*

14 Provectus, a, um.—15 *A l'abl. sans prép.* — 16 Ità moderatè.
— 17 Ut, *subj.*—18 Nemo unquam, *et non* nunquam, *parce
qu'il y aurait dans la phrase deux négations, et qu'en latin
deux négations valent une affirmation.* —19 Queror, reris,
queri.

20 In, *acc.*—21 Sui, sibi.—22 Obvolvo, is, vi, ere. —23 Toga,
à l'abl.

24 Cùm audivissem, es. —25 Recito, as, are, *act.*—26 De.

146. 1 T. *les légions romaines massacrées par les Germains.*

2. T. *Mélitus parlant contre*, verba facio, is ; adversùs.

3 T. Priamus, i, *tué par.* — 4 Recordor, aris, atus sum, *acc. ou
gén.* — 5 Senior, is. — 6 Ad opem ei fero, ferre ; provolo, as.

Après les verbes *voir*, *entendre*, etc., on ne se sert pas toujours du *participe présent*. Cette construction s'emploie quand l'action est *présente* au moment où l'on *voit*, où l'on *entend*; autrement

EXERCICES.

Nous voyons les bêtes féroces elles-mêmes *lécher* la main du maître qui les nourrit[1].

De même que[2] nous voyons les oiseaux[3] *fabriquer et construire*[4] leurs[5] nids, puis, lorsqu'ils[6] ont fait quelque chose, *volliger* çà et là, et *prendre* un libre essor[7] pour se délasser[8]; ainsi notre esprit[9], fatigué par le travail et les affaires[10], demande[11], pour ainsi dire[12], à prendre librement son essor[13].

J'ai vu ces hirondelles construire leurs nids (c.-à.-d. qui construisaient, construisant).

Deus qui regnat.

Le pronom relatif *qui*, *quæ*, *quod*, s'accorde en genre et en nombre avec le nom ou le pronom qui précède et que l'on nomme

EXERCICES.

§ 147. La crainte *qui* trahit le lâche.

Le courage *qui* protége le brave.

Le vice *qui* déshonore le méchant.

Les philosophes *qui* sont les précepteurs du genre humain.

Les vertus *qui* sont plus précieuses que l'or.

Les guerres *qui* ont ravagé l'univers.

On voit[1] des hommes *qui*[2] haissent le vice, mais *qui* ne cultivent point la vertu.

Nous craignons plus les malheurs *qui* nous menacent que les maux présens.

Chez les Carthaginois, les généraux *qui* avaient été vaincus étaient punis de mort.

on peut se servir de l'infinitif présent. On se sert aussi de l'infinitif
présent quand le verbe n'a pas de participe.

NOTES DES EXERCICES.

1 Lambere manum herus, i; nutriens, tis (*on veut faire entendre
que les bétes féroces lèchent quelquefois la main de leur maître*;
mais je dirais : *J'ai vu ce lion lécher la main de son maître*,
leonem vidi manum heri lambentem).

2 Quemadmodùm. — 3 Volucris, is, *f.* — 4 Fingo et construo, is,
ere, *act.* — 5 Suus. — 6 T. *mais les mêmes, lorsque...* easdem
autem cùm. — 7 Passim et liberè volito, as, are. — 8 T. *pour
soulager leur travail*, levo, as, are, *act.*; labor, is, *m.*; suus.
— 9 Animus. — 10 Opus, peris, et negotium, ii; defessus, a,
um. — 11 Cupio, is, ere. — 12 Quodam modo. — 13 Liberè volito, as, are.

antécédent. Ex. : Dieu qui règne, *Deus qui regnat;* ma mère
qui est malade, *mater mea quæ ægrotat;* l'animal qui court, *animal quod currit.* Il importe à moi qui enseigne, *refert meâ qui
doceo (meâ* tient lieu du génitif *meî).*

NOTES DES EXERCICES.

§ 147. 1 Videas *ou* videre est. — 2 *regit le subjonctif.*

Miltiade, *qui* préserva la Grèce de la servitude, mourut dans les fers.

Les Romains décernaient les honneurs du triomphe aux généraux *qui* avaient tué six mille[3] ennemis.

Rome fut embellie par Auguste, *qui* la trouva[4] de brique[5], ainsi qu'il le dit, et la laissa de marbre[6].

Les Athéniens élevèrent[7] à Démétrius de Phalère[8], *qui* gouvernait Athènes, trois cents statues *qui* furent ensuite renversées en un seul[9] jour.

Il importe à vous *qui* aspirez à la gloire, de prendre[10] le chemin *qui* y[11] conduit.

Vous vous repentez de cette action, vous *qui* nous avez causé[12] tous ces maux.

Il appartient à un homme *qui* met[13] l'honneur avant l'argent, de sacrifier[14] ses intérêts à sa gloire.

Pater et mater qui sunt boni.

Si le *qui* relatif a deux antécédens, il se met au pluriel (comme les autres adjectifs), et si les antécédens sont de différens genres, il s'accorde avec le plus noble. Ex. : Le père et la mère qui sont bons, *pater et mater qui sunt boni.*

EXERCICES ÉLÉMENTAIRES.

§ 148. Votre *frère* et votre *sœur*, *qui* sont venus me voir, m'ont annoncé votre arrivée.

La *vertu* et le *génie qui* distinguent[1] les grands hommes de l'antiquité.

La *crainte* et la *haine qui* se rencontrent[2] dans les âmes faibles[3].

Antoine et *Cléopâtre*, *qui* vivaient dans[4] les délices, furent obligés de se donner la mort.

Tarquin le Superbe et *Tullie*, *qui* avaient fait[5] tuer Servius Tullius[6], furent chassés de Rome[7].

La *médiocrité* et la *jalousie*[8], *qui* sont propres aux[9] âmes basses[10], rendent un homme méprisable[11].

L'*émulation* et l'*amour* de la gloire, *qui* portent aux grandes choses, sont bien différens[12] de la rivalité et de l'ambition.

3 Millia, *avec le gén.*

4 Accipio, is, cepi. — 5 Lateritius, a, um. — 6 Marmoreus, a, um.

7 Pono, is, posui. — 8 Phalereus, i. — 9 Intra, *acc.*, unus, a, um.

10 Ingredior, eris, di , *acc.* — 11 T. *à elle.*

12 Importo, as, avi , *act.*

13 Pono, is, ere, *act.* — 14 Postpono, is, ere, *act.*

Virtus et vitium quæ sunt contraria.

Si les deux antécédens sont des choses inanimées, le relatif se met au pluriel neutre. Ex. : La vertu et le vice qui sont opposés, *virtus et vitium quæ sunt contraria.*

NOTES DES EXERCICES.

§ 148. 1 Commendo, as, are, *act.*

2 Insum, inesse. — 3 Infirmior, is; animus, i , *m.*

4 *Qui abondaient,* diffluo, is, ere, *abl.*

5 T. *qui avaient ordonné,* jubeo, es, jussi. — 6 *Servius Tullius être tué.* — 7 *Abl. sans prép.*

8 Livor, is, *m.* — 9 T. *qui tombent sur,* cado, is, ere; in, *acc.* — 10 Abjectus, a, um. — 11 In, *acc.*; contemptus, ùs; adduco, is, cere, *act.*

12 Multùm discrepo, as, are; à.

Auguste et *Livie*, *qui* régnèrent sur [13] les Romains après la chute de la république [14], se concilièrent l'amour du peuple.

La *fureur* et la *colère*, *qui* sont une courte folie, rendent [15] l'homme semblable à la bête.

Puer quem pœnitet. Magister cui opus est.

Qui se met au nominatif, comme on voit par l'exemple *Deus qui regnat.* Cependant, lorsque le verbe latin veut à un autre cas le nom qui est au nominatif en français, alors le *qui* relatif se met au cas que le verbe latin demande. Ex. : L'enfant qui se repent, *puer quem pœnitet;* je mets *quem*, parce que les ver-

---

EXERCICES ÉLÉMENTAIRES.

§ 149. L'homme *qui a pitié.*

Le général *qui a intérêt.*

L'enfant *qui a besoin* de livres.

Le riche *qui s'ennuie* de la vie.

Les rois *qui ont besoin* d'amis fidèles.

Les citoyens *qui ont intérêt* à obéir aux lois.

L'homme bienfaisant *qui a pitié* des malheureux.

Il n'est personne *qui n'ait besoin* des secours d'autrui.

Tarquin l'Ancien[1], *qui avait intérêt* à consolider[2] sa puissance, entoura Rome de murailles, et jeta les fondemens du Capitole.

Les Athéniens, *qui* semblaient *ennuyés*[3] de la paix, quoiqu'elle leur fût avantageuse, entreprirent la guerre de Sicile, qui devint fatale[4] à leur puissance.

Les nations *qui ont intérêt* à ce que le commerce soit florissant doivent s'efforcer de maintenir la paix[5].

Mitte quem voles. Eum ama qui te monet.

Si le *qui* français peut se tourner par *celui que*, mettez-le au cas que gouverne le verbe précédent, si ce verbe est à *l'impératif.* Ex. : Envoyez qui vous voudrez, *mitte quem voles* (s.-ent. *mittere*). Mais si *qui* ne peut pas se tourner par *celui que*, il se met au nominatif, et on se sert ordinairement du pronom *is, ea, id*, pour exprimer le régime du premier verbe. Ex. : Aimez qui

13 Apud. — 14 T. *après la république renversée*, eversus, a, um.

15 Efficio, is, ere, *act.*

---

bes *pœnitet*, *pudet*, *tœdet*, etc., veulent à l'accusatir latin le
nom ou pronom qui précède le verbe français *se repentir*, etc.
Le maître qui a besoin, *magister cui opus est*, je mets *cui*,
parce qu'avec *opus est*, le nominatif français se met au datif en
latin. Le roi qui a intérét, c'est-à-dire à qui il importe, *rex
cujus interest.*

NOTES DES EXERCICES.

§ 149. 1 Priscus. — 2 Stabilire.

3 T. *lesquels il semblait*, videor, *s'ennuyer*, tædere. — 4 Exi-
tiosus, a, um.

5 T. *que la paix soit en vigueur*, ut pax vigeo, es, *v. neut,*

---

vous conseille, c'est-à-dire *celui qui* vous conseille, *eum ama
qui te monet.* Si la phrase est interrogative ou dubitative, *qui* se
met au cas que gouverne le verbe suivant, quand il signifle *quel
est celui que*, et le verbe se met au subjonctif. Ex. : Dites-moi
qui vous avez favorisé, *dic mihi cui faveris?* Mais si *qui* signifle
quel est celui qui, il s'exprime par *quis* et se met au nominatif.
Ex. : Dites-moi qui vous a favorisé, *dic mihi quis tibi faverit*,
c'est-à-dire quel est celui qui vous a favorisé.

9.

EXERCICES.

§ 150. Choisissez *qui* vous voudrez.

Dites-moi *qui* vous favorisez.

Aimez *qui* vous aime ; mais ne haïssez[1] pas *qui* vous hait.

Je voudrais savoir *qui* vous fréquentez[2].

Lysandre ne laissa pas choisir[3] aux Athéniens *qui* ils auraient voulu pour gouverner la république; mais il leur imposa trente tyrans.

Je prendrai[4] pour juge *qui* vous voudrez.

Je n'estime pas l'homme *qui* n'estime que lui[5].

Appelez *qui* vous voudrez.

Blâmez *qui* veut mal faire.

J'emmène *qui* voudra.

Nous servirons *qui* vous voudrez.

Serve *qui* voudra[6] pour de l'argent[7]; pour moi[8], j'aime mieux être pauvre et libre.

Dites-moi *qui* vous avez accompagné[9].

Je ne sais *qui* vous avez rencontré[10].

Deus quem amo. Grammatica cui studeo.

Que relatif se met toujours au cas du verbe suivant. Si ce verbe est suivi d'un infinitif, *qui* devient le régime de cet *infinitif*. Ex. : Dieu que j'aime, *Deus quem amo*; la grammaire que j'étudie, *grammatica cui studeo.* — La grammaire que je veux étudier, *grammatica cui volo studere* (*cui* parce qu'il est régime du second verbe).

EXERCICES.

§ 151. Les plaisirs *que* les hommes recherchent[1].

Le méchant *que* nous haïssons.

Les gens de bien *que* nous favorisons.

La vertu *que* nous respectons.

La mort qui nous attend et *que* nous devons attendre.

Les moyens *que* nous voulons employer[2].

Votre père et votre mère *que* vous devez respecter.

NOTES DES EXERCICES.

§ 150. 1 Ne oderim, is.

2 T. *entre lesquels vous êtes*, versor, ari, **au subj**.

3 T. *ne fit pas la faculté de choisir*, copiam facio, is, feci.

4 Accipio, is, ere.

5 T. *qui s'estime seul.*

6 T. *qu'il serve, si quelqu'un veut*, si quis velit. — 7 Acceptus, a ; pecunia, æ, *à l'abl.* — 8 T. *mais moi*, ego verò.

9 *Au subjonct.*

10 Occurro, occurri, *régit le datif, et doit se mettre ici au subjonct.*

Pater et mater quos amo. Otium et pigritia quæ odi.

Quand le relatif *qui, quæ, quod*, a deux antécédens, on le met au pluriel ; et si les antécédens sont de différens genres, le relatif s'accorde avec le plus noble. Il se met au neutre avec des noms de choses inanimées et de différens genres. Ex. : Le père et la mère que j'aime, *puter et mater quos amo*. L'oisiveté et la paresse que je hais, *otium et pigritia quæ odi.*

NOTES DES EXERCICES.

§ 151. 1 Expeto, is, ere, *act.*

2 Utor, eris, uti, *abl.*

Les honneurs et les richesses *que* les hommes désirent.

Le loup et le renard *qu'*Ésope fait parler [3] dans ses fables.

Néron et Agrippine *que* leurs crimes ont rendus odieux [4]

Les flatteurs *que* les riches et les grands [5] favorisent.

Les hautes montagnes et les vallées profondes *que* vous admirez attestent [6] peut-être moins la puissance de Dieu que le chétif insecte [7] *que* vous écrasez.

La volupté, le luxe, les richesses, *qu'*une âme grande et élevée doit mépriser, séduisent [8] le vulgaire.

Le sénat permettait [9] quelquefois aux consuls de porter sur [10] certaines affaires, les lois *qu'*ils voulaient.

L'homme vertueux est celui *que* ni l'appât [11] des richesses ni la crainte de la mort ne peuvent déterminer [12] à commettre un crime.

Pauperes quos amare et quibus opitulari debemus.

Si le *que* relatif est gouverné par deux verbes qui veulent différens

---

EXERCICES.

§ 152. Les gens de lettres, *qu'*Auguste *aimait* et *favorisait*, ont répandu sur [1] son règne un éclat [2] immortel.

Les ouvrages des grands [3] écrivains, *que* vous devez toujours *lire* et *étudier*, sont très-propres à vous former le goût [4].

Les Chrétiens, *que* les empereurs romains auraient dû *épargner* et *protéger*, étaient livrés aux bourreaux.

Les rois, *que* nous devrions *plaindre* [5] et non *envier* [6], sont environnés de dangers.

La patrie, *que* vous devez *aimer* et *servir*, renferme [7] toutes vos affections [8].

Miltiade, *que* les Athéniens *avaient loué* et *félicité* après sa victoire sur les Perses [9], fut jeté dans les fers [10].

Animal quem vocamus leonem,

Qui, quæ, quod, entre deux noms auxquels il se rapporte égale-

3 Induco, cis, *act.*; loquens, tis.

4 T. *auxquels leurs*, suus, a, um, *crimes ont ottiré la haine*, conflo, avi; odium.

5 Optimates.

6 Declaro, as, are, *act.* — 7 Humilis bestiola.

8 Malis decipio, is, ere, *act.* illecebris.

9 Potestatem facio, is. — 10 De, *abl.*

11 Illecebra, æ, *f.* — 12 Induco, is, ere, *act.*

---

cas, on l'exprime deux fois, et on le met au cas que régit chaque verbe. Ex. : Les pauvres que nous devons aimer et secourir, *pauperes quos amare et quibus opitulari debemus.*

NOTES DES EXERCICES.

§ 152. 1 T. *ont amené au règne de lui*, accerso, is, ivi, *act.* — 2 Decus, coris, *neut.*

3 Eximius, a, um. — 4 Vos ad solertia, æ; judicii exacuo, is, ere.

5 Misereor, eris, eri, *gén.* — 6 Invideo, es, ere; *dat.* (T. *desquels avoir pitié, mais auxquels*, qui, quæ; autem; *non envier nous devrions.*)

7 Complector, eris, ti; in se. — 8 Caritas, tatis, *f.*

9 Post partus, a, um; de Persæ, arum; victoria, æ. — 10 Conjicio, jectum; in, *acc.*; vinculum, i.

---

ment, s'accorde mieux avec celui qui suit. Ex. : L'animal que nous appelons lion, *animal quem vocamus leonem.*

EXERCICES.

§ 153. Le tribunal *que* nous appelons *parlement*. Pompée *qui* fut *l'honneur*[1] et l'ornement de l'empire romain.

César aborda[2] dans un lieu[3] *qu'*on appelle[4] *Pharsale*[5].

La bienveillance réciproque[6], *que* la nature a établie comme *la source* de l'amitié[7], doit exister[8] entre les gens de bien.

La prison[9] *que* les Grecs appelaient *Latomies*[10] avait été construite par Denis[11] à Syracuse[12].

Ce globe *que* les hommes appellent *terre*, n'est qu'[13]un point dans l'univers[14].

Cicéron contint dans le devoir les gladiateurs *que* Catilina regardait comme une troupe dévouée[15].

Lorsqu'on eut établi le droit divin et humain[16], on forma ces réunions[17] d'hommes *qui* furent *appelées cités*[18], on entoura[19] de murailles[20] ces habitations réunies[21] *que* nous appelons *villes*[22].

REMARQUE. *Que*, dans les phrases où il est suivi de deux verbes,

---

EXERCICES ÉLÉMENTAIRES.

§ 154. La vertu *que* je vous exhorte à *pratiquer*[1].

Les intérêts de la patrie *qu'*il importe à un bon citoyen de *défendre*.

La faute *que* vous vous repentez d'*avoir commise*.

Je n'approuve pas les moyens *que* vous désirez *employer*[2].

Les livres *que* vous m'avez recommandé d'*étudier*[3] sont instructifs[4].

Il faut connaître les gens *qu'*on veut *obliger*[5].

Les lettres. *que* les hommes ont besoin de *cultiver*, sont un ornement dans la prospérité[6] et une consolation dans le malheur .

NOTES DES EXERCICES.

§ 153. 1 Decus, coris, *neut.*

2 Appello, is, puli.— 3 T. *à ce lieu*, ad is, ea; locus, *m.* — 4 T. *qui est appelé.* — 5 Pharsalia, æ, *fém.*

6 Mutuus, a, um.— 7 T. *qui a été établie source de l'amitié par la nature*, qui, quæ, quod, est amicitia, æ; fons, tis, *masc.*; à natura, æ, constitutus, a, um. — 8 Intercedo, is, dere.

9 Carcer ille. — 10 Latomiæ, arum, *f.* — 11 Dionysius, ii. — 12 Syracusæ, arum, *abl.*

13 T. *est seulement*, tantùm.— 14 Rerum universitas, tatis, *f.*

15 T. *laquelle troupe Catilina pensait dévouée à soi*, qui, quæ; manus, ûs, *fém.*, existimo, as, etc.

16 T. *le droit... étant établi*, jus, juris, *n.*...; constitutus, a, um, *à l'abl. absolu.* — 17 T. *ces réunions s'élevèrent*, conventiculum, i, *n.*; exorior, exortus, a, um; sum. — 18 Civitas, tatis, *fém.* — 19 T. *ils entourèrent*, sepio, sepsi, *act.* — 20 *A l'abl.*— 21 Domicilium, ii; conjunctus, a, um.— 22 Urbs, bis, *fém.*

est le régime du second verbe. Ex. ; Dieu que je vous exhorte à servir, *Deus* cui *te hortor ut* servias.

NOTES DES EXERCICES.

§ 154. 1 Colo, is, colui, ere, *act.*

2 Utor, eris, uti, *abl.*

3 Præcipio, is, cepi, pere, *act.*; ut, *subj. (afin que j'étudiasse).* —4 Multa legentem docent.

5 *Qu'ils vous soient connus, les gens dont vous voulez bien mériter*, notus, a; sum; homo, inis; de, *abl.*; qui, quæ; bene mereri ...

6 Res prosperæ. — 7 Adversa, orum.

Quand il y a deux *que* dans la phrase, il faut remarquer que le premier est relatif, et que le second est une conjonction. Ex. : Dieu *que* je désire *que* vous serviez, *Deus cui te servire cupio* ou

EXERCICES.

§ 155. Cet homme *que* je veux que vous *favorisiez*[1] est digne de votre bienveillance.

La mort *à laquelle*[2] les philosophes veulent que nous *pensions*[3], pour apprendre à bien vivre.

Les moyens *que* les pères veulent qu'un maître *emploie*[4] pour élever leurs enfans[5] sont la fermeté et la douceur.

Les belles-lettres, *que* je désire que vous *étudiiez*, vous procureront[6] des jouissances[7] pures et durables[8].

Construction élégante de l'adjectif conjonctif *qui*, *quæ*, *quod*.

Il est élégant de n'exprimer l'antécédent qu'après le *qui* ou le *que* relatif; alors on met l'antécédent au même cas que le relatif,

EXERCICES.

§ 156. Que chacun s'exerce dans l'art qu'il connaît[1].

J'ai oublié de vous envoyer une copie de la lettre que j'ai écrite à votre frère[2].

Les pièces que Térence avait faites[3] furent attribuées à Lélius.

Nous nous appliquerons de préférence aux choses pour lesquelles nous avons le plus d'aptitude[4].

Nous devons à la patrie la vie que nous avons reçue de la nature[5].

César, par sa clémence, augmenta la gloire qu'il s'était acquise par les armes[6].

Vous devez défendre la religion que vous tenez de vos pères[7].

cui ut servias cupio. On voit que le relatif, comme dans la règle précédente, est le régime du second verbe (vous serviez). Voir ci-après le *que* entre deux verbes, c'est-à-dire le *que retranché.*

NOTES DES EXERCICES.

§ 155. 1 T. *auquel toi*, te, *favoriser je veux*, ou utfaveas.

2 T. *touchant laquelle*; de, *ablat.*; qui, quæ.—3 *Veulent nous penser*, cogito, as.

4 T. *dont les pères veulent que les maîtres se servent*, utor, eris, uti, *abl.*—5 Ipsorum *ou* suos liberos.

6 Affero, fers, ferre, *act.*—7 Gaudium, ii, *neut.*—8 Solidus, a, um.

---

et l'on ajoute un pronom (un adjectif) démonstratif dans le second membre de phrase. Ex. : La lettre que vous m'avez écrite m'a été très-agréable, *quas scripsisti litteras, eæ mihi fuerunt jucundissimæ.*

NOTES DES EXERCICES.

§ 156. 1 T. *lequel art chacun connaît, qu'il s'exerce dans celui-ci*, qui, quæ; quisque noverim, is; ars, tis, *fém.*; in hic, hæc; se exerceam, as.

2 T. ad frater, ris; qui, quæ; mitto, misi; epistola, æ; ejus exemplum fugit me tibi mittere.

3 Qui, quæ; scribo, psi, *act.*; Terentius fabula, æ, *etc.*

4 T. ad qui, quæ; res aptissimus, a, um; ero, eris; in hic, hæc; potissimùm versor, aris.

5 Qui, quæ; accipio, accepi; à natura, æ; vita, æ, *etc.*

6 Qui, quæ; gloria, æ; sibi armis pario, peperi, *etc.*

7 Qui, quæ; à patres, um; accipio, cepi...; is, ea; tueor, *aco.*; debeo, es.

La place que les soldats de Catilina avaient occupée dans le combat[8], ils la couvraient de leur corps après avoir perdu la vie[9].

Chacun doit se contenter du temps qui lui a été donné pour vivre[10].

Dont, *ou* de qui. — *Deus cujus miramur providentiam.*

Dont, de qui, est toujours gouverné par le mot de la phrase après lequel on peut mettre par interrogation *de qui? de quoi?* Ce mot est un nom, ou un adjectif, ou un verbe. 1º Quand *don*, est gouverné par un nom, il se met au génitif. Ex. : Dieu, dont nous admirons la providence (on peut demander : *la providence*

EXERCICES ÉLÉMENTAIRES.

§ 157. Les richesses *dont* la *possession* est incertaine

Les vertus *dont* Socrate était *doué.*

Les plaisirs *dont* les riches *abusent.*

L'ambitieux *dont l'espoir* est déçu[1].

La médiocrité *dont* le sage est *content.*

La compassion *dont* je suis *touché.*

Les malheureux *dont* vous soulagez *la misère.*

Les soins *dont* l'esprit de l'homme de bien est *libre.*

Les richesses périssables[2] *dont* le sort vous a *dépouillé.*

Le luxe et les richesses *dont* Crésus, roi de Lydie, se glorifiait.

L'amitié *dont* tous les hommes connaissent *le prix.*

L'indulgence *dont* nous *avons* tous *besoin.*

Ma maison *dont* je vous interdis *l'entrée.*

L'ingrat hait celui *de qui* il *a reçu* les plus grands bienfaits.

Dieu, *de qui* vous *obtiendrez* le pardon des fautes *dont* vous vous repentirez, vous donne[3] l'exemple de la clémence.

Souvent l'homme *de qui vous attendez* les plus grands services[4] nuit le plus à vos intérêts.

De qui pourrez-vous *espérer* quelque secours, si ce n'est de vous-même?

8 Qui... in pugnando capio, cepi. *act.*; locus. — 9 Eum ; amissâ animâ, corpore ; tego, gere, *act.*

10 Quod cuique tempus ad vivo, vivere, (dor, *inus.*) daris; is, ejus; debeo, es ; esse contentus.

---

de qui?), **Deus, cujus providentiam miramur.** 2° Quand *dont* est gouverné par un adjectif, il se met au cas que régit cet adjectif. Ex. : La récompense dont vous êtes digne (on peut demander : *digne de quoi?*), *merces quâ dignus es.* 3° Quand *dont* est gouverné par un verbe, il se met au cas régi par le verbe. Ex. : Les livres dont je me sers, *libri quibus utor.*

NOTES DES EXERCICES.

§ 157. 1 Decipio, is, ere, *act.*

2 Caducus, a, um.

3 Præbeo, es, ere, *act.*

4 Strenuissima opera, æ, *au sing.*

Quelquefois le *que* français se tourne en latin par *dont*, *de qui*, et s'exprime de même.

EXERCICES.

§ 158. Ma maison, *que* je vous *interdis*, est ouverte[1] à votre frère.

Les moyens *que* nous *employons*[2] pour réussir[3] doivent être honnêtes.

L'ambition *qui* vous *tourmente*[4] vous deviendra funeste.

La douleur *que* je *ressens*[5] n'admet point de consolation[6].

A qui.

A qui se met au cas que demande le verbe ou l'adjectif auquel il se rapporte. Ex. : L'homme à qui vous avez rendu ser-

---

EXERCICES ÉLÉMENTAIRES.

§ 159. L'homme, *à qui* il est *utile* de pratiquer la vertu, se livre souvent à ses passions déréglées[1].

Les Phéniciens, *à qui* nous sommes *redevables*[2] du mode d'écriture dont nous nous servons[3].

Le combat *auquel* le général *exhorte* ses soldats, décidera du sort[4] de la patrie.

A qui ce jardin appartient-il.

Votre père, *à qui* cela *eût été avantageux*, n'a pas suivi mes conseils.

Quelquefois *à qui* se tourne par *que*, *dont*, *de qui*, et réciproquement *que* se tourne par *à qui*.

EXERCICES.

§ 160. Marius, *à qui il importait* de ménager[1] Sylla, s'attira[2] sa haine[3].

Le méchant *à qui* vous *rendrez service*[4] tournera[5] souvent vos bienfaits contre[6] vous.

NOTES DES EXERCICES.

§ 158. 1 Pateo, es, ere, *v. n.*

2 Utor, eris, *ablat.* — 3 Ut, *subj.*, benè et feliciter nobis evenio, is, ire.

4 Laboro, as, are *abl.* (*dont tu travailles*).

5 Afficior, ceris, ici, *dont je suis affecté.* — 6 Nullus, a, um... *ou* nihil solatii.

vice, *homo cui officium præstitisti*, ou par un autre cas, *homo in quem officium contulisti.* L'enfant à qui cela est utile, *puer cui id utile est.*

NOTES DES EXERCICES.

§ 159. 1 Effrænatus, a; libido, dinis, *f.*; indulgeo, es, ere, *v. n.*

2 T. *à qui nous devons rapporter reçu*, acceptum referre debemus. — 3 Hic noster scribendi modus, i.

4 T. *du combat auquel... dépend le sort....*

NOTES DES EXERCICES.

§ 160. 1 Cautiùs ago, gere; cum. — 2 Incurro, is, rri; in, *acc.* — 3 Ejus odium, ii, *n.*

4 T. *duquel vous mériterez bien*, benè mereri, eor, *ou sur lequel vous porterez un service*; in, *acc.*; qui, quæ; officium confero, fers. — 5 Malè verto, is, ere. — 6 In, *acc.*

Les gens de bien *qu'*un prince éclairé[7] *favorise*, sont le plus ferme soutien[8] de sa puissance.

Par qui.

Par qui, suivi d'un verbe passif, se met à l'ablatif, avec *à*. Ex. : Romulus par qui Rome fut fondée, *Romulus à quo Roma*

EXERCICES ÉLÉMENTAIRES.

§ 161. Camille, *par qui* Rome *fut sauvée*[1], avait été envoyé en exil.

Manlius Torquatus, *par qui*[2] les Romains *conservèrent* le Capitole, fut précipité[3] de la roche Tarpéienne[4].

Cyrus, *par qui* l'Orient *fut subjugué*, ne fut pas enterré avec plus de magnificence qu'un simple particulier[5].

Alexandre tua Clitus, *par qui* il *avait été sauvé* au[6] passage[7] du Granique[8], et fit assassiner[9] Parménion, *par qui* il *avait remporté* tant[10] de victoires.

Clovis[11], *par qui* la monarchie française[12] *fut fondée*[13], vainquit les Romains, les Bourguignons[14], les Allemands et les Visigoths[15].

Charlemagne[16], *par qui* l'empire d'Occident *recouvra* toute son ancienne[17] splendeur, a donné[18] son[19] nom à la seconde race[20] de nos rois.

Par signifiant *par le moyen de*, se rend aussi par *per* devant les substantifs.

§ 162. On ne connaît bien que celui qu'on a connu *par* soi-même[1].

Les plus grands fleuves diminuent[2] *par* les ruisseaux (s.-ent. *qu'on en tire*).

Antonin le Pieux était père, *par* adoption (adoptif), de Marc-Aurèle.

C'est *par* vous que je me vengerai[3] de mes ennemis[4].

Ces fruits se fendent[5] *parce qu'ils sont trop mûrs*[6].

7 Prudens.—8 Præsidium, ii, *n.*

---

condita fuit. Par qui signifiant *par le moyen duquel* s'exprime
par *per*, avec l'accusatif. Ex. : Celui par qui j'ai obtenu ma
grâce, *c'est-à-dire* par le moyen duquel, *is per quem veniam
impetravi.*

OTES DES EXERCICES.

§ 161. Servo, as, are, *act.*

2 *Par le moyen duquel.*—3 Dejicio, jectum.—4 Tarpeius, a,
um.

5 T. *que s'il eût été du peuple*, quàm si sum, esse; è plebs, bis.

6 In, *alb.*—7 Transitus, ûs. —8 Granicus, ci, *m.*—9 T. *et envoya
des assassins contre*, et sicarii, orum; immitto, si; in, *acc.*—
10 Tot, *indéclin.*, *ou* tam multi, æ. a.

11 Clodoveus. — 12 Francicum regnum. — 13 Condo, is, didi, ditum, *act.*—14 Burgundio, nis, *m.*—15 Visigothi, orum.

16 Carolus Magnus. — 17 Pristinus, a, um. — 18 Facio, is, feci,
ou indo, didi, *act.*— 19 *Ne se rend pas.*—20 Stirps, pis, *fém.*

NOTES DES EXERCICES.

§ 162. 1 T. *il sera connu*, notus ero, is, *enfin* (demùm) *à toi,
celui que tu connaîtras*, novero, is, *par toi.*

2 Tenuor, aris, ari, *pass.*

3 *C'est.... que ne se rendent pas.* T. *je me vengerai par vous.*
—4 *A l'acc.*

5 Dehisco, is, *v. n.* — 6 Per maturitas, tatis.

La route *des* préceptes est longue; celle *des* exemples est courte et sûre [7].

Je vous communiquerai mes projets *par* écrit [8].

Me, te, se.

Les pronoms *me*, *te*, *se*, *nous*, *vous*, se mettent au cas que gouverne le verbe ou l'adjectif auquel ils se rapportent. Ex. : Il m'a

EXERCICES ÉLÉMENTAIRES.

§ 163. Je *te* félicite.

Il *nous* favorise.

Le magistrat *vous* a condamnés.

Nous *vous* croyons.

Nous *vous* confions [1] à cet homme de bien.

Le roi *nous* protége [2].

L'honneur doit *vous* diriger [3].

Dieu *nous* regarde.

L'envieux *se* tourmente.

Les méchans *se* punissent eux-mêmes [4].

L'avare *se* [5] nuit à lui-même [5].

Brutus et Caton *se* sont donné [6] la mort.

L'habitude resserre [7] les liens qui *nous* attachent [8] à la vie.

Vous *vous* [9] disputez [10] en vain la [11] possession de l'or.

Les méchans *vous* haïssent, les gens de bien *vous* protégent et *vous* favorisent.

Nous *lui* avons recommandé de venir [12].

Nous *l'*avons rencontré [13] non loin d'ici [14].

Vous *nous* avez donné un mauvais conseil [15].

7 Longus, a, um; iter, *n.;* per præceptum, i; brevis, et efficax
per, exemplum, i.

8 T. *je traiterai avec vous ce que je pense, par lettres,* tecun,
ago, is; quæ cogitem; per litteræ, arum.

---

obéi, *c'est-à-dire* il a obéi à moi, *mihi paruit.* Je vous ai donné
un livre, *c'est-à-dire* j'ai donné à vous, *tibi dedi librum.* Cela
nous sera utile, *id nobis erit utile.* Vous me louez, *me laudas.*
Vous me favorisez, *mihi faves.*

NOTES DES EXERCICES.

§ 163. 1 Credo, is, didi, ere, *act.* Il gouverne le datif de la personne quand il signifie *croire,* et l'accusatif quand il signifie *con-
fier.* (Nous croyons à vous, nous confions vous.)

Tueor, eri, *acc.*

Rego, is, ere, *act.*

Ipsi se.

5 Sibi ipse, *au nomin.*

Conscisco, scivi, *act.*

Constringo, is, gere, *act.* — 8 T. *par lesquels nous tenons,*
adhæreo, es, ere, *v. n.*

9 T. *entre vous.* — 10 Decerto, as, are. — 11 T. *touchant la,* de.

12 Præcipio, cepi, ut, *subj.;* venirem, es.

13 Incido, is, di, ere; in, *acc.* — 14 Non procul abhinc.

15 T. *vous avez mal conseillé...* Malè suadeo, es, si, *dat.*

Le, *la*, *les*. — *Lui*, *leur*.

Le, *la*, *les*, se mettent toujours au cas que régit le verbe suivant, et ils s'accordent en genre et en nombre avec le nom auquel ils se rapportent. Ex. : Je vous ai promis un livre, je **vous** le donnerai, *tibi promisi librum*, *hunc tibi dabo*. — Si *le* n'est pas précédé d'un nom auquel il se rapporte, on le tourne par *cela*,

EXERCICES ÉLÉMENTAIRES.

§ 164. Je vous ai promis une récompense, je vous *la* donne.

Je *leur* rendrai cet argent.

Nous *lui* avons envoyé les livres qu'il demandait.

Vous *le* voulez, je vous *le* promets.

Il nous *en*[1] menace ; mais il ne *le* fera pas.

Ils *le lui* défendront[2].

Vous *le leur* refuserez[3].

Les hommes timides haïssent les méchans, mais ils *les* craignent[4] et n'[5]osent *les* attaquer.

J'admire les discours de Cicéron et je *les* étudie.

Les hommes cherchent le bonheur ; mais ils ne peuvent *le* trouver, parce qu'ils *le* cherchent le plus souvent là[6] où[7] il n'est pas[8] : la vertu seule peut *le leur* procurer[9].

Les lettres *vous* charmeront si vous *les* étudiez.

Fuyez la société des méchans : si vous *les* favorisez[10], vous *les* rendrez[11] pires ; si vous *leur* êtes opposés[12], ils *vous* tendront des embûches[13].

Chargez-vous[14] de cette affaire ; quant à moi, je[15] ne *le*[16] peux pas.

Je viendrai vous voir quand vous *le*[16] voudrez.

Cet homme était votre ami ; pourquoi ne *l'*avez-vous pas secouru[17], comme[18] vous le pouviez et comme vous le deviez?

En se tourne par *de lui*, *d'elle*, *d'eux*, *d'elles*, et il est gouverné, ou par un nom, ou par un adjectif, ou par un verbe. Ex. : J'ai vu votre maison, et j'en ai admiré la beauté, *c'est-à-dire* la beauté d'elle, *vidi tuam domum*, *et illius pulchritudinem mi-*

et on l'exprime par *hoc*, *id*, *illud.* Ex. : Je ne le ferai pas, T. je ne ferai pas cela, *hoc non agam* (sous-ent. *negotium*).

Lui, *leur*, se tournent toujours par *à lui*, *à elle*, *à eux*, et ils sont gouvernés par un verbe ou par un adjectif. Ex. : Vous lui direz, T. vous direz à lui, *dices ei.* — Cela leur est facile, T. est facile à eux, *id illis facile est.*

NOTES DES EXERCICES.

§ 164. 1 T. *il menace à la vérité cela à nous*, hoc quidem...

2 Veto, tui, are, *act.*

3 Denego, as, are, *act.*

4 Metuo, is, ere, *act.* — 5 Nec.

Ibi. — 7 Undè. — 8 Absum, abes. — 9 Præsto, as, are, *act.*

10 *Au futur.* — 11 Facio, is, ere, *act.* — 12 Adversor, aris, ari, *dat. (au futur).* — 13 Insidior, iaris, ari, *dat.*

14 Suscipio, is, ere, *act.* — 15 Ego verò. — 16 *Le ne se rend pas quand il ne se rapporte à (quand il ne représente) aucun nom.*

17 Opitulor, atus sum, *dat.* — 18 Ut, *indicat.*

ratus sum. — Vous en êtes bien content, *illâ sanè contentus es.* (Vous êtes content d'elle.) — J'aime cet enfant, et j'en suis aimé, *c'est-à-dire* je suis aimé de lui, *hunc puerum diligo, et ab eo diligor.*

EXERCICES ÉLÉMENTAIRES.

§ 165. J'ai vu la ville de Lyon, et j'*en* ai admiré l'*opulence*.

Ceux qui jouissent d'une grande réputation n'*en* sont pas toujours *dignes*.

Si vous imitez les méchans, vous *en* serez méprisé; si vous imitez les gens de bien, vous *en* serez estimé.

J'ai vu votre père, et j'*en*[1] suis *charmé*.

Les racines de la science sont amères, mais *les fruits en*[2] sont doux.

Cet enfant a commis une faute, mais il s'*en repent*.

Un véritable ami, lorsque son ami lui est préféré, n'*en* est pas *jaloux*[3].

Je vous ai accordé ma confiance, et vous *en avez abusé*.

Certains hommes paraissent manquer d'esprit, quoiqu'ils n'*en*[4] soient pas *dépourvus*[5].

Le riche est accablé de soucis, le pauvre *en* est *libre*[6].

Je vous renvoie votre fils, je n'*en* suis pas *content*.

La gloire est brillante[7]; mais peu d'hommes[8] peuvent *en* supporter[9] l'*éclat*.

La vertu et la science sont des trésors précieux, *et la possession en*[10] est assurée.

Des pays autrefois contigus[11] à la mer *en* sont aujourd'hui très-*éloignés*[12].

Y se tourne par *à lui, à elle, à eux, à elles*, et se met au cas régi par le verbe suivant, c'est-à-dire au cas où se mettrait le nom représenté par *y*. Ex. : L'affaire est très-importante, j'y donnerai

---

EXERCICES ÉLÉMENTAIRES.

§ 166. Je vous ai fait une proposition qui vous sera avantageuse[1], vous *y réfléchirez*[2].

Vous formez[3] une entreprise[4] difficile, mais[5] vous *y réussirez*[6].

Mon ami peut terminer cette affaire, je l'*y autorise*[7].

NOTES DES EXERCICES.

§ 165. 1 T. *de cela.*

2 T. *d'elle.*

3 Invideo, es, ere, *dat.*

4 *Ne se rend pas.* — 5 Inops, inopis. T. *ainsi :* quidam ingenium, ii, quamvis non inopes, sint; carcre, *abl. ;* videor.

6 *Dans ces phrases et autres semblables, il faut tourner ainsi , desquels soucis le riche est accablé, le pauvre est libre,* qui : quæ; conficior, ceris; dives; cura, æ; liber *ou* iis liber est, *etc.*

7 *Commencez par* splendidus, a, quidem. — 8 Pauci verò. — 9 Feric.

10 T. *desquels la possession (sans exprimer* et).

11 Continens, tis, *avec le dat.* — 12 Longè, disto, as; à : *exprimez en par* mare, is, *n.*

---

mes soins, *c'est-à-dire* à elle (*à l'affaire*), *res est gravissima, huic operam dabo.*

NOTES DES EXERCICES.

§ 166. 1 T. *je vous ai proposé quelque chose très-utile,* aliquid, etc. — 2 Cogito, as, are, de; *ablat.*

3 Molior, iris, iri, *acc.* — 4 Res, ei, *f.* — 5 Verò. 6 Feliciter gero, is, ere, *act.*

7 T. *cela est permis par moi,* per me licet.

Jeunes gens, préférez la vertu aux richesses, nous vous *y engageons*.

Nous l'avions dissuadé [8] d'[9]entreprendre [9] ce procès, il s'*y est engagé* [10] malgré nous [11].

Vous cultivez avec soin la peinture [12], vous *y ferez des progrès* [13].

J'irai à Paris [14] dans [15] deux mois ; si vous *y êtes* [16] encore, j'irai vous voir.

Je suis à la campagne [17] ; *venez-y* [18].

A-t-il passé par là [19] ?

Non ; mais il *y* [20] passera.

Voyez les questions de lieu.

Se.

On exprime *se* par *sui*, *sibi*, *se*, en le mettant au cas que régi

---

EXERCICES ÉLÉMENTAIRES.

§ 167. L'envieux *se* tourmente.

Personne n'est mécontent [1] *de soi*.

Les sots *se félicitent* de leur [2] sottise ; ils *se louent*, ils *s'applaudissent* [3].

Plusieurs Romains célèbres *se* sont donné [4] *la mort*, et ont terni [5] ainsi la gloire de leur [6] vie.

Lorsque Carthage fut prise et détruite par Scipion, la femme [7] du général des Carthaginois *se* précipita [8] dans [9] le feu avec ses enfans [10].

César *se* conduisit [11] avec beaucoup d'humanité [12] envers [13] les vaincus.

Vox illa invenitur apud Phædrum.

Si le pronom *se* a rapport à un nominatif de chose inanimée, ou même animée, qui ne fasse pas sur elle-même l'action marquée

8 Dissuadeo, es, suasi, *dat.* — 9 Ne, *subj. (de peur qu'il n'entreprît).* — 10 Implicor, aris, atus sum, *avec l'ablat.* — 11 Nos inviti, orum, *abl. absol.*

12 Ars, tis, *f.*; pingendi studiosè colo, is. — 13 Proficio, is, cere; in, *abl.*

14 Lutetia, æ, *acc.* — 15 Post. — 16 T. *si vous êtes là*, istic.

17 Rus, ruris, *abl. sans prép.* — 18 T. *ici*, hùc.

19 Num transeo, sii; illàc.

20 Illàc.

---

le verbe, quand le nominatif est une chose animée, qui fait sur elle-même l'action que marque le verbe.

NOTES DES EXERCICES.

§ 167. 1 T. *ne déplaît à*, displiceo.

2 Suus, a, um. — 3 Plaudo, is, *dat.*

4 Conscisco, scivi, *act.* — 5 Maculo, as, avi, *act.* — 6 Suus, a, um.

7 Uxor, is. — 8 Immitto, is, si. — 9 In, *acc.* — 10 Liberi, orum, *pl. m.*

11 Gero, is, gessi, *act.* — 12 Perhumaniter. — 13 In, *acc.*

---

par le verbe, on tourne ce verbe par le passif. Ex. : Ce mot se trouve dans Phèdre, T. ce mot est trouvé dans Phèdre, *vox illa invenitur apud Phædrum.* Il s'effraye de vos menaces, T. il est effrayé, *minis terretur tuis.*

EXERCICES.

§ 168. Les mœurs *se corrompent* par le luxe.

Les fables de Phèdre *se liront* toujours avec plaisir [1].

Des hommes *se sont trouvés* prèts à sacrifier [2] leur [3] vie pour la patrie.

Les richesses *se répandent* [4] par le commerce et par les arts.

Les sots *s'effrayent* des moindres obstacles.

La santé *s'altère* [5] par l'intempérance.

Les grands hommes ne *se découragent* [6] pas par les revers [7].

La vertu ne s'achète [8] pas avec de l'or.

L'homme de bien, ou le méchant, *se juge* [9] non-seulement par ses œuvres [10], mais encore [11] par ses intentions [12].

Des guerres d'extermination *s'allumèrent* après la mort d'Alexandre [13].

Venenum sese insinuat in venas.

Dans les phrases suivantes, les nominatifs sont regardés comme des choses animées.

EXERCICES.

§ 169. La lâcheté *se* trahit elle-même [1].

L'impiété *se* prépare des peines éternelles.

La colère *s'*abandonne à toute sa violence. [2].

La pitié *s'*insinue jusque [3] dans le cœur [4] des tyrans.

L'orgueil *se* crée [5] bien des déplaisirs [6].

La médiocrité *se* pare [7] des avantages [8] qu'elle n'a pas [9].

L'envie, comme un poison lent, *s'*introduit peu à peu [10] dans le cœur d'un ami, lorsqu'il se trouve en concurrence avec son ami [11].

Si l'occasion *se* présente, saisissez-la, car elle ne *se* présentera pas une seconde fois [12].

Les choses ne *se* sont pas passées comme [13] vous l'aviez cru.

Nous attendrons que [14] la chose *se* découvre [15] d'elle-même [16].

NOTES DES EXERCICES.

§ 168. 1 Libentissimè.

2 Profundo, is, ere, *act.* — 3 Suus, a, um.

4 Diffundo, is.

5 Malè afficio, is, cere, *act.*

6 Frango, is, gere, *act.* — 6 Adversa, orum.

8 Emo, is,.... *act....* ou non est auro venalis.

9 Specto, as, *act.* — 10 Ex opus, peris, *n.* — 11 Sed etiam. —
12 Ex voluntas, tatis, *au sing.*

13 T. *après la mort... s'allumèrent,* conflo, as, 'atum, *act.; ces
guerres qui se firent,* gero, gestum, *act.;* ad internecionem.

NOTES DES EXERCICES.

§ 169. 1 Ipsa, *au nominatif.*

2 T. *la colère s'abandonne à elle-même furieusement,* ira, sui,
sibi, furenter indulgeo, es, *v. neut.*

3 T. *même,* etiam. — 4 Animus, mi.

5 Pario, is, ere, *act.* — 6 Multi, æ; molestia, æ.

7 Exorno, as, are. — 8 Laus, dis, *f.* — 9 T. *étrangers,* alienus,
a, um, *ou* non suus, a, um.

10 Sensim. — 11 *Si entre lui et l'ami tombe,* incido, is, *la concurrence sur les mêmes choses;* de idem, eadem; res, rei,
contentio.

12 Iterùm.

13 Ut.

14 Dùm, *subj.* — 15 Aperio, is, *act.* — 16 Se ipsa (*au nomin.*).

10.

Petrus et Joannes se invicem laudant; inter se pugnant.

Quand *se* a rapport à deux nominatifs qui font l'un sur l'autre l'action que marque le verbe, on ajoute l'adverbe *invicem* au pronom *sui*, *sibi*, *se*, à moins qu'il ne soit gouverné par une préposition. Ex. : Pierre et Jean se louent, *Petrus et Joannes se*

EXERCICES.

§ 170. De tout temps[1], les hommes *se* sont fait la guerre[2].

Les Carthaginois et les Romains *se* haïssaient.

Deux rivaux *se* portent envie[3]; deux émules s'estiment.

Les Athéniens et les Lacédémoniens *se* disputaient[4] la prééminence[5].

Marius et Sylla *se* livrèrent de sanglans combats[6].

Les ennemis généreux *se* rendent justice[7].

Ces opinions *se* combattent[8].

Les hommes devraient vivre en paix[9], lorsqu'ils ont assez pour ne *se* rien envier[10].

N. B. Il faut remarquer que *se* est souvent traduit par un verbe neutre. Ex. : Scipion *se distingua* par sa modestie et par ses belles actions, *modestiâ et præclarè factis inclaruit Scipio.*

Il se traduit aussi par un substantif, tel que *corpus*, *mens*, etc. Ex. : Il faut s'endurcir contre la chaleur, le froid, la fatigue, *in-durandum est corpus adversus æstum, frigus, labores.*

EXERCICES GÉNÉRAUX.

§ 171. Tous les honnêtes gens *s'intéressent*[1] à un jeune homme instruit et modeste.

La sagesse et la puissance de Dieu *se manifestent*[2] dans toute la nature[3].

Par l'adulation, les vices des grands[4] *se fortifient*[5], leurs vertus mêmes *se corrompent.*

invicem laudant ; ils se battent, *inter se pugnant* (ils combattent entre eux).

N. B. Quand *se* est suivi d'un verbe neutre, il faut se servir de la prépos. *inter*, parce que *se* ne peut être gouverné par un verbe neutre ; voilà pourquoi l'on dit *inter se pugnant*.

NOTES DES EXERCICES.

§ 170. 1 Ab omni ævo. — 2 T. *ont fait*, gero, gessi, **act.**, ou agito, as, *des guerres mutuelles entre soi.*

3 Invideo, es, ere, *dat.*

4 Contendo, is, dere, *v. n.* — 5 T. *touchant la prééminence*, de principatus, ûs.

6 T. *combattirent entre soi par de....* decerto, as, avi, are, *v. n...*

7 Ex æquo judico, as, *act.*

8 Pugno, as, are, *v. n. N'exprimez pas* se.

9 T. *agiter la paix entre soi.* — 10 Quùm quisque tantum habet, quantum satis est; ut, *subj.*; alter, alterius, ri; nihil invideo. (Se *est rendu par* alter, *qui doit se répéter.*)

Même joint à *soi* se met au *nominatif* lorsqu'il représente *le nominatif.* L'avare se nuit à lui-même, *avarus sibi ipse nocet.* S'il *ne représente pas* le nominatif, on le fait accorder avec *le régime.* Le temps ronge le fer même, *vetustas ferrum ipsum exedit.*

NOTES DES EXERCICES.

§ 171. 1 Faveo, es, ere, *dat.*

2 Passim eluceo, es, ere, *v. n.* — 3 Universus, a; in rerum natura, æ.

4 Principes, um. — 5 Invalesco, scis, ere, *v. n.*

Il *s'est trouvé*[6], chez la plupart des nations, des hommes supérieurs[7], qui ont eu la gloire[8] de servir de[9] modèles aux autres.

La jeunesse est le seul moment de la vie où[10] l'homme puisse *se* corriger[11] facilement.

Saturne eut trois fils qui *se* partagèrent l'empire.

Les mauvaises nouvelles *se sont* toujours *répandues*[12] plus promptement que les bonnes[13].

Tout *change*[14], tout *s'use*[15], tout *s'éteint*.

Rien ne *se répand*[16] plus vite que la contagion du mal.

Les années *se* succèdent comme les flots[17], et ne cessent de[18] *s'écouler*[19].

La terre ne *se lasse*[20] jamais de répandre[21] ses biens sur ceux qui la cultivent[22] : son sein[23] fécond ne peut *s'épuiser*.

§ 172. On ne[1] peut *se défaire*[2] de la honte[3] que la nature a gravée en nous[4]; si l'on veut la chasser[5] du cœur, elle *se sauve*[6] au[7] visage.

La sagesse divine semble *s'être jouée*[8] dans la variété des couleurs dont elle a orné les fleurs[9].

Auguste, empereur, dompta, vers les Pyrénées[10], les Cantabres[11] qui *s'étaient révoltés*[12].

On *se pousse*, on se remplace[13], parce que nul ne sait *se contenter* de ce qu'il a[14].

Sept villes *se sont disputé*[15] la gloire[16] d'avoir donné naissance[17] à Homère; mais les savans *se sont accordés* à penser[18] que c'est à Smyrne qu'il naquit[19].

Aujourd'hui les guerres *se font*[20] avec moins de rigueur et de cruauté[21] qu'autrefois, parce que les combattans[22] ne *s'approchent* plus[23].

La mère de Darius, ayant appris[24] la mort d'Alexandre, s'arracha les cheveux[25] et *se jeta*[26] par terre[27].

Les généraux d'Alexandre n'auraient jamais trouvé[28] de rivaux[29], s'ils ne *s'étaient* point *attaqués*[30]; ils ne redoutaient pas moins les soldats, qu'ils ne *se craignaient eux-mêmes*[31].

Démosthène déclamait souvent[32] sur[33] le rivage de la mer, contre[34] lequel les flots *se* brisaient[35], pour[36] *s'habituer*[37] à ne pas craindre[38] les murmures menaçans[39] de la multitude.

6 Exsto, as, exstiti, *ont existé.* — 7 Excellens, tis. — 8 T. *auxquels la gloire est échue,* laus contingo, gis, igi, *v. n.* — 9 T. *qu'ils fussent,* ut, *subj.*; sum, *avec deux datifs.*

10 Juvenilis ætas ea sola est quâ. — 11 T. *puisse corriger ses vices,* vitium, ii ; emendo, as.

12 Infaustus nuntius, ii, *m.* Vulgo, as, avi, atum, *act.* — 13 Faustus, a, um.

14 Muto, as, are, *v. act.* — 15 Usu tero, is, *v. act.*

16 Serpo, is, ere, *v. n.*

17 T. *les années sont pressées,* premo, is, ere, *act., par les années, comme les flots par les flots,* ut, etc. — 18 Et sine ullà intermissione. — 19 Labor, eris, labi.

20 Cesso, as, are, *v. neut.* — 21 T. *en répandant,* largior, iris, *dép., acc.* — 22 T. colens, tis, *au dat. pl.* Sur *ne se rend pas.* — 23 Gremium, ii, *n.*; ejus.

§ 172. 1 Nemo. — 2 Exuo, is, ere, *act.* — 3 Pudor, is, *m.* — 4 Homini insitus, a, um. — 5 T. *que si elle est chassée,* quòd si, etc. — 6 Refugio, is, ere, *v. n.* — 7 In, *acc.*

8 T. *comme par jeu,* quasi per lusum (*sans exprimer* semble). — 9 *A orné les fleurs de couleurs variées.*

10 Pyrenæos versùs. — 11 Cantaber, bri. — 12 Rebello, avi. *v. neut.*

13 T. *l'un pousse l'autre, l'un remplace l'autre,* alter alterum trude, is, *act.;* alter alterum excipio, is, *act.* — 14 T. quia sua cuique nunquàm satis placeo, es, *v. n.*

15 Contendo, is, di, dere, *v. n.* — 16 T. *laquelle peut se glorifier,* quænam jure gloriari possit. — 17 Gigno, genui. — 18 T. *il est convenu entre les savans,* convenit... — 19 T. *lui être originaire de Smyrne,* eum oriundus, a ; Smyrna, æ, *abl.*

20 Gero, is, *v. act.* — 21 Acerbè et crudeliter. — 22 Præliantes. — 23 Non jam pedem confero, ers. Se *est rendu par* pedem.

24 T. *lorsqu'elle eut entendu,* quùm audivissem, es, *act.* — 25 T. *les cheveux étant déchirés,* crines, ium, *m.*; laceratus, a, um, *abl. absolu.* — 26 Se abjicio, jeci, jectum, *v. act.* — 27 Humi.

28 Reperio, is, peri, *act.* — 29 T. *de pareils à soi,* sibi par, is. — 30 Nisi, *subjonc.* concurro, issem, es, *v. n.* — 31 Se invicem.

32 Declamito, as, are, *v. n.* — 33 In, *abl.* — 34 In, *acc.* — 35 T. *brisaient soi,* illido, is, ere, *act.* — 36 Ut, *subj.* — 37 Consuescerem, es, *v. n.* — 38 Non expavesco, is, ere, *acc.* — 39 Fremitus, ûs.

Les amis sincères [40] *se font connaître* [41] dans l'adversité [42].

Quis vestrûm, ou *ex vobis*, ou *inter vos*.

Le *Qui* interrogatif n'a point d'antécédent : on le connait quand
il peut se tourner par *quelle personne?* (L'antécédent est sous-entendu.) — Le *Qui* interrogatif s'exprime par *quis*, *quœ*, *quod*, ou

---

EXERCICES ÉLÉMENTAIRES.

§ 173. Qui de nous?

Lequel d'entre eux?

Qui de vous?

Lequel des soldats?

Qui vous a dit?

Qui peut dire : Je vivrai demain?

Qui n'aime pas sa patrie?

Qui désire la gloire plus que les richesses?

Qui pense à [1] la mort?

Qui a trouvé le vrai bonheur?

Qui d'entre nous est exempt de fautes [2]?

Quelles sont celles [3] d'entre ces femmes qui méritent [3] des
éloges?

Auquel de ces hommes avez-vous nui?

Lequel de ces exemples est à imiter [4]?

Lesquels d'entre ces enfans favorisez-vous?

Uter est doctior.

Qui des deux ou *lequel des deux*, s'exprime par *uter*, *utra*,
utrum, et les deux noms qui suivent se mettent au même cas que

---

EXERCICES ÉLÉMENTAIRES.

§ 174. *Qui des deux* viendra?

Lequel des deux est parti?

Lequel des deux vous a promis cela?

40 Sinceræ fidei. — 41 T. *sont connus.* — 42 Res adversæ.

---

quisnam, *quænam*, *quodnam*, et le nom pluriel qui suit se met
au génitif, ou à l'ablatif avec *è*, *ex*, ou à l'accusatif avec *inter.*
Ex. : Qui de vous? *Quis vestrûm*, ou *ex vobis*, ou *inter vos?*
— Qui est content de son sort? *Quis suâ sorte contentus est?* · -
(Dans *quisnam*, *nam* est explétif.)

NOTES DES EXERCICES.

173. 1 Cogito, as, are; de, *ablat.*, culpa, æ , *au sing.*

2 Vaco, as; à.

3 *Ne se rend pas.* T. *lesquelles de ou entre ces femmes méritent...*

4 Imitandus, a, um.

---

uter; on met *ne* après le premier, et *an* devant le second : le superlatif français se met au comparatif en latin. Ex. : le quel des deux
est le plus savant, vous, ou votre frère? *uter est doctior, tu-ne,*
an frater?

NOTES DES EXERCICES.

Qui des deux vous paraît malheureux ?

Lequel des deux a suivi cet exemple ?

Lequel des deux est *le plus* prudent ?

Lequel des deux s'est *le mieux* acquitté de son devoir ?

Lequel des deux vous paraît *le plus* sage ?

Lequel des deux est *le plus* heureux, votre frère ou votre sœur ?

Qui des deux a été *le plus* habile général, Scipion l'Africain ou César ?

Lequel des deux vices [1] est *le plus* honteux, la paresse *ou* la gourmandise ?

Lequel a été *le plus* grand, Alexandre *ou* Philippe ?

Lequel est *le plus* éloquent, Démosthène ou Cicéron ?

Qui de vous ou de moi remportera le prix [2] ?

Qui des Carthaginois *ou* des Romains étaient les plus cruels [3] ?

Qui d'eux *ou* de mes fils ont été les plus sages [4] ?

Lequel des deux partis [5] remportera la victoire, les patriciens *ou* les plébéiens ?

Quis te vocavit ? Quem vocas ?

Qui interrogatif est tantôt le nominatif, et tantôt le régime du verbe suivant. — 1° Il est le nominatif, quand on peut le tourner

---

EXERCICES ÉLÉMENTAIRES.

§ 175. *Qui* vous a vu ?

Qui avez-vous vu ?

Qui a entendu l'orateur ?

Qui l'orateur entendra-t-il ?

Qui craignez-vous ?

Lequel des deux vous a fait cette injure ?

Qui peut vous craindre ?

Qui (ou *lequel*) *des deux* approuvez-vous ?

Qui des deux favorisons-nous, Pierre ou Paul ?

Qui hait les méchans ?

Qui les méchans haïssent-ils ?

§ 174. 1 *Lequel vice*, uter, utra, um; vitium.

2 T. *lequel des deux remportera le prix, vous ou moi ?*

3 T. *lesquels des deux étaient les plus cruels, les Carthaginois
ou les Romains ?*

4 T. *lesquels des deux ont été.... eux ou mes fils ?*

5 Pars, *fém., au sing.*

---

par *qui est celui qui....* Ex. : Qui vous a appelé? *c'est-à-dire* qui
est celui qui vous a.... *quis te vocavit ?* — 2° Il est le régime, quand
on peut le tourner par *qui est celui que....* Ex. : *Qui* appelez-vous?
c'est-à-dire qui est celui que vous.... *quem vocas?*

NOTES DES EXERCICES.

Qui[1] est venu vous voir, votre frère *ou* votre père?

Qui[1] irez-vous voir, votre père *ou* votre frère?

Lequel[1] regardez-vous comme[2] le plus grand, un roi législateur *ou* un roi belliqueux?

Qui des deux a acquis *le plus* de[3] gloire?

Qui des deux se repentira le premier[4], l'homme imprudent *ou* l'homme timide?

Auquel des deux appartient-il de commander, à l'âme *ou* au corps?

Auquel des deux importe-t-il, à vous *ou* à votre ami?

Lequel a le plus besoin d'appui[5], l'enfant *ou* le jeune homme?

A qui appartient-il de parler, à vous *ou* à moi?

Que *interrogatif.*

Le *Que* interrogatif se tourne par *quelle chose*, et il s'exprime par *quid*, lorsque le verbe suivant gouverne l'accusatif (c'est-à-dire, quand on peut sous entendre *negotium*). Ex. : Que faites-

---

EXERCICES ÉLÉMENTAIRES.

§ 176. *Qu'*espérez-vous?

Que méditez-vous?

*Qu'*attendez-vous.

Que promettez-vous?

Qu'est-ce que[1] votre frère dira?

A quoi[1] pensez-vous?

*Qu'*étudieront les enfans?

*Qu'*envient[2] les méchans?

Que devons-nous désirer?

Qui devons-nous favoriser? Les gens de bien.

Que redoute le sage?

Qu'est-ce que vous pouvez faire?

Que ménage[3] l'homme prudent? Le temps qui fuit si vite

De quoi[4] se sert[5] un général habile pour se faire aimer et respecter[6] de ses soldats?

Qu'[7] importe que[8] les méchans vous blâment ou non[9]?

A quoi devez-vous avoir égard[10]? A votre réputation.

§ 175. 1 *On parle de deux.*

2 Existimo, as, *act.*

3 T. *la plus grande*, magnus, major.
4 Primus, prior, *etc.*

5 T. *d'un appui plus ferme*, firmius, oris, præsidium, ii.

---

vous? T. quelle chose faites-vous ? *Quid agis ?* — Mais si le verbe suivant gouverne un autre cas, il faut exprimer le mot *chose*. Ex. : Qu'étudiez-vous? *c'est-à-dire* quelle chose étudiez-vous? *Cui rei studes?*

NOTES DES EXERCICES.

§ 176. 1 T. *quelle chose.*

2 Invideo, es, ere, *dat.*

3 Parco, is, *dat.*
4 T. *de quel moyen*, ratio, nis, *f.* — 5 Utor, eris, uti, *abl.* — 6 T. *afin qu'il se concilie l'amour et le respect.*

7 Quid. — 8 Utrùm, *subj.* — 9 Nec ne.
10 Consulo, is, ere, *dat.*

Quid virtute pulchrius?

Quoi ou *que* au commencement d'une phrase se tourne par

EXERCICES ÉLÉMENTAIRES.

§ 177. *Quoi de* plus grand qu'un homme vertueux?
Quoi de plus honteux que la paresse?
Quoi de plus admirable que la modestie et la science?
Quoi de plus blâmable que l'orgueil et l'envie?
Que [1] sont les hommes sur la terre?
Que sera-ce si la chose se passe ainsi?
Qu'est-ce que les richesses?
Qu'est-ce que le plaisir?
Que sommes-nous?
Que deviendrons-nous [2]?

Que a encore d'autres significations.

Que parlez-vous, c'est-à-dire *pourquoi* parlez-vous?
Que vous a coûté cette maison? c'est-à-dire *combien* [1], etc.
Que [2] je vous aime!
Que ne puis-je [3] vous voir, etc.

Quæ ou *quænam.*

Quel, *quelle*, s'expriment aussi par *quis*, *quæ*, *quod*, ou *quisnam*, *quænum*, *quodnam*, et s'accordent avec le nom suivant en genre, en nombre et en cas. Ex. : Quelle mère n'aime pas ses en-

EXERCICES ÉLÉMENTAIRES.

§ 178. *Quel* homme?
Quelle louange?
Quel vice?
Quel soldat a fui sans se déshonorer [1]?
Quelle faute avez-vous commise?
Quelle honte *pour* vous [2]!

quelle *chose*, et s'exprime par *quid*. Ex. : Quoi de plus beau que
la vertu? *Quid virtute pulchrius ?* Que sera-ce si....? *Quid futurum est si...?*

NOTES DES EXERCICES.

§ 177. 1 T. *quelle chose.*

2 *Que deviendra-t-il de nous* , fio , fiam , es ; de....

1 Quanti consto, stiti, *v. n.*
2 Quantum.
3 Utinam possim.

fans? *Quæ* ou *quænam mater liberos suos non amat?* — Quel
avantage y a-t-il dans la vie? *Quod commodum habet vita ?* ou
mieux : *Quid commodi habet vita ?* (*Quel* , suivi d'un nom de
chose, s'exprime mieux par *quid* avec le génitif.)

NOTES DES EXERCICES.

§ 178. 1 T. *sans son déshonneur*, dedecus, oris, *n.*

2 T. *à vous.*

Quel avantage avez-vous obtenu[3]?
Quel bien avez-vous fait?
Quel mal avez-vous évité?
A quel défaut vous êtes-vous opposé[4]?
En quoi[5] êtes-vous devenu meilleur?
A quels hommes vous êtes-vous confié?
Quel appui[6] trouverez-vous auprès des méchans?
Qui avez-vous pu *croire*[7]?
Quelle était votre intention[8]?

Quota hora est?

Quel, *quelle*, signifiant *quantième*, s'expriment par *quotus*,

---

EXERCICES ÉLÉMENTAIRES.

§ 179. En *quelle* année[2] naquit Alexandre?
Quel jour[1] du mois viendrez-vous?
Je viendrai *le huit*[1].
Quelle heure est-il?
Neuf heures.
En *quel nombre*[2], sont-ils?
Le quantième (jour) du mois sommes-nous? c'est-à-dire,
quel *quantième* avons-nous[3]?
Le douze.
Combien[4] voulez-vous être?

Quanta nobis instat pernicies!

Quel, *quelle*, quand on peut ajouter le mot *grand*, s'expriment

---

EXERCICES ÉLÉMENTAIRES.

§ 180. *Quelles* richesses!
Quel homme!
Quel forfait!

3 Consequor, queris, quutus sum , *acc.*

4 Obsto , as, stiti , *v. n.*

5 T. *en quelle partie*, pars, tis, *à l'abl., sans prép.*

6 Præsidium, ii , *n.*

7 Credo, dere, *n* , *dat.*

8 T. *quoi d'intention avez-vous eu?* quid animus, mi; habeo habui?

---

quota, quotum, et l'on répond par le nombre ordinal. Ex. : Quelle heure est-il? Sept heures. *Quota hora est? Septima.*

NOTES DES EXERCICES.

§ 179. 1 *Abl. sans prép.*

2 Quoteni.

3 T. *quel est le jour du mois aujourd'hui?*

4 Quotus, *doit se mettre au sing.*

---

par *quantus, quanta, quantum.* Ex. : Quel malheur nous menace! *c'est-à-dire* quel grand malheur! *Quanta nobis instat pernicies!*

NOTES DES EXERCICES.

Quelles défaites[1] *essuyèrent* les Romains dans la seconde guerre punique !

Quelle constance *montra* Socrate lorsqu'il fut condamné à mort !

Quel malheur menace les impies !

De quel espoir je suis *déchu*[2] !

Quels dangers n'[3]a-t-il pas *essuyés*[4] !

Quelles guerres les Grecs *soutinrent* contre les Perses !

Que de grands hommes a produits[5] le siècle[6] de Louis XIV[7] !

Quel projet[8] avait formé[9] Catilina !

Quel[10] temps *que* celui où[11] les peuples sont gouvernés par un bon roi !

Dans *quelles* circonstances nous trouvons-nous[12] !

Que devenir[13] !

Quis te redemit? — Jesus-Christus.

La réponse se met ordinairement au même cas que la demande. Ex. : Qui vous a racheté ? Jésus-Christ. *Quis te redemit? Jesus-Christus.* — Qui a pitié des paresseux ? personne. *Quem miseret pigrorum ? neminem.* — Le verbe de la demande est toujours sous-entendu dans la réponse ; ainsi, quand on dit, *qui vous a racheté ?*

EXERCICES.

§ 181. *Qui* est heureux sur la terre ? *Personne.*

A qui importe-t-il d'user sagement du temps ? *A l'homme* qui veut faire[1] de grandes choses.

Qui devez-vous *épargner*[2] ? *Votre ennemi vaincu.*

Qui respectez-vous ? *Dieu.*

Qui peut *s'ennuyer* de l'étude ? *L'homme* qui n'en connaît point les charmes.

De quoi se nourrissaient[3] les Perses ? *De pain et de cresson.*

Qui s'ennuie de la vie ? *L'homme oisif.*

Qui se repent de ses fautes ? *L'homme de bien.*

§ 180. 1 *Est le régime du verbe* essuyèrent.

2 Excido, is, idi, *v. n.*

3 *On ne rend pas* ne, *et l'on ajoute* quot *à* quanti, æ, a, *quand
on peut tourner par* quels nombreux et quels grands (*quels
nombreux* (quot) *et quels grands dangers il a essuyés*). — 4
Haurio, is, hausi, *act.*

5 Gigno, genui, *act.* — 6 Ætas, tatis, *fém.* — 7 T. *quatorzième.*

8 Quàm nefarius, a, um; consilium, ii. — 9 Ineo, is, ivi, *accus.*

10 Quàm faustus, a, um. — 11 Que celui où *se tourne par* lorsque, quùm.

12 Quàm difficilis, is; in rerum articulus, li; versor, aris, ari.

13 Quid de nos, nostrî; fiam, ies.

---

et que l'on répond, *Jésus-Christ,* c'est comme si l'on disait : *Jésus-Christ m'a racheté.* — Cependant avec les impersonnels *est*,
refert, interest, la réponse, quand elle se fait par un pronom, se
met à un autre cas. Ex. : A qui importe-t-il? A moi. *Cujusnam
interest? Med.* A qui appartient-il de parler? A vous. *Cujus est
loqui? Tuum.* (A lui, *illius.*)

NOTES DES EXERCICES.

181. 1 T. *qui agite,* animo agito, as, *act.*

2 Parco, cis, cere, *n., dat.*

3 Quis, cujus; cibus, bi, *m.;* vescor, sceris, sci, *ab.*

A qui importait-il? A toi.

A qui appartient-il de donner de bons exemples? *A moi.*

A qui importe-t-il de défendre la patrie? *A tous les citoyens.*

A qui convient [4]-*il* de rendre le bien pour le mal? *A un homme généreux.*

A qui appartient cette maison de campagne? *A moi.*

A qui importe-t-il de partir? *A vous.*

De qui avez-vous reçu cette lettre? *De mon ami.*

En [5] *quelle* année Clovis [6] fonda-t-il la monarchie française? En [5] *l'an* 486 [7].

Quel jour [8] du mois nous réunirons-nous [9]? *Le dix.*

A quelle [8] heure? *A neuf heures.*

Qui a pitié des malheureux? *L'homme* qui connait [10] le malheur.

A qui appartient-il de secourir (*qui* doit secourir) ce vieillard? *A vous* (ou *c'est vous*).

A qui importe-t-il de fuir le vice et d'aimer la vertu? *A vous tous*, jeunes gens.

Qui a besoin des conseils des vieillards? *Le jeune homme* qui paraît [11] sur [12] la scène du monde.

Combien [13] ce livre vous a-t-il coûté? *Trois francs* [14].

Combien avez-vous acheté cette maison? *Vingt mille* [15] *francs* [16].

Num dormis? Non dormio. — Vidisti-ne regem? Vidi. —
Quùm cœnaverat, abibat. — Nonne vidisti regem?

Quand on interroge sans négation, on met en latin *nùm* devant le premier mot, ou *ne* après, et la réponse se fait par le verbe de l'interrogation. Ex. : Dormez-vous? *Nùm dormis?* Non. *Non dormio.* (*Nùm* s'emploie quand on prévoit que la réponse doit être négative.) Avez-vous vu le roi? *Vidisti-ne regem?* Oui. *Vidi.* Si l'interrogation tient lieu de *lorsque*, on l'exprime par *quùm* : Avait-il soupé, il s'en allait; T. lorsqu'il avait soupé, il... *Quùm cœnaverat, abibat.* Elle peut encore tenir lieu de aussitôt

---

EXERCICES.

§ 182. *Favorisez*-vous les méchans? *Non.*

Decet, *acc. de la personne.*

5 *Ne s'exprime pas.* — 6 Clodoveus, i. — 7 Quadringentesimus
octogesimus sextus.

8 *A l'abl.* — 9 Convenio, is, veni, ventum, *v. neut.*

10 T. *l'homme non ignorant du...* haud ignarus, a, um , *gén.*

11 Prodeo, is, ire. — 12 In , *acc.*

13 Quanti (*avec un verbe de prix*). — 14 Libra francica. (*A l'abl.*,
en sous-entendant pro.)

15 Millia, ium. — 16 *Au gén. pl.*

que, *statim ut ;* à peine.... que, *vix.... quùm.* Si l'interrogation
se fait par deux négations, *ne... je pas*, *ne... tu pas*, etc. , on met
Nonne devant le premier mot. Ex. : N'avez-vous pas vu le roi?
Nonne vidisti regem ? Non. *Non vidi.* Souvent on ajoute un
adverbe au verbe pour donner plus de force à la réponse : Nous
accordez-vous cela? *Dasne hoc nobis ?* Oui. *Do sané.* Quelquefois
le verbe est sous-entendu Ex. : Ne croyez-vous pas cela? Non.
An tu hæc non credis ? Minimé verò. (*On se sert de* an, *an
non*, *quand la phrase où se trouve cette conjonction a rapport
à une idée qui précède, ou qu'il est facile de suppléer.*)

NOTES DES EXERCICES.

Votre père *partira-t-il* demain? *Oui.*

Rougissez-vous donc d'une pauvreté glorieuse? *Non.*

Ne craignez-vous pas les piéges[1] qui vous sont tendus[2]? *Oui*, mais je les éviterai.

Épaminondas *était-il fâché* de verser son sang pour sa patrie? *Non.*

Cicéron *ne fut-il pas exilé? Oui.*

La crainte *peut-elle* nous préserver du danger? *Non.*

Ne regardez-vous pas la modestie comme la qualité[3] la plus convenable[4] à un jeune homme? *Assurément.*

Rome *produisit-elle* plus de[5] grands hommes que la Grèce? Je ne sais.

Ne nous importe-t-il *pas* à tous de fuir le vice et d'aimer la vertu? *Oui, sans doute.*

La gloire *peut-elle* avoir des charmes pour un lâche? *Non*[6].

N'est-il *pas* du devoir d'un fils de respecter ses parens? *Assurément.*

N'est-ce *pas* par le travail qu'on *parvient* à la gloire[7]? *Oui.*

Un homme *a-t-il fait* une mauvaise action[8], il[9] ne tarde pas à s'en repentir.

Avez-vous rendu quelque service[10], n'en[11] exigez[12] pas le salaire[13].

Voyez-vous votre ennemi exposé[14] à quelque danger, secourez-le, si vous pouvez.

Dirai-je ce que[15] je pense? Dites-le.

Philippe *avait-il remporté* une[16] victoire, Alexandre affligé[17] s'écriait : Mon père ne me laissera donc rien à faire[18].

Un homme vicieux *a-t-il fait* une mauvaise action[19], il ne craint point la honte, il ne[20] craint que[20] le châtiment.

Un malheur arrive-t-il au sage[21], il le supporte avec patience.

Puer, abige muscas.

Quand on commande le verbe se met à l'impératif. Ex. : Laquais, chassez les mouches, *puer, abige muscas.*

---

§ 182. 1 Insidiæ, arum, *f.* — 2 Struo, xi, structum, *v. act.*

3 T. *ne pensez-vous pas la modestie être la qualité*, existimo,
as... esse. — 4 *Qui convient le plus à*, deceat, *acc.*

5 Plures.

6 Minimè.

7 Est-ce... que *ne se rendent pas.* T. *la gloire n'est-elle pas
acquise*, paror, aris.

8 T. *à peine*, vix, *un homme a fait*, patro, as, *act.*; facinus,
oris. — 9 T. *lorsqu'il*, quùm.

10 T. *si* ou *lorsque vous aurez rendu à quelqu'un*, confero, tuli,
act.; opera, æ; in, *acc.;* aliquis. — 11 Ne, *impérat. ou subj.*
— 12 Reposco, is, *ou* desidero, as, *act.* — 13 Pretium, ii, *n.*

14 Obnoxius, a, um.

15 Quid, *subjonct.*

16 Aliquis, qua, quod. — 17 Mœrens. — 18 T. *rien donc le père
au fils laissera*, relinquo, is; *à faire*, perficio, ciendus.

19 T. *si un homme vicieux a fait...* si quid mali, etc. — 20 *Ne...,*
que, tantùm (seulement).

21 T. *le sage, si quelque chose de contraire*, si quid adversum,
i; *arrive*, incidero, is, etc.

Abeat proditor.

Si le verbe est à la troisième personne, on emploie la troisième
personne du présent du subjonctif, et l'on n'exprime pas le *que*
français. Ex. : Qu'il s'en aille, le traître, *abeat proditor.*

EXERCICES ÉLÉMENTAIRES.

§ 183. *Servez*-vous des biens que vous avez [1].

Aimez la vertu.

Respectez Dieu et vos parens.

Que le méchant *redoute* la colère de Dieu.

Que l'homme de bien *espère* un bonheur éternel.

Recevez avec grandeur d'âme [2] les petits présens; *faites-en* [3] de grands sans [4] ostentation.

Êtes-vous heureux, *mettez*-vous en garde contre [5] le malheur.

Souvenez-vous de conserver une âme égale dans les circonstances difficiles [6].

Joignez [7] les qualités [8] de l'esprit aux avantages [9] du corps.

Songez [10], dès à présent [11], à la vieillesse qui doit venir [12].

Que celui qui ne peut supporter son malheur *regarde* [13] les autres et *apprenne* à souffrir [14].

Abstenez-vous de [15] la médisance.

Haïssez [16] la calomnie.

Soyez affable.

Conservez longtemps l'amitié.

Respectez la vieillesse.

Écoutez beaucoup [17] et *parlez* [18] peu.

Que les enfans *entendent* la vérité [19], *qu*'on leur *reproche* leurs mauvaises actions [20], *qu'ils craignent* quelquefois leurs parens et leurs maîtres, *qu'ils les respectent* toujours; *qu*'on n'*accorde* rien à leur colère et à leurs larmes [21].

Ne insultes ou *ne insulta miseris*, ou *noli*, *nolite insultare miseris*.

Quand on défend, on met *ne* avec le subjonctif ou l'impératif; ou bien l'on se sert de *noli* pour le singulier, *nolite* pour le pluriel, avec l'infinitif. Ex. : N'insultez pas les malheureux, *ne insultes*

EXERCICES.

§ 184. *Ne jugez* pas les hommes à la douceur de leurs discours.

NOTES DES EXERCICES.

§ 183. 1 T. *présens*, præsens, tis.

2 Magnus animus, *à l'abl. sans prép.* — 3 En *ne se rend pas.* —
4 Citrà, *acc.*

5 Præcaveo, es, ere, à.

6 Res, rerum; asper, a, um.

7 Addo, is, ere. — 8 Dos, dotis, *f.* — 9 Dos, dotis, *f.*
10 Memor sum, es. — 11 Jam tùm. — 12 T. *devant venir*, venio,
is, ventum.
13 Inspicio, is, cere, *act.* — 14 Tolerantia, æ.

15 T. Abstineo, es; à.
16 Oderim, is.

17 Multi, æ, a. — 18 Pauci, cæ, ca.
19 Verum, ri. — 20 Sua eis perperàm factum, i, *n.*, *soient repro-
chés*, exprobro, as. — 21 T. *que rien ne soit accordé à eux
irrités et pleurant.*

ou *ne insulta miseris*, ou bien *noli, nolite insultare miseris.*

Ne dicat.

Lorsque le verbe est à la troisième personne, on se sert toujours
de *ne* avec le subjonctif. Ex. : Qu'il ne dise pas, *ne dicat;* qu'il ne
sorte pas de la maison, *domo ne exeat.*

NOTES DES EXERCICES.

Ne vous *promettez* pas une longue vie, et mettez à profit[1] le temps présent.

Que les méchans *ne croient* pas qu'on puisse apaiser Dieu[2] par des sacrifices.

Que la langue *ne devance*[3] pas la pensée[4].

Ne craignons[5] pas, pour avoir[6] de grandes choses, d'en sacrifier de petites[7].

Que l'éclat d'une vaine gloire *n'éblouisse* pas vos yeux.

N'abandonnons pas nos amis lorsqu'ils sont dans l'infortune[8].

Ne faites rien qui ne soit utile[9].

Ne fréquentez[10] pas les méchans.

N'imite pas celui que tu blâmes.

Ne t'irrite pas *contre* celui qui te donne de bons conseils[11].

Qu'ils n'espèrent[12] point de pardon, ceux qui ne pardonnent point aux autres.

Gallus escam quærens.

Le participe qui se rapporte au nominatif (sujet) du verbe, s'accorde avec ce sujet en genre, en nombre et en cas. Ex. : Un coq, cherchant de la nourriture, trouva une perle, *gallus escam quærens margaritam reperit.* Cicéron devant prononcer un

---

EXERCICES.

§ 185. Le *lion pris* jeune[1] et élevé[2] au milieu[3] des animaux domestiques, s'habitue à jouer avec eux, sans leur faire de mal[4].

La servitude est la soumission[5] d'une âme abjecte et *qui n'a plus* de volonté propre[6].

Il ne *doit* pas *être regardé* comme[7] libre l'homme qui est esclave de[8] ses passions[9].

Il est certain[10] que la fortune *n'est*[11] jamais plus *à craindre*[12] que lorsqu'elle nous comble de ses faveurs[13].

Cicéron, ayant vu[14] Caton *assis*[15] dans la bibliothèque de Lucullus, et *entouré*[16] d'une foule[17] de volumes, dit qu'il semblait[18] dévorer[19] les livres.

§ 184. 1 Lucro appono, is, ere, *act.*

2 T. *pouvoir être apaisé.*

3 Præcurro, is, ere, *dat.* — 4 Mens, tis, *f.*

5 Dubito, as, are. — 6 Consequor, eris, qui, *acc.* — 7 T. *de faire une petite perte*, levis jactura facio.

8 T. *lorsqu'ils se servent de la fortune contraire*, adversa fortuna, æ; utor, eris; uti, *abl.*

9 Prosum, des.

10 Versor, aris, cum.

11 T. *au conseillant des choses utiles*, suadeo, *etc.*

12 *Ajoutez* sibi.

---

discours, *Cicero orationem habiturus.* L'enfant, ayant été interrogé, répondit, *puer interrogatus respondit.* Devant être interrogé, il craignait, *interrogandus, timebat.* (Nous donnons aussi dans ce § des exercices sur l'accord du participe avec le nom à divers cas.)

NOTES DES EXERCICES.

§ 185. 1 Junior. — 2 Educatus. — 3 Inter. — 4 T. *à agiter avec eux des jeux innocens*, innocuus.

5 Obedientia, æ. — 6 T. *manquant de sa volonté*, carens, tis; arbitrium, ii.

7 T. *il n'est pas devant être eu*, haberi, eor. — 8 Inservio, is, ire, *n.*, *dat.* — 9 Libido, inis, *f.*

10 Consto, as, are. — 11 T. *la fortune (accus.) n'être.* — 12 Metuendus, a, um. — 13 Munus, neris, *n.*

14 T. quùm vidissem. — 15 Sedeo, ere, ens, *v. n.* — 16 Circumfusus, a, um, *régit l'abl.* — 17 Plurimus, a, um. — 18 T. *lui (accus.) paraître.* — 19 T. *comme un glouton de...* quasi huello, onis.

11.

Lorsque l'orateur Hortensius *devait paraître*[20] en public, il arrangeait[21] sa robe devant[22] un miroir.

Quoique les forces manquent[23], *il faut louer*[24] l'intention[25].

Bias ne fit aucune réponse[26] à un impie[27] *qui lui demandait*[28] ce que c'était que[29] la piété.

Et comme cet homme lui demandait[30] la cause de son silence : Je me tais, dit Bias, parce que tu me[31] questionnes[32] sur[33] des choses *qui ne te regardent pas*[34].

PARTICIPES JOINTS AU RÉGIME DU VERBE.

Urbem captam hostis diripuit.

Le participe qui se rapporte au régime du verbe s'accorde avec ce régime en genre, en nombre et en cas. (Le participe se rapporte ordinairement au régime du verbe, quand ce régime est un des

EXERCICES.

§ 186. Les Romains ayant été *enveloppés*[1] aux[2] Fourches Caudines[3], les Samnites *les*[1] firent passer sous[4] le joug.

Annibal ayant *assiégé* et *pris* la ville de Sagonte[5], *la* détruisit de fond en comble[6].

Lorsque Alexandre *allait entrer*[7] à Babylone[8] des mages vinrent lui annoncer que cette ville lui serait funeste[9].

Curius *était assis*[10] sur un banc rustique[11], *et soupait* dans un plat de bois[12], lorsque[13] les ambassadeurs des Samnites *lui*[13] apportèrent une somme considérable, qu'il ne voulut pas recevoir.

Cyrus enfant *devait être* mis à mort[14] par ordre[15] de son grand-père, mais Harpagus *le*[16] sauva[17].

Verrès *ayant fait arrêter* un citoyen romain[18], *le*[19] fit[20] mettre en croix[21].

Denys, tyran de Sicile, ayant pris[22] Rhège[23] en Italie, après l'avoir longtemps *assiégée*[24], entra dans[25] la ville, ne respirant que menaces[26].

20 T. *l'orateur Hortensius devant paraître*, prodeo, is, ire, itum, urus; in, *acc.* — 21 Compono, is, ere, *act.* — 22 Ad.

23 Desum, dees. — 24 Laudandus, a, um. — 25 Voluntas, *f.*

26 Nihil respondeo, es, di. — 27 T. *à un homme impie*, homo, inis. — 28 T. *demandant*, percontor, aris, ari. — 29 Quid esset.

30 Sciscitor, aris, ari, *au subjonct.* — 31 *Ne se rend pas.* — 32 Quæro, is. — 33 De, *abl.* — 34 Nihil pertinens, tis; ad tu, tuî.

---

pronoms *le, la, les, lui, leur.*) **Ex.** : la ville ayant été prise, l'ennemi la pilla, *tournez*, l'ennemi pilla la ville prise, *urbem captam hostis diripuit.* — Les citoyens devant être passés au fil de l'épée, le vainqueur leur pardonna; *tournez*, le vainqueur pardonna aux citoyens devant être passés... *civibus ferro necandis victor pepercit.*

NOTES DES EXERCICES.

§ 186. 1 Circumventus, a, um. Les *ne se rend pas.* — 2 Apud. — 3 Furcæ Caudinæ. — 4 T. *envoyèrent*, mitto, is, si, *act.;* sub, *acc.*

5 Saguntus, i, *fém.* — 6 Funditùs everto, is, ti, ere, *act.*

7 T. *à Alexandre devant entrer*, ingressurus, a, um. — 8 Babylon, nis, *acc. sans prép.* — 9 T. *devoir être funeste*, acc. Que *entre deux verbes ne se rend pas, le verbe suivant se met à l'infinitif, et le nom ou pronom qui l'accompagne se met à l'accusatif.*

10 T. *à Curius assis*, sedeo, es, sedens. — 11 In, *abl.*, agrestis, e, scamnum, i. — 12 *Et soupant*, cœno, as; ligneo catillo. — 13 *Ne se rend pas.*

14 Necandus, a, um. — 15 Jussu. — 16 *Ne se rend pas.* — 17 Servo, as, avi, are, *act.*

18 T. *un citoyen romain arrêté*, comprehensus, a, um. — 19 *Ne se rend pas.* — 20 Jubeo, es, ssi. — 21 T. *être mis*, tollo, sustuli, tollere, *act.*; in, *acc.*; crux, cis.

22 T. *lorsque Denis... eut pris.* — 23 Rhegium, ii, *n.* — 24 T. *longtemps assiégée.* — 25 In, *acc.* — 26 Atrociter minitabundus.

Les aigles *enlèvent* les tortues et les brisent[27] en *les laissant tomber* [28] du haut des airs [29].

Un Lacédémonien accablant son esclave de coups de fouet[30], Démonax *lui* [31] dit : Cesse de te montrer semblable à ton esclave.

Cimon, général athénien, *vainquit* [32] une flotte de deux cents vaisseaux, à la hauteur de Mycale[33], et *s'en* [34] empara.

Dans cette construction, on se sert aussi du participe du verbe précédent, ou d'un verbe d'image, pour traduire les pronoms. Ex. : Il prit la ville et *la* pilla, *urbem cepit, captamque diripuit.*

EXERCICES.

§ 187. Dieu *entend* les vœux de l'homme juste et *les* [1] exauce [2].

Lorsque les Romains *entreprenaient* la guerre, ils *la* faisaient [3] avec persévérance.

Manlius tua le Gaulois, *et lui* [4] ôta [5] son collier d'or [6].

Ablatif absolu.

Quand le participe ne se rapporte ni au nominatif ni au régime du verbe, on met à l'ablatif ce participe et le nom auquel il est

---

EXERCICES.

§ 188. *Les rois ayant été chassés* [1] par le courage de Brutus et de L. Valérius, la liberté fut établie [2] dans la république.

L'univers [3] *étant conquis*, les Romains tournèrent [4] leurs [5] armes contre eux-mêmes [6].

Les Athéniens et les Thébains ayant été vaincus à Chéronée [7], Philippe ne parut point s'enorgueillir d'une si grande [8] victoire.

Virgile lisant [9] des vers qu'il avait composés, Cicéron s'écria : Seconde [10] espérance de la grande Rome !

Cyrus *ayant soumis tout l'Orient* [11], résolut [12] de porter la guerre chez [13] les Scythes.

27 T. *brisent les tortues enlevées*, raptus, a, um.—28 T. *et
lâchées*, demissus, a. — 29 È sublimi.

30 Flagris sæviens, tis; in, *acc.* — 31 *Ne se rend pas.*

32 Devictus, a, um.— 33 Apud Mycale, es. — 34 *Ne se rend pas.*

NOTES DES EXERCICES.

§ 187. 1 Auditus, a, um.—2 Annuo, is, ere, *dat.*

3 Gero, is, ere.

4 Jacens, tis, *au lieu de* occisus, a, um.—5 Detraho, is, xi, *act.*
—6 Torques, is, *m.*; aureus, a, um.

---

joint, en les faisant accorder en genre et en nombre. Ex. : Les
parts étant faites, le lion parla ainsi : *partibus factis, sic locutus
est leo.*

NOTES DES EXERCICES.

§ 188. 1 Expello, puli, pulsum.—2 Constituo, is, tutum.

3 Orbis, *m.*; terrarum.—4 Converto, is, erti, *act.*—5 Suus (*ne
se rend pas*).—6 In, *acc.*; suî, se, ipse, a, um.

7 Apud, *acc.*, Cheronea, æ. — 8 Tantus, a, um.

9 Recito, as, are, *act.* — 10 Alter, a, um.

11 Universus, a; Oriens, tis, *m.*; in, *acc.*; potestas, tatis; redac-
tus, a.—12 Decerno, is, decrevi, *act.*—13 Bellum infero, fers,
ferre, *dat.*

Bias naviguait un jour[14] avec des impies ; *une tempête s'é-tant élevée*, et ceux-ci invoquant[15] les dieux : Taisez-vous[16] dit Bias, de peur que [17] les dieux ne [18] s'aperçoivent que vous naviguez[19] dans ce vaisseau.

Catilina étant parti pour le camp de Mallius[20], Cicéron fit saisir P. Lentulus et les autres chefs[21] de la conjuration, qui étaient restés à Rome[22], et les fit mettre en prison[23].

Différens usages de l'ablatif absolu.

On peut voir, par les exercices précédens, qu'en général l'*ablatif absolu* sert à désigner *le temps* dans lequel une chose se fait, *la manière* dont elle se fait, *la cause* pour laquelle elle se fait ; ainsi il répond :

1° A la question quand, *quandò ?* et remplace les conjonctions *quùm*, *dùm*, *postquàm*, etc., et des substantifs joints à des

---

EXERCICES.

§ 189. Pythagore[1] vint en Italie *sous le règne de Tarquin le Superbe.*

La reine[2] des abeilles ne sort que *quand l'essaim doit s'envoler*[3].

L'éléphant périt nécessairement *lorsque sa trompe est coupée*[4].

Cicéron, *après la chute*[5] *de la république*, composa[6], en peu de[7] temps, plus[8] d'ouvrages qu'il n'en avait composé en plusieurs années, *lorsqu'elle subsistait*[9].

Après l'expulsion[10] *des rois*, Rome, toujours en guerre[11] avec les peuples qui l'entouraient[12], ne produisit[13] aucun monument remarquable.

Annibal, *après avoir traversé*[14] *l'Èbre, les Pyrénées* et *les Alpes*[15], fondit[16] comme un torrent[17] sur[18] l'Italie.

2° Il répond au nom *de manière*, *de cause*, et remplace les conjonctions *comme*, *si*, *puisque*, *quoique*, *parce que*, etc., et certains substantifs. Ex. : *Si la nature s'y oppose*, le travail est inutile, *reluctante naturâ, irritus est labor*. A la faveur du même

14 Aliquandò. — 15 T. *lorsque ceux-ci invoquaient (au subj.).*
— 16 Sileo, ere, *v. n.* — 17 *De peur que.... ne,* ne, *subj.* —
18 Audio, is, ire, *act.* — 19 T. *vous naviguer.*

20 T. *vers Mallius,* ad, *etc.* — 21 T. *par le participe,* comprehensus, a, um ; Lentulus et alius, a, ud ; princeps, cipis, *etc.*
— 22 *Au génit.* — 23 T. *livra en prison,* in, *acc.*; custodia, æ,
trado, didi, *act.*

---

prépositions. Ex. : Lorsque Cyrus régnait, sous le règne de
Cyrus, *regnante Cyro.* Après la mort d'Alexandre, *Alexandro
mortuo.*

N. B. On ne peut pas placer deux ablatifs de suite, indépendans
l'un de l'autre. Comme : Strabon étant mort frappé de la foudre,
Strabone de cœlo tacto mortuo. Il faut dire : *Quàm Strabo, de
cœlo tactus, mortuus esset.*

NOTES DES EXERCICES.

§ 189. 1 Pythagoras, æ.

2 Rex. — 3 T. *si ce n'est,* nisi, *l'essaim devant s'envoler,* evo-
laturus, a, um, *ne sort pas,* non foras prodeo, is.

4 Proboscis, scidis, *fém.*; truncatus, a, um ; elephantem perire
necesse est.

5 Eversus, a, um. — 6 Scribo, is, psi. — 7 Brevis, is, *abl. sans
prép.* — 8 Plures, plura. — 9 Ea, stans, tis.

10 Expello, puli, pulsum. — 11 *Exercée par des guerres conti-
nuelles,* assiduus, a, um ; exercita bellum, i. — 12 Finitimus,
a, um. — 13 Edo, is, didi, *act.*

14 Trajicio, is, jeci, jectum. — 15 Iberus, i ; Pyrenæi, orum ; Alpes,
ium. — 16 Irruo, is, ui. — 17 Torrentis more. — 18 In, *acc.*

---

nom, *favente eodem nomine.* — L'ablatif absolu répond alors
à la question *de quelle manière? Pour quelle cause? Comment?
Pourquoi?*

EXERCICES.

§ 190. Que les méchans voient la vertu et sèchent[1] *de l'avoir abandonnée*[2].

Les arbres transplantés[3] ne peuvent vivre, *si le climat ne leur est pas favorable*[4], et *si le sol* leur *est contraire*[5].

Les gens de bien sont religieux, même[6] *offrant*[7] *du froment*[8] *et de la farine;* les méchans sont impies, quoiqu'ils[9] aient fait couler des flots de sang sur les autels[10].

Les éclipses ne sont pas visibles[11] partout, quelquefois à cause[12] des nuages, souvent *parce que le globe* de la terre *est placé devant*[13].

César, quoique *retardé par le siége*[14] de Marseille, soumit tout en peu de temps[15].

Antiochus s'inquiétait[16] aussi peu de la guerre, que si[17] *les Romains n'eussent pas dû passer*[18] en[19] Asie.

Les Romains n'osaient abandonner[20] la rive du Rhin, *dans la crainte*[21] (*à cause*) *de*[21] *l'invasion des Germains*.

En examinant[23], chaque jour[24], *votre conscience*, vous vous lèverez le lendemain[25] plus disposé[26] à pratiquer la vertu.

Vous ne trouverez jamais le bonheur *en abandonnant* (*si vous abandonnez*) *la vertu*.

L'Arabe, *à l'aide*[27] *du chameau*, a su[28] franchir et s'approprier[29] les déserts de l'Arabie.

Souvent le riche, *en détruisant*[30] *les autres* par la disette[31], se détruit lui-même par les excès[32].

3° L'ablatif absolu remplace des prépositions telles que *sans*, *malgré*. Alors la préposition *sans* se traduit souvent par la négation suivie du participe. Ex. : Sans délai, *nullâ interpositâ morâ*.

EXERCICES.

§ 191. Les Athéniens, *sans attendre*[1] *de secours*, s'avancent au combat contre la nombreuse armée des Perses.

La nature nous a prêté[2] la vie, *sans en fixer*[3] *le terme*[4]

Ne lisez point l'Énéide[5] de Virgile, *sans avoir lu*[6] (ou *avant d'avoir lu*[6]) *l'Iliade*[7] d'Homère.

NOTES DES EXERCICES.

§ 190. 1 Intabesco, scis, scere. — 2 Relictus, a, um.

3 Translatus, a, um. — 4 Cœlum, i, *n.*; invidens, tis. — 5 Repugnans, tis.

6 Etiam. — 7 Oblatus, a, um. — 8 Far, farris, *n.* — 9 Quàmvis, *subj.* — 10 T. *ensanglanté les autels de beaucoup de sang* cruento, as, avi, *etc.*

11 T. *ne sont pas vues*, cernor, eris, ni. — 12 Propter, *acc.* — 13 Obstans, tis.

14 T. *le siége retardant*, retardans, tis. — 15 Brevi.

16 Securus eram, as; de. — 17 *Aussi peu que si*, T. *comme si*, tanquàm. — 18 Transiturus, a, um. — 19 In, *acc.*

20 Desero, is, ere, *act.* — 21 *Ne se rend pas.* — 22 Irrupturus, a, um.

23 Discussus, a, um. — 24 Quotidiè. — 25 Cras surgo, is, ere, *v. n.* 26 — Promptus, a, um.

27 Famulans, tis. — 28 *Ne se rend pas.* — 29 Suus, a, um; sibi vindico, as, avi, *act.*

30 Enecatus, a, um. — 31 Fames, is, *à l'abl.* — 32 Intemperans, tis; luxuria, æ.

Sans la justice, la société humaine ne pourrait subsister, *sublatâ justitiâ, societas generis humani tollatur necesse est.*

NOTES DES EXERCICES.

§ 191. 1 Non exspectatus, a, um.

2 T. *nous a donné l'usage de*, do, dedi, *act.*; usura, æ. — 3 Nullus, a, um; præstitutus, a, um. — 4 Dies, iei.

5 Æneis, idos, *f.* — 6 Nisi priùs lectus, a, um. — 7 Ilias, adis, *f.*

Thémistocle fit bâtir [8] les murs d'Athènes, *malgré l'opposition* [9] *des Lacédémoniens.*

Grâce [10] *à sa bonne constitution* [11] *et à sa tempérance*, Platon ne fut pas exposé [12] à la peste [13] qui désolait [14] Athènes.

Sous un [15] *bon prince*, le père ne craint pas pour ses enfans [16].

Avec [17] *le genre humain*, Noé conserva [18] les arts.

Conon s'échappa [19] de prison ou *du consentement* ou *à l'insu de Tiribaze* [20], gouverneur de Sardes [21].

Exercices généraux sur les participes.

1º On peut aussi *substituer* au participe certains *substantifs* qui expriment l'action du verbe, et par lesquels on traduit les participes eux-mêmes ou les substantifs de choses qui se traduisent

---

EXERCICES.

§ 192. Scipion, *en détruisant* [1] Carthage, ne put s'empêcher de verser des [2] larmes.

Guidé [3] par la Sagesse, l'homme arrive [4] dans [5] la paisible retraite où le Bonheur a fixé son séjour [6].

Je vous ai choisi *pour* me *seconder* [7].

Mécène [8], *accompagné* d'Horace [9], partit pour Brindes [10].

Xerxès, *par le conseil* de Thémistocle [11], se retira [12] dans [13] son royaume, après la défaite *qu'il essuya* [14] près de Salamine [15].

Au jugement de [16] Quintilien (*selon Quintilien*), Cicéron l'emporte sur Démosthène.

Le juge, *en interprétant* [17] la loi, ne doit pas s'écarter de la justice.

Les leçons de la pauvreté [18] apprennent aux grands hommes [19] à faire plus de cas [20] de la vertu que les richesses.

En suivant les préceptes [21] *de la sagesse*, on peut vivre [22] dans la tranquillité.

Qu'il me serait facile de faire la conquête du monde, disait Pyrrhus, si j'avais [23] les Romains *pour soldats* [24], ou que cette conquête serait facile aux Romains, si les Romains *m'avaient pour roi* [25].

8 Fit *ne se rend pas.* Exstruo, is , uxi, *act.* — 9 Obstans, tis, *on peut ajouter* licèt, *quoique.*

10 Obsecundans, tis... — 11 Firma corporis habitudo, dinis. — 12 Minimè obnoxius. — 13 Pestilentia , æ. — 14 Depopulor , ari, *acc.*

15 Regnans, tis. — 16 Liberi, orum, *dat., sans exprimer* pour.

17 Servatus, a, um. — 18 Servo, as, avi, *act.*

19 Effugio, effugi, *v. n.* — 20 Vel sciens, tis; vel imprudens, tis ; Tiribazus, i. — 21 Qui Sardes , dium ; præeram , as.

---

ordinairement par ces participes, comme *dux , comes, adjutor* et *adjutrix, auctor, testis ,judex , interpres, magister, magistra, præceptor, præceptrix.* Ex. : Guidé par la nature, *naturâ duce,* pour *naturâ ducente.*

NOTES DES EXERCICES.

§ 192. 1 T. *destructeur de,* eversor, is, *m.* — 2 T. *ne put s'abstenir des,* tempero, are; à.

3 Dux, cis. — 4 Pervenio, is. — 5 In, *acc.* — 6 Sedem pono, is; suî.

7 *Aide,* adjutor, is, *à moi.* Adjutor, *au lieu de* adjuturus, a, um.

8 Mæcenas. — 9 T. *Horace compagnon,* comes, itis. — 10 Brundusium, ii, *acc., sans prép.*

11 T. *Thémistocle (étant) l'auteur,* auctor, is, *au lieu de* suadens, tis. — 12 Recipio, is, cepi, *act.* — 13 In, *acc.* — 14 T. *la défaite reçue.* — 15 Apud Salamina, æ.

16 Judex , dicis , *pour* judicans.

17 Interpres, tis.

18 T. *la pauvreté (étant) maitresse,* magistra, æ, *au lieu de* docens, tis. — 19 T. *les grands hommes apprennent,* disco, is. — 20 Pluris facio, is, ere, *act.*

21 Præceptrix, icis. — 22 T. *il peut être vécu,* vivi, *inf. pass. (Ex. de Cicéron.)*

23 Quàm facile esset orbis imperium occupare, aut mihi. — 24 T. *les Romains (étant) soldats,* miles, itis. — 25 T. *ou aux Romains, moi (étant) roi. (Que cette conquête,* etc., *ne se rend pas.)*

Suivant le témoignage[26] de Tacite, aucune nation n'était plus hospitalière[27] que les Germains.

2° Les noms de dignité, comme *consul*, *prætor*, *imperator*, *rex*, tiennent aussi la place des participes, dans les déterminations

---

EXERCICES.

§ 193. Sous le *règne* de Romulus.
Sous le *consulat* de Livius et de Néron.
Sous la *censure* de Caton.
Sous *l'empire* de Nerva.
Sous la *préture* de Marcellus, etc., etc.

3° Les adjectifs peuvent aussi se mettre à l'ablatif. en sous-en-

---

EXERCICES.

§ 194. Il a fait cela *malgré moi*[1].
Il est parti à *votre insu*[2].
Pendant un hiver rigoureux[3].
Si Dieu nous *est propice*[4], nous n'avons rien à craindre[5].

Les Romains, *du vivant*[6] *d'Annibal*, craignaient toujours des embûches, *etc.*

4° En latin, on emploie aussi le verbe *avoir* avec le *participe passé passif*, surtout dans les expressions qui signifient *savoir* et

---

EXERCICES.

§ 195. Les méchans *ne connaissent* l'amitié ni par l'usage ni par la raison.
Un père sage *connaît* tous les sentimens de son fils.
L'impie semble *avoir*[1] *déclaré*[2] la guerre aux dieux.

26 Testis.—27 Indulgeo, es; hospitiis.

---

de temps. Ex. : Cicéron étant consul, sous le consulat de Cicéron, *Cicerone consule.*

NOTES DES EXERCICES.

---

tendant le participe (*étant*), qui manque au verbe *esse*. Ex. : Par un ciel serein (le ciel *étant* serein), *sereno cœlo.*

NOTES DES EXERCICES.

§ 194. 1 Ego, meî; invitus, a um

2 Tu : tuî, inscius, a, um.

3 Asper, a, um.

4 Propitius, a, um.— 5 T. *rien est devant être craint à nous...* metuendum est.

6 Vivus, a, um.

---

déterminer. Ex. : Je connais, *cognitum habeo.* Cette expression est plus forte que le parfait actif *cognovi.*

NOTES DES EXERCICES.

---

§ 195. 1 Quasi habeo.— 2 Indictus, a, um.

J'ai (*entièrement*) *achevé*[3] (*j'ai mis la dernière main à*) l'ouvrage que j'avais commencé.

Le peuple[4] *tint*[5] le sénat *enfermé* dans la salle d'assemblée[6].

Je connais parfaitement[7] les vertus de ce grand homme. *Nous avons résolu*[8] (*de faire*[9]) cela.

Pyrrhus *connaissait bien*[10] la loyauté[11] de Fabricius.

5° Le participe se construit avec un substantif pour remplacer les prépositions qui expriment le temps, comme *tandis que, lorsque, pendant que*, etc. Cet homme se présenta au roi, tandis qu'il se promenait, *regem fortè inambulantem homo adiit.*

N. B. La préposition *sans*, suivie d'un verbe à l'infinitif, se

---

EXERCICES.

§ 196. Je trouvai vos lettres *lorsque je fus de retour*[1] chez moi[2].

César ne conduisit jamais son armée par des chemins dangereux, *sans avoir examiné*[3] les lieux.

La vieillesse qui poursuit les jeunes gens dans leur course[4] ne les atteint-elle pas *sans qu'ils s'y attendent*[5]?

Lorsque Philippe assiégeait Méthone[6], une flèche lancée des[7] murs de la ville, contre[8] *lui, au moment où il passait*[9], lui creva[10] l'œil droit.

Lorsque César *eut pris place*, les conjurés l'entourèrent[11] comme pour lui faire leur cour[12].

Les participes servent aussi à remplacer certains substantifs qui manquent en latin, ou du moins qui sont peu usités, ceux, par exemple, qui signifient, *prendre, bâtir, écrire, entendre, lire, résoudre*, etc., etc., etc. (*prise, construction, composition, audition, lecture, résolution*), et certains temps des verbes.

EXERCICES.

§ 197. *La perte*[1] de la Sicile et de la Sardaigne[2] inquiétait[3] Annibal.

3 Absolutus, a, um.

4 **Plebs, bis,** *f.* —5 Habeo, es, ui.—6 T. *dans la curie*, curia, æ.

7 **Habeo exploratus, a, um.**

8 **Deliberatus, a, um,** *ou* statutus, constitutus. — 9 *Ne se rend pas.*

10 **Perspectus, a, um.**—11 Fides, ei, *f.*

---

traduit souvent par la négation suivie d'un participe. Voir l'abl. absolu.

Cette construction a lieu avec les participes en *us* des verbes déponens.

NOTES DES EXERCICES.

§ 196. 1 **T.** *étant de retour*, reversus, a, um.—2 **Domum.**

3 **Nisi perspeculatus,** *dép.*, *acc.*

4 **T.** *dans la course de la vie.* — 5 **T.** *n'y songeant pas*, inopinans, tis.

6 Methona, æ. —7 De.—8 In, *acc.*—9 **T.** *sur le passant*, præteriens, euntis. — 10 Effodio, is, fodi, *acc.*

11 **T.** *César étant assis*, assidens, tis; conjurati; circumsto, steti. — 12 **T.** *par l'apparence du devoir*, species, ei, *abl.*; officium, ii.

Ex. : *La lecture* de ces lettres causa une grande affliction, *hæ litteræ recitatæ magnum luctum fecerunt.* Chacun ambitionnait l'honneur *de tuer* le général ennemi, *sibi quisque cæsi hostium ducis expetebat decus.*

NOTES DES EXERCICES.

§ 197. 1 **Amissus, a, um.**—2 Sicilia et Sardinia.—3 Ango, is, gere, *act.*

Il fut glorieux pour [4] Lentulus *d'avoir bien supporté* [5] *la pauvreté.*

Régulus, ayant été pris par les Carthaginois, fut envoyé à Rome [6] pour traiter [7] de [8] *l'échange* [9] *des captifs.*

La conscience *du bon emploi* [10] *de la vie*, et le souvenir [11] d'un grand nombre de *bonnes actions* [12], sont pleins de charmes [13].

La *conquête de l'Afrique* [14] fit donner à Scipion [15] le surnom d'Africain.

Avant *la naissance* [16] *d'Épaminondas*, et après sa mort, les Thébains furent toujours soumis [17] à un pouvoir étranger [18].

L'an 400 de *la fondation* de Rome [19].

Sous *le règne* de Cyrus [20].

Après l'*audition* [21] des témoins, le juge prononcera la sentence.

Ayant pris la résolution de se donner la mort, Cléopâtre présenta son sein à [22] des aspics.

Qui n'a pas *entendu parler* des [23] veilles de Démosthène?

Tarquin l'Ancien [24] s'est immortalisé [25] par la *construction* [26] d'un conduit [27] souterrain [28] dont on voit [29] encore les restes.

Une affreuse [30] tempête assaillit [31] Annibal *au passage* [32] de l'Apennin.

Mnesthée conduisit cinquante vaisseaux *au siége* [33] de Troie.

Après la *destruction* [34] de Carthage et la *conquête* [35] de l'Asie, le luxe s'introduisit dans [36] Rome.

On se sert du participe futur actif pour exprimer *le but d'une action*, et pour traduire l'*infinitif* précédé de *afin de*, *pour*. Ex. : Il se leva pour répondre, *surrexit responsurus.* — Ce participe remplace aussi les conjonctions *comme*, *quand*, *parce que*, *quoique*. Ex. : Il nous ordonna de nous retirer, quoique nous voulus-

---

EXERCICES.

§ 198. Tous les animaux qui [1] sont *destinés à mener* [2] une vie solitaire [3] sont armés par la nature.

Annibal abandonna l'Italie *pour aller défendre* sa patrie.

4 T. *fut à gloire à*, gloria, æ. — 5 Benè toleratus, a, um.

6 *Acc. sans prép.* — 7 *Ne se rend pas.* — 8 De. — 9 Commutandus, a, um.

10 Benè actus, a, um. — 11 Recordatio, nis, *f.* — 12 Multus, a, um ; benè facta, orum. — 13 Jucundissimus, a, um.

14 T. *l'Afrique étant soumise*, subactus, a, um, *abl. abs.* — 15 T. *Scipion s'acquit*, pario, peperi, *act.*

16 Natus, a, um. — 17 Parco, es, ui, *v. n.* — 18 Imperium alienum, i.

19 Annus quadringentesimus, *à l'abl.*, ab urbs, bis ; conditus, a.

20 Cyrus, i ; regnans, tis.

21 Auditus, a, um.

22 Deliberatus, a ; mors, tis, *fém.*, *Cléopâtre approcha à son sein*, admoveo, es, vi ; gremium, ii.

23 T. *à qui n'ont pas été entendues les*, etc.

24 Priscus. — 25 Nomen suum immortalitati commendo, as, avi. — 26 Effossus, a, um. — 27 Iter, itineris, *n.* — 28 Sub terrâ. — 29 T. *dont existent*, exsto, as.

30 Atrox. — 31 Adorior, ortus, a, sum. — 32 Transiens, euntis, *à l'acc.*

33 Obsidendus, a, um.

34 Eversus, a, um. — 35 Subactus, a, um. — 36 Invado, vasi, *acc.*

———

sions en dire davantage. (*Ou* nous voulions en dire, mais, etc. *Plura locuturos abire nos jussit.* (Le génitif pluriel de ce participe est peu usité.) On a déjà vu l'application de cette règle dans les exercices précédens.

NOTES DES EXERCICES.

198. 1 Animalia quæcumque. — 2 Acturus, a, um. — 3 Segrex, gregis.

Les Gaulois *allaient s'emparer*[4] du Capitole, lorsque Manlius *les* précipita[5] du haut[6] du rocher.

Il s'élance *pourchercher la mort* au milieu des ennemis[7].

Platon voyant[8] les Agrigentins faire des repas somptueux[9] et bâtir à grands frais[10] : Les Agrigentins, dit-il, soupent comme *s'ils devaient souper*[11] pour la dernière fois[12], et bâtissent comme *s'ils devaient vivre* toujours.

Alexandre se rendit[13] au temple de Jupiter Ammon[14], *pour* s'enquérir[15] de son origine.

EXERCICES GÉNÉRAUX
SUR TOUTES LES CONSTRUCTIONS DU PARTICIPE.

On se rappellera que le participe s'emploie souvent pour traduire *des infinitifs*, *des prépositions*, *des conjonctions*, *des substantifs*, etc., etc., etc.

§ 199. Les jeunes gens bien nés[1] ne s'irritent point *quand on les reprend*[2], et se réjouissent *quand on les loue*[3] (ou les *réprimandes* n'irritent point les jeune gens..., *les éloges* leur font plaisir).

La nuit les surprit *au milieu de* ces réflexions[4].

Qu'arrive-t-il à ceux *qui passent*[5] leur vie à voyager[6]?
Ils ont beaucoup d'hôtes[7], mais point d'amis[8].

Les vues[9] du souverain arbitre du monde échappent *à nos recherches*[10].

En considérant (*à considérer*)[11] l'équité de la divine Providence *dans la distribution* des biens et des maux[12], on reconnaîtra que la vertu seule possède[13] les vrais biens.

Le pauvre, *sous* ses haillons[14], est souvent plus heureux que le riche *sous* ses habits de pourpre[15].

Ce qui frappait de terreur l'imagination de Louis XI, c'était la pensée de la mort[16].

Quel changement l'*invention de* l'imprimerie a produit dans nos mœurs[17] !

Ceux qui *sont tentés* par leur témérité de faire des entreprises au-dessus de leurs forces[18] doivent s'attendre au triste sort d'Icare[19].

4 Potior, tiris, titurus.—5 Dejicio, jeci, *act.*—6 Summus, a, um,

7 Moriturus, a, um; densus, a, um; inter hostis, is, *m.*

8 Quùm viderem, es.—9 T. *souper à grands frais*, magnis impensis cœno, as, are.—10 Nec minoribus ædifico, as, are.—11 Quasi cœnaturus, a, um.—12 Ultimùm. Pour *ne se rend pas.*

13 Confero, contuli.—14 Ad Jupiter, Jovis; Hammo, nis. Temple *ne se rend pas.*—15 Consulo, is, ui, sultum.

NOTES DES EXERCICES.

§ 199. 1 Ingenuus, a, um.—2 T. *corrigés*, emendatus, a, um, *ne s'irritent point.*—3 Laudatus, a, um.

4 T. *à eux roulant ces pensées la nuit survint*, hic, hæc; cogitatio, nis, *f.;* volvens, tis, *act.;* nox supervenio, is.

5 Agens, tis.—6 T. *dans le voyage*, in, *abl.;* peregrinatio, nis.

7 T. *par le nom de chose*, hospitium, ii.—8 T. *nulles amitiés*, amicitiæ, arum.

9 Consilium, ii.—10 T. *trompent nous recherchans*, nos investigans, tis; fallo, is, *act.*

11 T. *à quiconque considérant*, quilibet, cujuslibet; intuens, tis, *act.*—12 T. *dans les... devant être distribués*, distribuo, is.—13 T. *il sera patent*, pateo, ere, *v. neut., la vertu seule, à l'acc., jouir.*

14 T. *couvert de haillons*, pannus, i; obsitus, a, um.—15 T. *revêtu de pourpre*, purpura, æ; indutus.

16 T. *il fut effrayé l'esprit de Louis XIe pensant à la mort*, perterritus, a; fui; mens, *fém...;* de mors, tis; cogitans, antis.

17 T. *quel grand*, quantus, a, *changement dans nos mœurs a été fait*, fio, factus, a; sum, *l'imprimerie*, ars typographica, *étant inventée.*

18 T. *ceux qui, poussés*, instinctus, a, *par la témérité, remuent des choses plus grandes que leurs forces*, majora vires, virium; molior, iris.—19 T. *la même perte qu'éprouva Icare les attend*, hos maneo, es; idem quod Icarus perfero, pertuli; exitium, ii.

De quelle[20] terreur furent frappés[21] les Perses, *lorsqu'ils virent*[22] que tant de milliers des leurs étaient tombés sous les coups[23] des Lacédémoniens.

§ 200. De nos jours[1], on met moins de temps[2] *pour aller*[3] en[4] Amérique, qu'on n'en mettait autrefois *pour traverser*[5] la France; trente jours suffisent[6] maintenant *pour franchir*[7] cette immense étendue de mer[8].

Le voyageur est frappé d'étonnement[9] *à la vue*[10] des pyramides d'Égypte.

Aristide ne porta point envie à Thémistocle *dans son élévation*[11] et ne triompha[12] point *de sa disgrâce*[13].

Aimez[14] *qui vous aime*[15], souriez *à qui vous sourit*[16].

Ceux que nous avons méprisés nous rendent ordinairement la pareille[17].

Quand on est pressé[18], le moindre[19] retard paraît[20] long[21].

La bouillante[22] jeunesse *a besoin qu'on la dirige*[23].

Le roi Agésilas[24] se contentait[25] d'un simple[26] manteau, pour faire rougir les Lacédémoniens *de porter* des habits magnifiques[27].

Les maladies augmentent[28] *avec*[29] l'âge.

En faisant le parallèle de Philippe et d'Alexandre[30], il semble que l'un[31] soit fait pour[32] fonder[33] une monarchie, l'autre[34] pour *l'accroître*[35].

N. B. On trouvera ci-après, dans le chapitre des idiotismes, de nouveaux exercices sur la construction du participe.

Quùm Cicero esset consul. — Mus quùm elephanto fuisset obvius.

Lorsque le participe manque en latin, on tourne la phrase par lorsque, puisque, après que, *quùm*, *postquàm*, de cette manière : Cicéron étant consul, *quùm Cicero esset consul*, ou *Cicerone*

EXERCICES.

§ 201. Alexandre, *ayant vaincu* Darius, voulut faire la conquête des Indes.

Marius, *ayant marché à la rencontre*[1] des Cimbres et des Teutons[2], les tailla en pièces[3].

20 Quantus, a, um. — 21 Perculsus, a, um. — 22 Cernens, tis.
—23 T. *tant de milliers*, tot millia, *des siens*, suus, sua, *tués
par*, cæsus, a, um; à.

§ 200. 1 Hâc nostrâ ætate. — 2 Arctiora sunt itineris tempora. —
3 T. *à ceux allant*, iens, euntis. (Ceux *ne se rend pas*.) — 4 In,
acc. — 5 T. *qu'à (ceux) traversant*, permeans, tis, acc. —
6 Satis sum. — 7 Trajiciens, tis, *v. act.* — 8 Maris tractus, ûs,
au plur.

9 Stupeo, es, ere, *v. neut.* — 10 Intuens, tis, *act.*

11 Opibus florens, tis. — 12 Exsulto, as, avi. — 13 Is dejectus,
abl. abs.

14 Redamo, as, are, *act.* — 15 Amans, tis. — 16 Arridens, tis.

17 T. *l' pareille*, par gratia, *a coutume d'être rendué par (les)
méprisés*, despectus, a; soleo, es; refero, ferre.

18 Properans, tis. — 19 Vel minimus, a, um. — 20 Sum, es. —
21 Longior.

22 Fervidus, a, um. — 23 Regendus, a; sum, es.

24 Agesilaus. — 25 Satis habeo, es, *act.* — 26 Unus, a, um. — 27
*Afin que les Lacédémoniens rougissent, s'habillant magnifi-
quement*, magnificè se vestiens, tis.

28 Ingravesco, is, cere. — 29 Ingravescens, tis.

30 T. *à quiconque comparant Philippe avec Alexandre*, quilibet, cujuslibet; conferens, tis, etc. — 31 Ille quidem videtur. —
32 Ità naturâ comparatus ut, *subj.* — 33 Constituo, is, ere, *act.*
34 Hic verò. — 35 Ut conditus, a; amplifico, as, are, *act.*

consule. Un rat ayant rencontré un éléphant, *mus quùm elephanto fuisset obvius.*

Étant favorisé de Dieu, il vint à bout de son entreprise, *quùm
Deus ei favisset*, ou *Deo favente, consilium perfecit suum.* —
Ayant été poursuivi des voleurs, il s'échappa, *quùm latrones eum
persecuti essent, evasit.*

NOTES DES EXERCICES.

§ 201. 1 Occurro, rri, *v. n., dat.* — 2 Cimbri, Teutones, uin. —
3 Profligo, gavi, *act.*

Le Scythe Anacharsis, *étant venu* en Grèce, se fit admirer[4] de tous les philosophes.

Eurybiade *ayant levé*[5] son bâton sur[6] Thémistocle, qui était d'un avis contraire au sien[7] : Frappe[8], lui dit Thémistocle, mais écoute.

Le bruit *s'étant répandu*[9] qu'Artaxerxès équipait[10] une flotte et rassemblait des troupes de terre[11] contre la Grèce[12], Agésilas partit pour[13] l'Asie avec une armée.

Le participe passé en *us* des verbes déponens s'emploie pour traduire le *participe passé* français, et souvent même le *participe présent*, comme : ayant éprouvé ou éprouvant, *expertus;* ayant acquis, *adeptus;* et dans les verbes qui gouvernent l'accu-

---

EXERCICES.

§ 202. *Ayant dit* ces paroles[1], il s'éloigna.

Ayant porté partout ses armes victorieuses[2], César revint à Rome[3], et usa de clémence envers ses ennemis vaincus.

Auguste, *devenu maître*[4] de l'empire, régna[5] avec justice.

Lorsque, *après avoir soutenu* un combat opiniâtre et violent, le lion se sent affaibli[6], il ne[7] fuit point; mais il continue de se battre en retraite[8].

Vaincu à la bataille de Pharsale[9], Pompée fut obligé de prendre la fuite, *déguisé* en paysan[10].

Après avoir essuyé[11] des refus humilians[12], Marius entra, pour ainsi dire, de force[13] dans le sénat[14].

Coriolan, *ayant ravagé*[15] le territoire de Rome[16], vint camper[17] non loin de[18] la ville.

César, *ayant atteint*[19] les Helvétiens[20] *au passage*[21] du Rhône[22], *les* tailla en pièces.

Quelques verbes ont, sous la forme passive, un participe passé avec le sens actif : ce sont *jurare, cœnare, prandere,* qui donnent *juratus,* ayant juré, *cœnatus,* ayant soupé, *pransus,* ayant dîné; ainsi que *fisus, confisus* (*confido*), s'étant fié, *perosus* (*odisse*),

4 Admirationem moveo, es, vi.

5 Tollo, is, sustuli, *act.* — 6 In, *acc.* — 7 Sua, æ; sententia, æ; adversans, tis, *avec le dat.* — 8 Percutio, is, ere.

9 Fama exeo, exii, *v. n.* — 10 T. *Artaxerxès, à l'acc., équiper*, comparo, are, *act.* — 11 Pedestris exercitus, ûs, *m.* — 12 T. *qu'il envoyât en Grèce.* — 13 In, *acc.*

---

satif, ce participe a la signification active. Ex. : Ayant imité son frère, *imitatus fratrem.*

Il est élégant de se servir de ce participe pour éviter les périphrases avec *quùm, postquàm*, etc. Ex. : Ayant obtenu la victoire, *adeptus victoriam*, au lieu de *quùm adeptus fuisset, obtinuisset.*

NOTES DES EXERCICES.

§ 202. 1 Hæc (*s.-ent.* verba) præfatus.

2 T. *ayant mesuré tout par la victoire*, omnia emetior, iris, emensus... — 3 *Rome, acc., sans prép.*

4 Potior, iris. — 5 Impero, as, avi.

6 T. *lorsque les forces abandonnent le lion ayant soutenu*, etc., acerrimus, a, um; et vehementissimus, a, um; prælium, ii; defunctus, a, um; quùm vires leo, nis; deficio, is, *acc.* — 7 Nondùm. — 8 Sed ità se recipio, is; ut à pugnandi, o; non desistam, as.

9 Pharsalicus, a, um, *abl.* — 10 Rustici hominis cultus, ûs; mentitus, a, um, *régit l'acc.*

11 Patior, eris, passus. — 12 Turpis, is, repulsa, æ. — 13 Quasi irrumpo, upi. — 14 In, *acc.* curia, æ.

15 Populor, aris, atus, *acc.* — 16 Ager romanus. — 17 Castra pono, is, posui. — 18 Non procul ab

19 Consequor, eris, quutus, *act.* — 20 Helvetii, orum. — 21 Transiens, euntis, *act.* — 22 Rhodanus, i.

---

ayant haï, *pertæsus (tædet)*, fatigué, ennuyé de, *ausus (audeo)*, ayant osé, *gavisus (gaudeo)*, s'étant réjoui, *solitus (soleo)*, ayant coutume.

EXERCICES,

§ 203. Régulus *ayant juré* de retourner [1] à Carthage [2], fut fidèle à [3] son serment.

Ayant soupé, dîné, il se retira.

S'étant fié à un traître, Dion fut tué.

Socrate, *haïssant* le vice, ne s'écartait jamais de la vertu.

Fatigué de la guerre, le peuple désire la paix.

Varron *ayant osé* livrer bataille à Annibal, fut vaincu.

Épaminondas *ayant coutume de* paraître [4] en public avec un visage joyeux [5], avait l'air triste [6] le lendemain de la victoire de Leuctres [7], parce qu'il craignait d'avoir eu des sentimens d'orgueil [8].

Voir, dans la 3e partie, les gallicismes, les idiotismes et les changemens de tournure.

NOM DE MATIÈRE.

Vas ex auro.

Le nom qui exprime la matière dont une chose est faite se met à l'ablatif avec *è* ou *ex.* —Un vase d'or, *vas ex auro.* —

EXERCICES ÉLÉMENTAIRES.

§ 204. Les anciens portaient [1] des boucliers et des casques *d'airain.*

La chambre à coucher [2] des rois de Perse était ornée d'une vigne *d'or.*

Les grappes de cette vigne étaient *de pierres précieuses.*

Sémiramis entoura Babylone de murs *de briques.*

Avant la conquête de l'Asie et la destruction de Carthage, les Romains ne se servaient point de vases *d'or* ni *d'argent.*

Les historiens ne s'accordent [3] pas *sur la matière dont* [4] était faite [5] la statue [6] de Diane, dans le temple d'Ephèse [7].

Les uns [8] disent qu'elle était faite *d'un cep de vigne* [9], d'autres [8] qu'elle était *d'ébène*, d'autres [8] qu'elle était *de cèdre.*

Les vases et les statues *d'airain de Corinthe* étaient très-estimés [10].

NOTES DES EXERCICES,

§ 203. 1 *Soi*, acc., *devoir retourner.* — 2 *A l'acc., sans prep.*
— 3 Conservo, as, *acc.*

4 Prodire in, *acc.* — 5 *A l'abl. sans rendre avec.* — 6 Tristior
visus est. — 7 Postridiè hujus diei quo feliciter pugnaverat apud
Leuctra, orum. — 8 T. *qu'il n'eût été*, ne fuissem, es, *d'un
esprit trop élevé*, animus, i; elatior, is.

Une statue d'airain, *signum ex ære.* — On peut aussi, du nom
de matière, faire un adjectif qui doit s'accorder avec le nom.
Ex. : Un vase d'or, *vas aureum;* une statue d'airain, *signum
æneum.*

NOTES DES EXERCICES.

§ 204. 1 Gero, is, ere, *act.*

2 Cubiculum, i, *n.*

3 Non convenit inter... — 4 T. *de quelle matière*, quinam, ænam;
ex materia, æ, *f.* — 5 Conficio, feci, fectum, *au subj.* — 6 Si-
mulacrum, i, *n.* — 7 T. *dédié à la Déesse chez les Éphésiens*,
apud Ephesios Deæ dicatus, a, um.

8 Alius, a, ud. — 9 T. *être faite*, fabricatus, a, um; fuisse;
una stirps, stirpis; vitis, is.

10 Magnus, a, um; in pretium, ii, sum.

Le parchemin se fait[11] *avec de la peau d'âne.*

Les castors[12] établissent[13], pour fondement de leurs édifices, une chaussée[14] *de bois et d'argile*, large de douze pieds[15].

Avec la peau du renne[16], les Lapons[17] se font des habits, des tentes, des lits et d'autres choses de ce genre[18].

Les dieux semblaient être plus propices lorsque leurs statues *étaient d'argile* et non[19] *d'or.*

Les statues des dieux, *en bois et en argile*, furent consacrées[20] à Rome[21], dans les temples, jusqu'à la conquête[22] de l'Asie.

Nous sommes composés[23] *d'un corps et d'une âme* : l'âme doit commander, le corps doit obéir.

NOMS DE MESURE, DE DISTANCE ET D'ESPACE.

Velum longum tres ulnas ou *tribus ulnis.*

Le nom qui marque la mesure ou la distance se met à l'accusatif ou à l'ablatif, sans préposition; mais mieux *à l'accusatif.* Ex. : Un voile long de trois aunes, *velum longum tres ulnas*

EXERCICES.

(Voir les notes de la Grammaire, § 358 et 359.)

§ 205. Les murs de Babylone avaient *deux cents*[1] pieds de haut et *cinquante*[2] de large (ou étaient hauts *de deux cents pieds* et larges *de cinquante*, ou avaient *deux cents pieds* de hauteur et *cinquante* de largeur).

Les tours étaient de *dix*[3] *pieds plus élevées* que les murs.

La plus haute des pyramides d'Égypte a *deux mille six cent quarante pieds* de circuit, et *cinq cents pieds de haut*[4].

La fameuse mine de Potosi[5], dans le Pérou[6], a plus de *deux cent cinquante toises (quinze cents pieds)* de profondeur[7].

11 Charta pergamena conficio , *act.*

12 Fiber, bri , *m.* — 13 Pono, is, *act.* — 14 Agger, is, *m.* — 15 *A l'acc.* ou *à l'abl.*

16 Tarandus, i, *m.* — 17 Lappo, nis. — 18 Id genus (secundùm *s.-ent.*).

19 Non verò.

20 Dico, as, are. — 21 *Au gén.* — 22 Devictus, a, um.

23 Consto, as, are, *v. n.*, *avec l'abl. avec ou sans prép.*

(*ad*) ou *tribus ulnis* (*ex*). — Il est éloigné de vingt pas, *abest* ou *distat viginti passus* ou *viginti passibus*.

Duobus digitis major me non es.

Si le nom de mesure est précédé d'un comparatif, il se met toujours à l'ablatif. Ex. : Vous n'êtes pas plus grand que moi de deux doigts, *duobus digitis major me non es.*

NOTES DES EXERCICES.

§ 205. 1 Ducenti, æ, a. — 2 Quinquaginta, *ind.*

3 Deni, orum.

4 *L'embrasse par le circuit,* amplector, ti; ambitus, ûs; duo millia sexcenti, æ, a, et quadraginta... *et est haute de* 500 *pieds,* quingenti, æ, a.

5 Celeberrimus, a; ille, illa, Potosi fodina. — 6 Apud Peruviani, orum. — 7 T. *est profonde de,* altus, a, *ou* effossa est in altitudinem ducenti, æ; quinquaginta sexpeda, æ (mille quingenti, æ, pedes, um) et ampliùs.

Il y a des[8] arbres au Sénégal[9] dont le tronc a plus de *quatre-vingts pieds* de circonférence[10], et dont les fleurs ont *une demi-toise (trois pieds)* de pourtour[11].

La fameuse muraille bâtie par les Chinois a *quatre cents*[12] lieues de long, et *quatre-vingts pieds* de largeur.

Un des plus célèbres édifices de la Chine[13] est la tour de porcelaine[14], haute de *deux cent quatre-vingts*[15] *pieds*, et au sommet[16] de laquelle on arrive par un escalier[17] qui a *quatre cents*[18] marches[19].

La longueur de l'Asie est de *douze cent cinquante mille pas*, et sa largeur de *six cent quarante mille*[20].

Ancus Martius bâtit la ville d'Ostie[21] à *seize milles*[22] de[23] la ville de Rome.

Les Siciliens[24] allongeaient[25] quelquefois le mois *d'un jour ou de deux*[26].

Pompée était plus âgé[27] *de deux ans*[28] que Cicéron.

Il ne faut pas s'éloigner[29] de l'*épaisseur d'un ongle*[30] de ce que dicte une bonne[31] conscience.

Zama était[32] *à cinq journées de marche*[33] de Carthage[34].

Il y avait[35] dans la plus grande des pyramides un puits *de quatre-vingt-six coudées*[36].

L'expression de la mesure, de la quantité dont une chose est

EXERCICES.

§ 206. Londres[1] est *beaucoup*[2] plus grand que Paris.

Un homme est d'*autant*[3] plus heureux *qu'*[4]il a moins[5] de désirs.

Le fléau est devenu[6] *encore*[7] plus terrible[8].

Ce chemin est *un peu*[9] plus court que l'autre[10].

Combien[11] le sage est plus heureux que le riche !

L'Europe est *moitié*[12] moins grande que l'Asie.

Cette tour est *deux fois*[13] plus haute que les murs.

8 Quædam sunt. — 9 In Senegali. — 10 T. *dont le tronc rassem-*
ble, colligo, is, 80 *pieds et plus*, octoginta pedes, um ; et ampliùs, *par la circonférence*, orbis, is, *à l'abl. sans prép.* —
11 T. *mais dont*, quarum verò, *les fleurs (rassemblent s.-ent.)*
une demi-toise, dimidia sexpeda, æ (*s.-ent. par la circonfé-*
rence).

12 Quadringenti, æ, a.

13 Apud Sinæ, arum. — 14 Porcellanus, a, um. — 15 Ducenti, æ ;
octoginta. — 16 Culmen. — 17 T. *conduit un....* gradatio, nis, *f.*
— 18 *De quatre cents*, quadringenti, æ. — 19 Gradus, ûs,
masc., au gén. ou à l'abl.

20 T. *l'Asie s'étend*, pateo, es, *en longueur douze cent cinquante*
milliers de pas, in longitudo, inis, *acc.;* mille ducenti, æ, a ;
quinquaginta millia passus, ûs *; et en largeur six cent quarante*
mille, sexcenti, æ, a ; quadraginta millia.

21 Ostia, æ, *f.* — 22 Sextus decimus, a, um ; milliarum, ii, *n.* —
23 Ab.

24 Siculus, a, um. — 25 T. *faisaient plus long*, facio, is, longus,
ior. — 26 Biduum, ui, *à l'abl.*

27 Major. — 28 Biennium, ii.

29 Discedo, is, dere, *v. n.* — 30 Transversus, a, um ; unguis, uis,
m. — 31 Ab eo quod præcipio, is ; rectus, a, um.

32 Absum, abesse. — 33 Quinque dierum iter, itineris. — 34 A Carthago, ginis, *f.*

35 Eram, as. — 36 Octoginta sex cubita, orum, *pl. n. au gén.*

---

plus grande ou plus petite qu'une autre, se met aussi à l'ablatif
(Gramm., § 359.)

NOTES DES EXERCICES.

§ 206. 1 Londinum, i, *n.* — 2 Multò.

3 Eò. — 4 Quò.

5 Pauciores.

6 Sævit. — 7 Aliquantò. — 8 Atrox, cis.

9 Paulò. — 10 Alter, a, um.

11 Quantò.

12 Dimidium, ii.

13 Duplum, i.

Cette plaine est *un tiers*, *un quart*[14] moins grande que la forêt.

Cecidit decimo abhinc passu, ou *ad decimum abhinc passum, decimo passu ab urbe*.

Le lieu précis où une chose est arrivée se met à l'ablatif sans préposition, plus rarement à l'accusatif avec *ad* (excepté avec *lapis*,

---

EXERCICES ÉLÉMENTAIRES.

§ 207. La bataille s'est livrée[1] *à deux lieues* de la ville.

Il a été tué *à vingt pas* de la forêt.

Annibal campa[2] *à trois milles*[3] de Rome.

Il a rencontré[4] son père *à quatre lieues* d'ici.

Les chasseurs se sont réunis[5] *à cinquante pas* de votre maison.

NOM D'INSTRUMENT, DE CAUSE, DE MANIÈRE, DE PARTIE.

Ferire gladio. — Fame interiit. — Vincis formâ, vincis magnitudine. — Teneo lupum auribus.

Le nom de l'instrument dont on se sert pour faire quelque chose, la cause pourquoi elle se fait, la manière dont elle se fait, et le nom

---

EXERCICES.

§ 208. Brutus, meurtrier de César, se[1] perça[2] *de son épée*.

Les conjurés entrèrent dans le sénat *avec*[3] *des poignards*.

Une mère mourut[4] *de joie*, à[5] la vue[6] de son fils qui revenit sain et sauf[7] de la bataille de Cannes[8].

Lorsque les éléphans sont pris, on les dompte[9] *par la faim*.

Le hibou se distingue[10] des autres oiseaux de nuit *par une tête énorme*[11], *de larges*[12] *oreilles*, *un bec court*, *noir et recourbé*.

Les lièvres dorment *les yeux ouverts*[13].

14 Tertia pars, tis, *ou* triens, tis, *etc.*, *ou* quartus, a; pars, *ou*
quadrans, tis, *etc.*

---

borne), et l'on se sert du nombre ordinal, *primus, secundus, ter-*
tius. Ex.: Il est tombé à dix pas d'ici, *cecidit abhinc decimo*
passu, à la dixième borne, au dixième mille de Rome, **ad deci-**
mum à Roma lapidem.

NOTES DES EXERCICES.

§ 207. 1 Committo, is, si, ssum, *v. a.*

2 Castra pono, sui, *act.* — 3 T. *à la troisième borne*, lapis,
pidis, *masc.*

4 Occurro, is, *dat.*

5 Convenio, is, veni.

---

de la partie, se mettent à l'ablatif sans préposition. Ex.: Frapper
de l'épée, *ou* avec l'épée, *ferire gladio (cum).* Il mourut de faim,
fame interiit (præ). Vous l'emportez en beauté, en grandeur,
vincis formâ, vincis magnitudine. Je tiens le loup par les oreilles,
tenco lupum auribus. — Si la phrase exprime l'accompagnement
le nom de l'instrument se met à l'ablatif avec **cum.** Il est entré avec
une épée, *ingressus est cum gladio.*

NOTES DES EXERCICES.

§ 208. 1 Pectus, toris, *n.* — 2 Transfodio, di, *act.*

3 Curia, æ; cum, *ablat. d'accompagnement.*

4 Exanimatus, a; sum. — 5 Ad. — 6 Conspectus, ûs. — 7 Sospes
sospitis. — 8 Cannensis, e.

9 *Ils sont domptés.*

10 Discerno, is, *act.* — 11 Immanis, is. — 12 Patulus, a, um.

13 Patens, tis.

Une vieille femme renversa[14] le roi Pyrrhus *avec une tuile.*

Mucius entra[15] dans le camp de Porsenna *avec*[16] *une épée.*

Chassez[17] le naturel[18] *avec une fourche*, il reviendra toujours[19].

L'âne brise[20] *à coups de pieds*[21] le front du lion mourant[22].

Les médecins traitent[23] les maladies graves *avec des remèdes violens*[24].

La fourmi traîne *avec sa bouche* tous les grains qu'elle rencontre[25].

Celui qui supporte ses maux *avec grandeur d'âme*[26] fait tourner[27] son malheur[28] à sa[29] gloire.

Dieu regarde[30] *d'un œil favorable*[31] les hommes pieux.

Certaines nations vivent *de poissons.*

A mon avis[32], la science est préférable aux richesses.

L'empereur Maximin était Goth[33] *de nation.*

L'armée de Darius était composée[34] en grande partie[35] *de soldats indisciplinés*[36].

Il est des gens qui[37] ne[38] vivent qu'[38]à[39] *la clarté des lumières et des flambeaux*[40].

Agésilas avait une *petite taille*, *un corps grêle*, et boitait *d'un pied*[41].

Les chasseurs ont tué le cerf *à coups de flèches*[42].

L'éléphant a la peau[43] ridée et très-dure *sur. le dos*, en sorte qu'[44]il est difficile de l'entamer avec une épée ou avec un trait[45].

Avec les verbes *actifs*, on exprime le nom de cause par la préposition *propter*, avec *l'accusatif*, plutôt que par l'ablatif simple, et si la cause est une disposition de l'esprit, on se sert de préfé-

---

EXERCICES ÉLÉMENTAIRES.

§ 209. Il a fait cela *par vengeance*[1].

Les méchans s'abstiennent du mal *par*[2] *la crainte* des châtimens.

14 Dejicio, is, jeci.

15 Penetro, as, avi. — 16 *Ablat. d'accompagnement.*

17 Expello, is. — 18 Natura, æ. — 19 Usque recurro, is.

20 Extundo, is, *act.* — 21 Calx, cis. — 22 Moribundus, i.

23 Curo, as, *act.* — 24 Asper, a, um.

25 Obvius, a, um; quisque, quæque, quodque; granum, i.

26 Magnus animus, mi. — 27 *Fait tourner,* verto, is. — 28 Miseriæ, arum. — 29 In, *acc.*

30 Aspicio, *act.* — 31 Æqui oculi, orum.

32 Sententia, æ.
33 Gothus, i.
34 Consto, as, *v. n.* — 35 *A l'acc.* — 36 Incompositus, a, um.

37 Sunt qui. — 38 *Ne... que,* tantùm. — 39 Ad. — 40 Tædæ, arum, et faces. Clarté *ne se rend pas.*

41 Statura, æ; fuit humilis, is, e; corpus, poris, *n.;* exiguus, a, um; et claudus alter, a, um; pes, pedis.

42 Sagitta, æ; conficio, feci. Coups *ne se rend pas.*

43 Tergus, goris, *n.* — 44 Adeò, ut, *subj.* — 45 *Il ne peut être facilement blessé, ni par une épée, ni par un trait,* nec gladius, ii; nec telum, i; facilè vulnerari possim, is.

---

rence des participes passifs *ductus, inductus, incitatus, inflammatus, motus, captus, abreptus,* et autres semblables, qui signifient *engager, entraîner, exciter,* etc.

NOTES DES EXERCICES.

§ 209. 1 T. *enflammé du désir de se venger,* cupiditas, tatis, ulciscendi inflammatus *ou* incitatus.

2 Deterritus, a, um.

Les bons citoyens servent leur patrie *par*[3] *devoir* et non *par intérêt*[4].

Maximin, *dans*[5] *sa fureur*, se frappait la tête contre[6] les murs[7].

Quatre cents Romains, *dans*[8] *l'espoir* de sauver l'armée, se dévouèrent à une mort certaine.

Ne faites rien *par respect humain*[9].

Je vous en conjure *au nom*[10] des dieux.

Quelquefois on fléchit[11] la colère *par*[12] *les larmes*.

L'homme de bien n'obéit point aux lois par[13] *crainte*.

NOM DE PRIX.

Hic liber constat viginti assibus.

Le nom qui marque le prix, la valeur de quelque chose, se met

EXERCICES.

§ 210. Isocrate vendit un discours *vingt talens*.

Quelquefois une chose en vaut *deux*.

Bucéphale, cheval du roi Alexandre, fut acheté *treize talens*.

Selon les historiens anciens, la construction des pyramides d'Égypte a coûté *trente mille talens*[1].

Platon acheta *dix mille drachmes*[2] quelques livres d'un philosophe pytagoricien.

Une victoire payée *cher*[3] n'est pas une victoire, mais une calamité.

Une mine valait[4] cent *drachmes* ou quatre-vingt-onze *francs et demi*[5].

Partout la vérité est estimée *un grand prix*.

La victoire sur[6] les Samnites[7] coûta[8] *beaucoup de*[9] *sang* aux Romains.

Le boisseau de blé est à *vingt-cinq francs*.

Un citoyen, dans une disette de vivres[10], donna au peuple le boisseau de froment *à un as*.

3 Ductus, a, um. — 4 Propter, *acc.;* privata, æ; utilitatis, tatis.

5 Percitus, a, um. — 6 Impingo, ere, *act.;* caput. — 7 Paries, etis, *au dat.*

8 Incitatus *ou* accensus, a, um.

9 Propter humanæ, arum; rationes, um.

10 Per, *accus.*

11 Flector, eris, ti. — 12 Per (*Cicér.*)

13 Propter.

à l'ablatif, sans préposition. Ex. : Ce livre coûte vingt sous, *hic liber constat viginti assibus (pro)*.

NOTES DES EXERCICES,

§ 210. 1 T. *si foi est ajoutée*, si fides adhibeor, eris, *aux historiens, trente mille talens furent dépensés pour les pyramides devant être construites*, triginta millia talentûm (ûm *pour* orum, *au gén. pluriel*) impensus, a, um; fui; in, *acc.*; pyramides, um, *fém.*; exstruendus, a. *Quand il s'agit de plusieurs milliers, le nom qui suit mille se met plutôt au gén. pl.*

2 *Drachmes, au gén. plur.*

3 Magnum, i (*s.-ent.* pretium, ii); emptus, a.

4 Valeo *ou* æstimor, aris. — 5 Unus, a; et nonaginta libra francica, æ. T. *et une demi-livre de plus*, dimidius, a, *ou* selibra, æ; que insuper.

6 De, *abl.* — 7 Samnites, tum. — 8 Sto, steti. — 9 Multus.

10 *La provision manquant*, annona, æ; deficiens, tis.

Un Romain, nommé Calvisius, avait des esclaves qui lui revenaient [11] chacun [12] *à cent mille sesterces* [13].

Publius Scipion Émilien céda à son frère Fabius l'héritage de leur père, qui était estimé (qui montait à) plus [14] de *soixante talens.*

Le talent valait *cinq mille cinq cents francs* [15].

NOM DE TEMPS.

Quest. *quandò. Veniet die dominicâ.*

Si l'on veut marquer quand une chose s'est faite ou se fera, *quandò*, le nom de temps qui répond à la question quand?

EXERCICES.

(Voir les notes de la Grammaire.)

§ 211. L'empereur Auguste mourut dans la *soixante-seizième* [1] année de son âge.

Les hiboux et les chauves-souris volent *pendant la nuit.*

A l'approche de [2] l'hiver, les cigognes, les grues, les perdrix et beaucoup d'hirondelles s'envolent dans [3] les pays étrangers [4].

Cristophe [5] Colomb découvrit [6] l'Amérique *vers la fin* du quinzième siècle, en l'an 1492 [7].

Romulus fonda Rome 754 *ans* [8] avant la naissance du Christ [9].

Les yeux des oiseaux de nuit sont faibles [10] *pendant le jour* [11], et très-perçans [12] *à* [13] *la lumière* du crépuscule et *dans la nuit.*

L'empereur Héliogabale fut assassiné *à dix-huit ans* [14].

Charlemagne [15] fut élu empereur *en l'an* 800.

C'est [16] *en l'an mil quatre cent quarante* que [16] l'imprimerie fut inventée.

Le premier voyage autour du monde [17] a été fait par [18] François Drake [19], *en l'an mil cinq cent quatre-vingt, sous le règne* d'Élisabeth.

C'est [20] *en l'année* 480 avant Jésus-Christ qu' [20] a été livré le combat des [21] Thermopyles [22].

11 Consto, as. — 12 Singuli. —13 Centena, orum; millia, ium;
sestertium *pour* sestertiorum, *qu'on peut aussi sous-entendre.*

14 Pluris.

15 Quinque millia, ium; et quingenti, æ; libra francica, æ.

---

quandò? se met à l'ablatif, sans préposition. Ex. : Il viendra di-
manche, *veniet die dominicâ* (*s.-ent.* in); le mois prochain,
mense proximo; à trois heures, *horâ tertiâ.* (A la question
quandò, l'on se sert du nombre ordinal.)

NOTES DES EXERCICES.

§ 211. 1 Septuagesimus sextus.

2 T. *sous l'hiver,* sub. *acc.* — 3 In, *acc.* —4 Peregrinus, a, um.

5 Christophorus. — 6 Invenio, veni. —7 Sub, *acc.;* finis, is;
quindecima, æ; ætas, ætatis; annus millesimus quadringentesimus nonagesimus secundus.

8 T. *la 754ᵉ année,* septingentesimus quinquagesimus quartus, etc. —9 T. *avant le Christ né.*

10 Hebes, etis. —11 Interdiù. — 12 Acerrimus, a, um. — 13 Ad.

14 T. *la 18ᵉ année de son âge.*

15 Carolus Magnus.

16 *Ne se rend pas.*

17 Orbis, is, terrarum. — 18 Conficio, feci, fectum. — 19 Franciscus Drake.

20 *Ne se rend pas.* — 21 Apud. — 22 Thermopylæ, arum.

C'est *vers*[23] *l'an* 400 que les Barbares commencèrent à infester l'empire romain, et c'est *en* 420 que la monarchie française commença *sous Pharamond*[24].

Alexandre mourut *à l'âge de* trente-trois ans[25]. *Après la ruine de Carthage*[26], Rome fit la conquête du monde.

Les forces de l'homme[27], *vers l'âge de quinze ans*[28], se développent[29] bien[30] plus promptement que ses besoins[31].

Dans le quatorzième siècle[32], les boutiques étaient ouvertes[33], à Paris[34], à *quatre heures du matin*[35]; à peine aujourd'hui les marchands sont-ils levés[35] *à sept.*

Louis IX, roi de France, dînait à *dix heures du matin,* et se retirait dans sa chambre *à dix heures du soir*[37].

Jésus-Christ est né l'an du monde *quatre mil quatre, sous le règne* d'Auguste.

Je viendrai *le trois du mois prochain.*

Ce précepte se trouve dans[38] Platon, *livre quatre, chapitre trois.*

La maladie diminue[39] *de jour en jour*[40].

Il est entré *pendant*[41] le repas.

Il partira *dans*[42] dix jours.

Travaillez non-seulement *pour*[43] *le présent,* mais aussi *pour l'avenir.*

Il est venu *peu de jours après.* (*Voyez ci-après la question pour combien de temps.*)

Sous le règne de Charles IX, un affreux massacre eut lieu[44] à Paris[45] et dans la France, *le 24 août* 1572, *jour* de la[46] Saint-Barthélemy[47].

Tous les quatre ans[48] on ajoute un jour[49] à l'année.

Le cerf change son bois[50] *chaque année*[51].

On est content[52] lorsqu'on peut[53] dire *chaque*[54] *jour:* J'ai vécu.

QUEST. *Quamdiù. Regnavit tres annos* ou *tribus annis.*

Quand on veut marquer combien de temps une chose a duré ou durera, *quamdiù,* le nom de temps qui répond à la question *quamdiù?* se met à l'accusatif ou à l'ablatif, sans préposition, et

23 Circiter.—24 Pharamundus, i, regnans, tis.

25 T. *conduisant la* 33e *année de son âge*, agens, *act.*, tertius et
trigesimus ætatis annus, i. — 26 Eversus, a ; Carthago, ginis,
fém.

27 T. in homine. —28 T. *né d'environ 15 ans*, circiter natus, a,
um, *avec l'accusatif.* — 29 Cresco, is, *v. neut.* — 30) Multò.—
31 Necessitas, tatis.

32 Ætas, tatis. — 33 Pateo, ere, *v. n.* — 34 Lutetiæ, *au gén.* —
35 Matutinus, a, um. — 36 T. *se lèvent*, surgo, is, *v. neut.*

37 Vespertinus, a, um.

38 Apud.

39 Remitto. — 40 In dies. (De jour *ne s'exprime pas.*)

41 Super, *acc.*

42 Post *ou* ad.

43 In, *acc.*

44 T. *fut fait*, patro, as, avi, atum, *act.*— 45 Lutetiæ. — 46 T.
le jour consacré à, dies dicatus. —47 Divus, i, Bartholomæus, i.

48 T. *chaque quatrième*, (quartus, a, quisque) *année.* — 49 T. *un
jour est ajouté*, intercalor, aris.

50 Cornua, uum. — 51 Quotannis.

52 T. *il vit content*, contentus degit. — 53 T. *(celui) à qui il est
permis de*, cui licet. — 54 In, *acc.*

---

l'on se sert du nombre cardinal. Ex. : Il a régné trois ans, *regnavit tres annos (per)* ou *tribus annis (in)*. Cependant on exprime la préposition *per*, quand on veut indiquer avec plus de
force la durée du temps.

EXERCICES.

(Voir les notes de la Grammaire.)

§ 212. Carthage fut fondée *quatre-vingt-deux ans* avant Rome.

Les arts ont fleuri dans la Grèce *pendant* [1] *quinze siècles entiers* [2].

Le siége d'Azoth [3] dura *vingt-neuf ans*.

La ville de Troie [4] fut assiégée *pendant dix ans*, par toute [5] la Grèce, pour [6] une seule [7] femme.

Mithridate [8] régna *soixante ans*, en vécut *soixante-douze*, et fit la guerre aux Romains pendant *quarante ans*.

Les Arabes passent facilement *trois ou quatre jours* sans manger [9].

L. Sextius fut le premier plébéien élevé [10] au consulat, *trois cent quatre-vingt-huit ans* après la fondation de Rome [11].

Certains animaux dorment *tout* [12] *l'hiver*.

Homère, le plus célèbre des poëtes grecs, naquit *trois cent quarante ans* après la prise de [13] Troie.

Je suis venu *longtemps* [14] avant.

Il est parti *peu de temps* [15] après.

La mort de Roscius fut annoncée à Chrysogonus *quatre jours après qu'* [16] il fut tué.

La ville fut prise *deux jours après que* le combat fut livré.

Henri IV *était âgé de* cinquante-sept ans, et en avait régné *vingt et un* [18] lorsqu'il fut assassiné, le 14 mai 1610.

En hiver, les ours sont plongés dans un profond sommeil [18] *pendant quatorze jours* [19].

Romulus, *à l'âge* [20] *de dix-huit ans*, fonda la ville de Rome, sur [21] le mont Palatin.

Philippe, père d'Alexandre, mourut *à l'âge de* [22] *quarante-sept ans* [23].

Votre père a *plus de cinquante ans* [24]

Mon frère *n'a pas* [25] *dix-sept ans*.

NOTES DES EXERCICES.

§ 212. 1 Per. — 2 Ætas, tatis, *f.*; integer, gra.

3 *Indécl.*

4 Troja. — 5 Universus, a. — 6 Ob, *acc.* — 7 Unus, a.

8 Mithridates.

9 T. *supportent facilement la privation d'alimens*, inedia, æ;
fero, *act.*, *trois ou quatre jours*, triduum, i... quatriduum, i.

10 Primus de plebs, is; evectus ad. — 11 T. *après Rome fondée*,
conditus, a.

12 Totus, a.

13 Captus, a, um.

14 Multò.

15 Paulò.

16 Quatriduo quo is, *etc.*

17 T. ago, agebam, *act.*, *la* 57ᵉ *année de son âge, mais de son
règne la* 21ᵉ.

18 T. *sont pressés par un...* gravis somnus, i; premo, ere. —
19 Bis septeni, orum; dies, erum.

20 Natus. — 21 In, *abl.*

22 A l'âge de *ne se rend pas.* — 23 *Au génitif.*

24 Annos natus major quinquaginta, *ou*, *sans exprimer* natus,
major annorum *ou* annis quinquaginta.

25 Minor, *etc.*

Pour combien de temps? Jusques à quand?

La réponse à la question *pour combien de temps* se met à l'accusatif avec *in*. Une trève faite pour cent ans, *induciæ in centum*

EXERCICES.

§ 213. Il a loué cette maison *pour quinze ans.*
Combien meurt-il de personnes [1] *par jour?*

Sur [2] toute la surface du globe [3], il naît et meurt trois mille
personnes *par heure.*

Il est parti *pour trois jours.*

Sophocle composa [4] des tragédies *jusque dans* [5] une ex-
trème [6] vieillesse.

Les chameaux supportent [7] la soif quatre jours [8] et même [9]
neuf [10], et lorsqu'ils peuvent boire, ils prennent de l'eau [11]
pour longtemps [12].

A Athènes [13], les archontes, d'abord nommés à vie [14],
furent ensuite nommés [15] *pour* dix [16] ans. .

Les corneilles vivent l'espace d'un siècle (*d'un siècle à
un siècle*) [17].

A QUO TEMPORE?

Tertium annum regnat, ou à *tribus annis,* ou *tres annos
regnat.*

Quand on veut marquer depuis quel temps une chose se fait,

EXERCICES.

§ 214. Il y a *quatorze cents ans* [1] *que* la monarchie française [2] existe.

Il y a *trois cent quatre-vingt-dix ans que* les Turcs [3] sont
maîtres de Constantinople [4].

Il y a *cinq cent vingt-sept ans que* les navigateurs font
usage de la boussole.

Les Chinois [5] connaissent [6] l'imprimerie *depuis huit cents
ans,* et il *y a bien des siècles* qu'on imprime [7] au Thibet [8]
avec des tables [9] et des caractères [10] de bois.

annos factæ. On rend aussi par *in*, avec l'acc., l'expression *par jour, par heure,* etc. —La réponse à la question *jusques à quand* se met à l'accusatif, avec *ad.*

NOTES DES EXERCICES.

213. 1 T. *combien d'hommes meurent*, quot homines... (*On ne se sert pas de la tournure impersonnelle.*)
2 In, *abl.* — 3 Totus orbis terrarum.

4 Scribo, psi. — 5 Ad, *s.-ent.* usque. — 6 Summus, a.

7 Tolero, as. — 8 Quatriduum, ui. — 9 Imò. — 10 Ad novem usque dies, ei. — 11 T. factus, a, bibendi copia', æ, *ils sont emplis*, impleor, eris.—12 In longus, a, um, tempus, oris, *neut.*
13 Athenæ, arum, *abl.* — Primùm perpetui. — 15 Creo, as, are. —16 Deni, orum.

17 A sæculum, i, ad sæculum, i.

à quo tempore, le nom de temps se met à l'accusatif, et l'on se sert du nombre ordinal ou cardinal. Ex. : Il y a trois ans qu'il règne, *tertium annum regnat (per).* Cic. On dit aussi *a tribus annis.* Il y a plusieurs années que je suis lié avec votre père, *multos annos utor familiariter patre tuo.*

NOTES DES EXERCICES.

§ 214. 1 Millesimus, a; quadringentesimus, a; annus, i.— 2 Francicus, a, um.

3 Turcæ, carum. — 4 Constantinopolis, is.

5 Sinæ, arum. — 6 Novisse, novi. — 7 Scripta mandantur (*sont confiés*). — 8 Apud Thibetanos.— 9 T. *à des tables*, tabulæ, arum. — 10 Typus, pi.

Les arts sont cultivés en Russie [11] *depuis peu* [12] *d'années.*

Fabia Dolabella disant qu'elle avait [13] trente ans : Cela est vrai, dit Cicéron, car *voilà vingt ans* que je l'entends dire [14].

Abhinc tribus annis mortuus est.

Si le temps est passé, et qu'il ne dure plus, on met le nom de

---

EXERCICES.

§ 215. *Il y a trois jours qu'*il est parti.

Il y a deux ans que la guerre est terminée.

Nous sommes arrivés *depuis quinze jours.*

Cette maison est bâtie *depuis un mois.*

Il y a deux cent vingt-quatre ans que les Maures [1] furent chassés de toute l'Espagne [2].

Il y a cent quatre-vingt-dix-huit ans que Charles [3] Ier, roi d'Angleterre [4], fut décapité [5]; et *cinquante trois ans que* Louis [6] XVI, roi de France, eut le même sort [7].

Il y a quatre cent quatre-vingt treize ans que la poudre à canon fut découverte par un moine allemand.

Il y a cinq cent vingt-cinq ans que Guillaume [8] Tell rendit la liberté à [9] la Suisse [10].

Id fecit intrà tres dies, ou *intrà tertium diem.*

Quand on veut marquer en quel espace de temps une chose

EXERCICES.

§ 216. Les Phéniciens [1] firent [2] *en trois ans* le voyage qu'ils entreprirent autour de l'Afrique, par l'ordre et aux frais [3] du roi d'Égypte Néchao [4].

Dans notre siècle [5], un vaisseau poussé par un vent favorable [6] franchit [7], *en peu de jours,* l'espace immense qui sépare l'Europe de [8] l'Amérique [9].

Agamemnon, avec toute [10] la Grèce, prit à peine une ville *en dix, ans.* Alexandre, avec trente mille hommes, fit la conquête de l'Asie entière *en quelques années.*

11 Apud Russus, i. — 12 Haud ità multus, a, um.

13 T. *soi avoir*, se, *etc.* — 14 Nam hoc jam viginti anni, orum ;
audio.

---

temps à l'accusatif ou à l'ablatif, avec *abhinc*, et l'on se sert du
nombre cardinal. Ex. : Il y a trois ans qu'il est mort, *abhinc tribus
annis (à)* ou *abhinc tres annos mortuus est (anté)*.

NOTES DES EXERCICES.

§ 215. 1 **Maurus**, i. — 2 Hispania, æ.

3 Carolus. — 4 Anglia, æ. — 5 Securi percutio, ssi, ssum. — 6
Ludovicus.   7 Hic acerbissimus exitus, ûs; habeo.

8 Guillelmus. — 9 Vindico, avi, *act.;* in, *acc.;* libertas, tatis. —
10 Helvetia, æ.

---

s'est faite ou se fera, *quanto tempore*, le nom de temps se met à
l'accusatif avec *intrà*. Ex. : Dieu a créé le monde en six jours, *Deus
mundum creavit intrà sex dies*.

NOTES DES EXERCICES.

§ 216. 1 Phœnices. — 2 Conficio, is feci. — 3 Jussus, us, et im-
pensa, æ, *au sing.* — 4 Nechao, onis.

5 Hæc nostra ætas, tatis. — 6 T. *le vent favorisant*, obsecundans,
tis. — 7 Transvolo, as. — 8 T. *qui est étendu*, jaceo, es, *v. n.*,
depuis l'Europe, ab... *jusqu'à* ad... — 9 America, æ.

10 Universus, a, um.

Le temple de Janus était ouvert [11] en temps de guerre, et fermé pendant la paix, ce qui n'arriva que [12] trois fois *dans l'espace de sept cent vingt trois ans.*

Les Russes ayant introduit chez eux [13] les arts tout perfectionnés [14], ont fait plus de progrès *en cinquante ans*, qu'aucune nation n'en avait fait par elle-même [15] en *cinq cents années.*

La lumière nous arrive du soleil [16] *en huit minutes* [17] environ.

Post tres dies ou *post tertium diem proficiscar.*

Dans, suivi d'un nom de temps, s'exprime par *post*, avec l'accusatif, quand il peut se tourner par *après*. Ex. : Je partirai dans

---

EXERCICES.

§ 217. Mon frère arrivera *dans cinq jours.*

Nous partirons *dans six mois.*

Notre voyage sera terminé *dans deux ans.*

La plupart des hommes sont si [1] inconstans que [2] ce qui leur plaît aujourd'hui ne leur plaira plus [3] *dans quelques jours.*

Mortels orgueilleux, *dans quelques années, dans quelques heures*, peut-être, la mort vous frappera; ne tirez : donc point vanité [4] de vos richesses, de vos honneurs [5] *un peu de temps encore*, et [6] vous en connaîtrez [7] le néant [8].

Quel est l'homme qui pourrait jouir de la vie, s'il savait [9] que le terme en est fixé [10] à [11] *un an, à deux ans*, ou même [12] *à tout autre* [13] *nombre* d'années déterminé [14]?

QUESTION *ubi.*

Quand on marque le lieu où l'on est, où l'on fait quelque chose c'est la question *ubi.*

11 Pateo , es , *v.neut.*— 12 T. *ce qui fut fait seulement,* quod , *etc.*

13 Cùm domi suscepissem , es. — 14 Omni parte perfectus , a , um. — 15 Per se.

16 T. *vient du soleil sur la terre,* à sol , is ; in , *acc.;* terra , æ ; devenio. — 17 T. *environ en la* 8ᵉ *partie d'une heure,* octava pars , tis ; horæ.

---

trois jours, c'est-à-dire , après trois jours, *post tres dies proficiscar.*

N. B. Dans ne se traduit pas toujours par *post;* souvent il peut se traduire par *intrà.*

NOTES DES EXERCICES.

§ 217. 1 Tàm. — 2 Ut, *subj.* — 3 Non jam ipsi, orum ; placeam, as.

4 Glorior, aris, *abl.* — 5 Dignitas , tatis . — 6 T. *après un temps court,* exiguus , a , um. — 7 Intelligo. — 8 T *combien ces choses soient nulles,* quàm hic , hæc , hoc ; nullus, a um ; sim, sis.

9 Si compertum haberet. — 10 T. *la fin d'elle devoir être,* adsum, adesse. — 11 *Après.* — 12 Imò. — 13 Quilibet. — 14 Fixus ratusque.

Sum in Gallià in urbe.

A la question *ubi,* le nom de lieu se met à l'ablatif avec *in.* Ex. : Je suis en France, *sum in Gallià;* dans la ville , *in urbe.* — Il se promène dans le jardin, *ambulat in horto.* (On met *horto* à l'ablatif, parce qu'on ne sort pas du lieu.)

EXERCICES.

§ 218. Les aigles font leurs nids [1] *dans les rochers.*

Les oiseaux volent *sous les nuées*, comme les poissons nagent *dans l'eau.*

On trouve [2] des renards blancs *dans les pays* septentrionaux.

Jupiter naquit et fut élevé *dans l'île de Crète* [3].

Les Ptolémée [4] avaient rassemblé [5] en Égypte un nombre immense de livres.

Mais tous ces livres, ou au moins quatre cent mille volumes, furent brûlés [6] *dans la ville d'Alexandrie*, pendant la guerre entre César et les enfans de Pompée.

C'est [7] surtout *dans l'adversité* [6] que [7] l'on connaît les amis sincères [8].

La fortune volage [10] ne se fixe [11] *en aucun lieu*, elle n'est constante que *dans sa légèreté* [12].

Un athlète qui court *dans le stade* doit redoubler d'efforts [13] lorsqu'il approche du [14] but, pour obtenir la palme.

Celui qui veut faire des progrès *dans les lettres* doit se rappeler que les racines de la science sont améres, mais que les fruits en sont doux [15].

Les anciens croyaient que ceux qui n'étaient pas enterrés erraient [16] cent ans *sur les rives* du Styx.

Le crocodile passe [17] les jours *sur* [18] *la terre* et les nuits *dans l'eau.*

Diogène, pour s'endurcir aux souffrances [19], embrassait, pendant l'hiver, des statues couvertes [20] de neige, et se roulait [21] pendant l'été *sur* [22] *le sable brûlant* [23].

Natus est Avenione, Athenis

On sous-entend la préposition, quand c'est un nom propre de

EXERCICES.

§ 219. Il y avait *à Athènes* un tribunal sévère et incorruptible, c'était [1] l'Aréopage.

Alexandre s'arrêta [2] *à Babylone* [3] plus longtemps que partout ailleurs [4], et aucun séjour [5] ne fut plus nuisible [6] à la discipline militaire.

NOTES DES EXERCICES.

§ 218. 1 Nidifico, as.

2 T. *sont trouvés.*

3 Creta, æ.
4 Ptolemæus, i. — 5 Conquiro, quisivi.

6 Conflagro, as, avi, *v. n.*

7 *Ne se rend pas.* — 8 Res adversæ. — 9 T. *les amis d'une foi
sincère,* sincera, æ; fides, ei, *sont connus.*

10 Volubilis. — 11 Certa maneo, es. — 12 T. *elle est constante dans
sa seule légèreté.*

13 Acriùs eniti et contendere. — 14 Appropinquo, as, ad.

15 T. *les racines... êtres amères, mais les fruits être doux.*

16 T. *croyaient ceux (à l'acc.) qui,* sepultura careo (*au subj.*)
e rer, circumerrare.

17 Ago, is. — 18 In.

19 Ut se exercerem, es, ad laborum tolerantia, æ. — 20 Perfusus,
a, um. — 21 Voluto, as, *act.* — 22 In. — 23 Fervidus, a, um.

---

ville. Ex. : Il est né à Avignon, *natus est Avenione;* à Athènes,
Athenis.

NOTES DES EXERCICES.

§ 219. 1 Scilicet.

2 Consisto, stiti. — 3 Babylon, nis. — 4 *Partout ailleurs,* usquàm.
— 5 Locus, ci. — 6 Noceo, cui.

Il y eut *à Cadix* un certain [7] Arganthonius qui régna quatre-vingts ans.

A Lacédémone [8], tous les arts, excepté celui [9] de la guerre, étaient méprisés.

Mœris, qui donna son nom au lac [10] creusé [11] par Joseph, fils de Jacob, régnait *à Thèbes* [12] en Égypte [13].

Il y avait [14] *à Delphes* [15] un temple consacré à Apollon, célèbre par les oracles que le Dieu y rendait [16].

Les Grecs qui vivaient *à Sybaris* [17] étaient plus efféminés que [18] les Perses.

Milon, célèbre athlète, naquit *à Crotone* [19].

---

*Habitat **Lugduni**, Romæ. Cadere humi. Cypri vixit. Mitylenæ negotiatur.*

Si le nom propre de ville est au singulier, et de la première ou de la seconde déclinaison, on le met au génitif. (Cet emploi du

---

EXERCICES.

§ 220. *A Sparte* [1], les enfans battus [2] de verges à [3] l'autel de Diane ne laissaient pas échapper un seul gémissement [4].

Les rois de la famille d'Attale [5] avaient établi [6] une belle [7] bibliothèque *à Pergame* [8].

Les premiers consuls créés *à Rome*, après l'expulsion [9] de Tarquin [10] le Superbe, furent L. Junius Brutus et Tarquin Collatin.

Caton ayant appris [11] que son frère était tombé malade *à Énos* [12], en Thrace, brava la fureur des flots [13] pour aller le voir [14].

Vers le milieu du [15] quinzième siècle naquit, *à Florence* [16], le célèbre Léonard de Vinci [17], maître de Michel-Ange et modèle de Raphaël [18].

Dans les premiers temps de la Grèce, Inachus régna *à Argos* [19], Persée *à Mycènes* [20], Lélex *à Sparte*, Cadmus à Thèbes, Sisyphe *à Corinthe* [21], et Cécrops à Athènes.

La fable dit [22] qu'Apollon naquit [23] *à Délos* [24].

Sapho naquit *à Lesbos* [25].

Caligula donna [26] *à Lyon* des jeux magnifiques, et établit [27] dans cette ville un combat [28] célèbre d'éloquence grecque et latine.

7 T. *à Cadix fut un certain...*, sum, fui, Gades, dium, *f. pl.*;

8 Lacedæmon, is. — 9 T. *excepté l'art*, ars, tis, *fém.*

10 Ex quo nomen traho, xi; lacus. — 11 Effodio, fossum.—
12 Thebæ, arum. — 13 Ægyptiacus, a, um.

14 Sum, es. — 15 Delphi, orum. — 16 Edo, is, ere, *acc.*

17 Sybaris, is. — 18 Mollitia diffluebant ultrà, *acc.*

19 Croton, is.

---

génitif n'est qu'apparent; il représente l'ablatif, à l'imitation des Grecs.) Ex. : Il demeure à Lyon, *habitat Lugduni;* à Rome, *Romæ.* — Les noms *domus*, *humus*, se mettent aussi au génitif, *domi*, *humi...* Est-il à la maison? *Est-ne domi?* On dit aussi *militiæ*, *belli*, en temps de guerre (sous-entendu *tempore*)

NOTES DES EXERCICES.

§ 220. 1 Sparta, æ. — 2 Cæsus, a, um. — 3 Ad. — 4 Ne ingemisco, is; quidem.

5 T. *les rois attaliques*, attalicus, ci. — 6 Instituo, is, ui. —
7 Egregius, a. — 8 Pergamus, i.

9 Expulsus, a, um. — 10 Tarquinius.

11 *Lorsqu'il eut appris*, accipio, cepissem. — 12 In morbum incido, di, *à l'infin.* (*son frère être tombé*), Ænus, ni. — 13 T.
. *la tempête sévissant*, sæviens tempestas, tatis, *abl. abs.* — 14 T.
naviga vers lui.

15 Medius, ia; circiter. — 16 Florentia, æ. - 17 Leonardus de Vinciis. — 18 T. *que Michel-Ange* (Michael Angelus) *eut précepteur à soi, et Raphaël modèle*, exemplar, is, *n.*

19 Argos, gi, *n.* — 20 Mycenæ, arum, *ou* Mycene, es. — 21 Corinthus, thi.

22 Narro, as. — 23 T. *Apollon être né.* — 24 Delos, li, *n.*

25 Sappho, us, *f.....* Lesbos, bi.

26 Edo, edidi, *act.* — 27 Instituo, ui, *act.* — 28 Certamen, *n.*

On dit *humi*, *domi*, *militiæ*, *belli*, *rure* ou *ruri* (ablat.), *terrâ marique*.

EXERCICES.

§ 221. Je resterai *chez moi*[1] jusqu'à ce que vous soyez arrivé.

Thémistocle se distingua *dans la paix* et *dans la guerre*[2].

Nous passerons l'été *à la campagne*.

Il s'est froissé la tête avec violence[3] *contre terre*[4].

Les villes les plus florissantes couvrent maintenant *la terre* de leurs débris[5].

Les Athéniens, avant la guerre de Sicile, étaient très-puissans sur *terre et sur mer*.

Épaminondas n'avait qu'un seul[6] habit, et toutes les fois qu'[7]il l'envoyait nettoyer[8], il était obligé de rester *chez lui*.

Les anciens Romains vivaient ordinairement *à la campagne*.

Ce fut à cette époque que[9] Rome produisit tant[10] de grands hommes *dans la paix* et *dans la guerre*.

Cœnabam apud patrem. Ad focum sedens. Ad Cannas.

Le nom de la personne se met à l'accusatif avec *apud*. Ex. : Je

EXERCICES.

(Voir les notes de la Gram. lat., § 373.)

§ 222. On voit[1], à chaque page[2], *dans*[3] *Homère*, qu'il s'en fallait beaucoup que, de son temps, l'on attachât de la honte[4] à des œuvres[5] que nous regardons comme[6] viles.

Pendant les Saturnales, les esclaves étaient assis[7] *à*[8] *table*, servis par leurs maîtres[9].

Celui qui est conduit à[10] la gloire par la vertu[11] acquerra[12] une réputation immortelle *dans la postérité*[13].

Après avoir vaincu Darius[14] *à*[15] *Arbelles*[16], Alexandre s'abandonna[17] sans contrainte[18] à ses passions.

NOTES DES EXERCICES.

§ 221. 1 Me contineo, es; domus.

2 Militia, æ et domus.

3 Graviter affligo, afflixi. — 4 Humus.
5 T. *maintenant à terre ruinées gisent*, nunc humus, i; dirutus, a; jaceo, es.

6 T. *un habit seulement était à…* unus, a; tantùm. — 7 Quoties. — 8 *Il l'envoyait au foulon*, mitto, ere; ad fullo, nis.

9 T. *dans ce temps, à la vérité, Rome…* ille, a, ud; quidem tempus, poris. Ce fut… que *ne se rendent pas.* — 10 Effero, extuli; tot.

soupais chez mon père, *cœnabam apud patrem.* Le nom de la chose se met à l'accusatif avec *ad.*

NOTES DES EXERCICES.

§ 222. 1 Occurrit. — 2 Passim. — 3 Apud. — 4 Multùm abfuisse, que (*dans*) *l'âge qu'il vécut, fussent eues sordides*, ut ea qui, quæ, vivo, vixi; ætas; sordidus, a; habeor, haberer, eris. — 5 Opera, æ, *f.* — 6 Duco, is.

7 Sedeo. — 8 Ad. — 9 Dominus, i; ministrans, tis.

10 T. *qui tend à*, tendo ad… — 11 T. *la vertu étant guide*, virtus, tis; dux, cis. — 12 Sibi paro, as. — 13 Apud posteri, orum,

14 Victus Darius, ii, *abl. abs.* — 15 Ad. — 16 Arbella, æ. — 17 T. *délia*, solvo, is, vi, *acc.* — 18 *Ouvertement*, palàm.

Il y avait[19] à[20] *Agrigente*[21] un temple d'Hercule, en grande vénération[22] *dans*[23] *toute la Sicile*[24].

Aristide se trouva[25] au combat naval *de Salamine*[26].

Les uns[27] disent que la peinture[28] a commencé[29] *à Sicyone*[30], et d'autres[31] *à Corinthe*[32].

Les restes de la république périrent *à Philippes*, avec Brutus et Cassius[33].

Ancus Martius bâtit la ville d'Ostie[34], *à*[35] l'embouchure du Tibre[36].

Curius assis *près de son foyer*, sur un banc rustique[37], mangeait les racines qu'il avait arrachées en nettoyant son champ.

QUESTION *quò.* — *Eo in Galliam, in urbem.* — *Venerunt ad eumdem rivum.*

La question *quò* se connaît lorsque le verbe signifie mouvement pour aller, venir en quelque lieu, partir pour quelque lieu.

EXERCICES.

§ 223. Les Grecs envoyèrent des colonies[1] *en Italie, en Sicile et en Asie.*

Les Romains, quoique assiégés par Annibal, envoyèrent des troupes *en Espagne.*

Thémistocle, banni[2] de[3] la Grèce, se réfugia *chez les Perses*[4].

Lorsque César partit *pour la Gaule*, il avait déjà formé[5] le projet de s'emparer du souverain pouvoir[6].

Pyrrhus passa[7] *en Italie*, pour porter du secours aux Tarentins[8] contre les Romains.

Quiconque s'élève[9] *au faîte des grandeurs*[10] marche rapidement[11] *à sa perte*[12].

Il n'était pas permis aux Romains d'entrer en armes[13] *dans la ville.*

A la bataille de Marathon[14], les Athéniens fondirent[15] sur[16] *les Perses*[17] avec tant d'impétuosité[18], que[19] ceux-ci prirent la fuite[20] et gagnèrent non leur[21] camp, mais leurs vaisseaux.

19 Fui.—20 Apud.—21 Agrigentini, orum.—22 Sanctus et reli-
gisosus, a, um.—23 Apud.—24 Siculi, orum.

25 Intersum.—26 Apud Salamin, is.

27 Alius.—28 Ars, artis, *à l'acc.;* pingendi.—29 *Avoir commencé,*
exorior, exortus, a; fui.—30 Sicyonii, iorum. — 31 Alius. —
32 Corinthii, iorum.

33 T. *Brutus et Cassius périssant,* periens, pereuntis; Philippi,
orum, *les restes de la république périrent,* periêre, *etc.*

34 Ostia, æ.—35 Ad. — 36 Ostia, orum; tiberinus, a, um.

37 In agrestis, e, scamnum, i.

A la question *quò,* le nom du lieu où l'on va se met à l'accusatif avec *in,* quand on entre dans le lieu, et *ad,* quand on ne
va qu'auprès. Ex. : Je vais en France, *eo in Galliam;* à la ville,
in urbem.—Ils vinrent au même ruisseau, *venerunt ad eumden
rivum.*

NOTES DES EXERCICES.

§ 223. 1 Colonus, i, *m.*

2 Pulsus, a, um.—3 E.—4 Persa, æ.

5 Inco, inii.—6 Summa, æ; rerum.

7 Trajicio, is, jeci. —8 Tarentinus, i.

9 T. *est élevé,* evehor, evehi. — 10 Summi honores. — 11 Propero,
as.—12 Exitium.

13 Armatus, a, um.

14 Marathonicus.—15 Irruo, is, ui.— 16 In.—17 Persæ, arum.—
18 Tantus, a, um; impetus, ûs, *m.*—19 Ut, *subj.*—20 In, *acc.;*
fuga, æ; se do, dedi.—21 Peto, tii, *act.* *leur* *ne se rend pas.*

Après avoir conquis [22] l'Italie en soixante-dix jours, César se dirige [23] *vers l'Espagne*, où il défait Afranius et Pétréius, lieutenants de Pompée.

A son retour [24] *en Gaule*, il assiége et prend la ville de Marseille [25].

Cimon, pour racheter le droit d'ensevelir son père Miltiade, qui avait été *jeté* [26] *en prison* [27], et y [28] était mort, *se chargea* de [29] ses chaînes [30].

Ibo Lutetiam, Lugdunum, rus, domum, Cyprum. Profectus sum ad Capuam. (Voir la note de la Gramm., § 375.)

On sous-entend la préposition, quand c'est un nom propre de ville, et devant *rus, domum*. Ex. : J'irai à Paris, *ibo Lutetiam;*

EXERCICES.

§ 224. Les jeunes Romains de distinction [1] *allaient à Athènes* pour y étudier les belles-lettres.

François [2] Ier *se rendit* [3] *à Calais* [4], pour faire alliance avec Henri [5] VIII, roi d'Angleterre [6], contre Charles [7]-Quint.

Alexandre, après la conquête de l'Inde [8], *revint à Babylone* [9].

Le roi de Perse ayant *envoyé* des ambassadeurs *à Sparte*, pour demander [10] la terre et l'eau, les Lacédémoniens *précipitèrent* [11] ces ambassadeurs *dans un puits*.

Les Athéniens, voulant [12] faire la conquête de la Sicile, *firent voile* [13] *pour Syracuse* [14]; mais leur flotte fut détruite dans le port de cette ville.

Annibal, après avoir défait [15] les Romains à la bataille de Cannes [16], au lieu de [17] *marcher sur* [18] *Rome, conduisit* son armée *à Capoue* [19].

Pierre le Grand *vint à Paris*, sous le règne de Louis XV.

Ponce-Pilate [20], gouverneur de Judée, *fut relégué à Vienne* [21], dans les Gaules.

Paul Émile [22], après la défaite de Persée [23], *apporta* [24] *à Rome* une grande quantité [25] de livres.

Lélius et Scipion s'échappaient de la ville, comme d'une prison, *pour aller à la campagne* [26].

Socrate *revenait chez lui* avec le même visage [27] qu'il avait en sortant [28] de sa maison.

22 Subactus, a, *abl, abs.* — 23 T. *tend*, tendo, is.

24 Redux. — 25 Massilia, æ.

26 Conjicio, jeci, jectum. — 27 Carcer, is. — 28 T. *où*, ubi. —
29 *Transporta sur soi*, transfero, tuli. — 30 Vincula, orum ;
ejus.

à Lyon, *Lugdunum.* — Je vais à la campagne, *eo rus ;* à la maison,
eo domum. — Si l'on se sert du verbe *petere* pour exprimer *aller*,
on met toujours le nom de lieu à l'accusatif, sans préposition : je
vais au collége, *peto collegium.*

NOTES DES EXERCICES.

§ 224. 1 Spectatissimus, a ; Roma , æ ; juventus.

2 Franciscus. — 3 Confero, tuli. — 4 Caletum, i. — 5 Henricus, ci.
6 Angli, glorum. — 7 Carolus.

8 Indi, orum ; subacti, orum. — 9 Babylon, is.

10 T. *qui demandassent.* — 11 Dejicio, jeci.

12 *Lorsqu'ils voulaient, au subj.* — 13 Navigo, avi. — 14 Syracusæ, arum.

15 Victus, a, um, *abl. abs.* — 16 T. *à Cannes*, ad Cannæ, arum.
— 17 Cùm debuisset. — 18 Contendo, is, ere. — 19 Capua, æ.

20 Pontius Pilatus. — 21 Vienna, æ.

22 Paulus Emilius. — 23 Victus, a ; Perseus, ei. — 24 Adveho, exi.
— 25 Copia, æ.

26 T. *s'envolaient à la campagne de la ville*, evolo, as ; rus,
ruris ; ex urbs, bis ; tanquàm e carcer, is.

27 T. *rapportait*, refero, fers, *chez lui*, domus, ûs, *le même visage.* — 28 T. *qu'il avait emporté*, effero, extuli.

Rapporte ton bouclier *dans ta patrie*[29], ou *sois rapporté dans ta patrie* étendu[30] sur ton bouclier, disait une femme lacédémonienne à son fils qui *partait pour*[31] *la guerre.*

Les Athéniens envoyèrent une colonie[32] *dans la Chersonèse*[33].

Miltiade *aborda à Lemnos*[34].

Caton, encore jeune, se rendit *devant Capoue*[35] assiégée par les Romains, et ensuite *devant Tarente.*

Eo ad patrem, ad sacram concionem. Venit in Persas.

Le nom de la personne et celui de la chose se mettent à l'accu-

---

EXERCICES.

§ 225. Celui qui *élèvera*[1] ses pensées[2] *vers Dieu* ne[3] commettra[4] jamais[3] d'action[5] honteuse.

La crainte *conduit* le lâche *à la mort.*

Le jeune Manlius, après avoir tué l'ennemi[6] qui l'avait *défié*[7] *au combat, revint près de son père*, qui le condamna à mort, pour avoir violé[8] la discipline militaire.

Annibal *vint à Éphèse*[9], *à la cour d'*[10]*Antiochus*, et l'excita à faire la guerre aux Romains; dans la suite, Annibal, *s'étant réfugié*[11] *auprès de Prusias*[12], fut obligé de s'empoisonner[13], pour ne pas être livré[14] à ses ennemis.

Celui qui[15] *s'approche*[16] *d'un corps* attaqué[17] d'une maladie contagieuse s'expose à ressentir les atteintes du mal[18]; celui qui *s'approche d'un méchant* peut être entraîné[19] à l'imiter.

Coriolan, condamné par le peuple, alla[20] en exil[21] *chez les Volsques*[22].

Heureuse l'âme qui *remonte*[23] *à son origine !*

Thémistocle *se rendit en Perse*[24] *auprès du roi Ar-taxerxès*, qui l'accueillit avec bonté.

Mouvement figuré.

Il m'est venu dans l'esprit, *venit mihi in mentem.* Diviser en trois parties, *in tres partes dividere.*

29 Domus, ûs. — 30 Jacens. — 31 Ad.

32 T. *des colons*, colonus, i, *m*. — 33 Chersonesus, i, *f*.

34 Lemnos, ni, *f*.

35 Ad Capua, æ, *c'est-à-dire dans le camp, devant Capoue.*

-satif, avec *ad*. Ex. : Je vais chez mon père, *eo ad patrem;* au sermon, *ad sacram concionem.*

NOTES DES EXERCICES.

§ 225. 1 Erigo, is. — 2 Mens, tis, *au sing*. — 3 Nunquam. — 4 Admitto, is. — 5 *Quelque chose*, quidquam, *neut.*

6 *Ablat. absolu.* — 7 Provoco, as. — 8 *Parce qu'il avait violé*, Solvo, is, vi, *act.*

9 Ephesus, si. — 10 T. *chez.* — 11 Cùm confugissem, es. — 12 Prusias, æ. — 13 T. *de se donner la mort par le poison*, mors, tis; venenum, i; sibi conscisco, scere, *act.* — 14 Ne, *subj.*, *pour qu'il ne fût pas livré.*

15 *Celui qui*, qui. — 16 Accedo, is, *v. n.*, ad. — 17 Flagrans. — 18 T. *vient dans le danger de contracter*, contraho, is, *la maladie.* — 19 Induco, cis, cere.

20 Abeo, abii. — 21 T. *s'exiler*, exulo, as, atum, *v. n.* — 22 In Volsci, corum.

23 Revolo, as.

24 Persæ, arum.

EXERCICES.

§ 226. L'honnêteté[1] *se divise* ordinairement[2] *en quatre parties, la prudence, la justice, le courage* et *la tempérance.*

Si vous *consacrez*[3] votre temps *à*[4] *l'élude*, vous échapperez à[5] tous les ennuis de la vie.

Les Babyloniens[6] *étaient adonnés*[7] *au*[8] *vin.*

Les choses dont nous nous soucions le moins[9] sont[10] souvent celles qui[10] *contribuent* le plus[11] *à*[12] *notre bonheur*.

De toutes les créatures vivantes[13], l'homme est la seule[14] qui n'ait pas la face[15] *penchée vers*[16] *la terre;* il marche[17] les yeux *dirigés*[18] *vers*[19] *le ciel.*

Nous *remettons*[20] presque toujours *au*[21] *lendemain*[22] ce que nous devrions faire[23] sur-le-champ[24].

La bonté *devient*[25] *un défaut*, quand elle *dégénère*[26] *en faiblesse*[27].

L'exemple d'un homme[28] *en fait égarer d'autres*[29].

Lorsque le hérisson[30] sent le chasseur, *il se roule*[31] *en boule*[32].

Lorsque le chameau est fatigué[33], il reprend[34] ses forces *en se couchant*[35] *sur*[36] *le poitrail.*

On liquéfie[37] et on met en fusion le sable[38] *pour en faire*[39] du verre.

Ce fut[40] par degrés[41] que[40] la république romaine *s'éleva*[42] *au point*[43] de grandeur et de puissance auquel elle est parvenue[44].

Après beaucoup de combats, de défaites et de victoires, les Romains et les Samnites s'unirent et[45] *se confondirent en*[46] *un seul peuple*[47].

Les maux publics *retombent*[48] *sur le peuple*[49].

Lorsque les généraux romains voulaient *recruter leur armée*[50], *ils convoquaient l'assemblée* du peuple[51].

Un esprit[52] inquiet *se partage en mille pensées*[53].

QUESTION *undè*. — *Redeo ex Galliâ, ex urbe.*

La question *undè* se connaît lorsque le verbe signifie mouvement pour partir ou venir de quelque lieu. 1° A la question *undè*, le nom

NOTES DES EXERCICES.

§ 226. 1 Honestum. — 2 *A coutume d'être divisée*, soleo, es, divido, is, ere.

3 Confero, fers. — 4 In. — 5 Effugio, is, ere, *acc.*

Babylonius, ii. — 7 Effusus, a, um. — 8 In.

9 T. *que nous estimons le moins*, minimi facio, is. — 10 *Ne se rend pas.* — 11 T. *contribuent souvent le plus*, valeo, es, *etc.* — 12 Ad.

13 T. *de tous les animaux*, animans, tis. — 14 Unus. — 15 T. *duquel le visage ne soit.* — 15 Pronus in. — 17 Incedo, is. — 18 Sublatus, a, um. — 19 Ad.

20 Differo, fers. — 21 In. — 22 Crastinus dies. — 23 Ago, is. — 24 Actutùm.

25 Mutor, aris; in. — 26 Delabor, eris, bi. — 27 Ad mollitia, æ; animi.

28 Homo homines alios, *par l'exemple.* — 29 T. *attire dans l'erreur*, allicio, is; in error, is.

30 Herinaceus, i. — 31 Convolvor, veris, vi, *v. pass.* — 32 In forma, æ; pila, pilæ.

33 T. *le chameau fatigué.* — 34 Recipio, is. — 35 Inclino se. — 36 In.

37 Liquor, quaris, *v. pass.* — 38 Fundor, eris, di (T. *le sable est liquéfié et est fondu.*). — 39 In usus, ûs.

40 *Ne se rend pas.* — 41 Paulatim. — 42 Cresco, crevi. — 43 Fastigium. — 44 T. *qu'elle atteignit*, assequor, quutus sum.

45 T. *joints par un traité certain.* — 46 Coalesco, alui, *v. n.*, in. — 47 Unus.

48 Recido, is. — 49 Plebs, bis.

50 T. *écrire des soldats en supplément*, supplementum, i. — 51 T. *ils appelaient le peuple à l'assemblée*, concio, nis.

52 Animus. — 53 Distraho, is, *act.*; in sexcenti, æ; cura, æ.

---

du lieu d'où l'on part, d'ou l'on vient, se met à l'ablatif avec *é* ou *ex.* Ex. : Je reviens de la France, *redeo ex Galliâ;* de la ville, *ex urbe.* Il est sorti de sa chambre, *egressus est è cubiculo.*

EXERCICES.

§ 227. En 714, les Sarrasins [1] *partirent de la province* d'Afrique appelée Mauritanie, et entrèrent en Espagne.

On voit [2] quelquefois, dans les pays méridionaux [3], *sortir* [4] tout à coup *du désert* [5] des myriades [6] de fourmis qui dévastent tous les lieux habités [7].

Denis [8] le tyran, n'osant [9] se placer [10] dans les tribunes ordinaires [11], haranguait [12] le peuple *du haut d'une tour* [13].

La Meuse [14] *sort* [15] *de la montagne* des Vosges [16].

Chez les Grecs, et surtout chez les Lacédémoniens, rien n'était plus honteux pour un soldat [17] que *de revenir du combat* sans son bouclier.

Les plus grands arbres *sortent* [18] *de l'enveloppe* [19] d'une semence qui se corrompt [20].

En 841, les Danois [21], *sortis du Danemark* [22], et les Normands [23], *sortis de la Suède* [24], se dirigent [25] vers le centre de l'Europe [26].

Les Danois abordent en Angleterre [27], mais Egbert les force à *s'éloigner* [28] *de son royaume*.

Les Normands se jettent [29] sur la France, assiégent Rouen [30], et s'avancent jusqu'à Paris.

Les Hongrois [31], *originaires* [32] *du Turquestan* [33], province d'Asie, *repoussés de leur pays* [34], pénètrent en Europe, et s'établissent dans la Dacie [35].

Redeo Lugduno, Româ, rure, domo, Samo.

On sous-entend la préposition quand c'est un nom propre de ville.

EXERCICES.

(Voir les notes de la Grammaire.)

§ 228. Je *suis parti de Narbonne* [1] avant que vous *fussiez parti* vous-même *de Nîmes* [2].

Votre ami *reviendra-t-il de la campagne* avant la fin du mois?

Je ne suis pas *sorti de chez moi* [3] aujourd'hui.

D'où venez-vous?

Je *viens d'Auxerre* [4].

NOTES DES EXERCICES.

§ 227. 1 Sarracenus, i.

2 Videas. — 3 Australis, is. — 4 Erumpo, is, ere. — 5 Deserta loca, orum. — 6 Plurima millia. — 7 Vasto, as, *au subj.;...* loca, orum; cultus, a.

8 Dionysius. — 9 Cùm non audeo, erem. — 10 Consistere, *v. n.* — 11 Suggestum, *n.*, communis, e. — 12 Concionor, ari, ad. — 13 Summus, a; turris, is, *f.*

14 Mosa. — 15 Profluo, is. — 16 Vogesus, si, *au sing.*

17 *Au datif.*

18 Nascor, sceris, nasci. — 19 Cortex, icis. — 20 Corruptus, a, um.

21 Danus, i. — 22 Dania, æ. — 23 Normannus, i. — 24 Suecia, æ. 25 Contendo, is *v. neut.* — 26 T. *vers l'Europe intérieure,* interior, is.

27 Anglia, æ. — 28 T. *Egbert les chasse de,* Egbertus pello, is.

29 Irrumpo, is, *v. neut.* — 30 Rothomagus, i.

31 Hungari. — 32 Oriundus, a, um. — 33 Turquestania, æ. — 34 Patria, æ. — 35 Dacia, æ.

---

devant *rure, domo,* et devant les noms des petites îles. Ex. : Je reviens de Lyon, *redeo Lugduno;* de Rome, *Romá;* de la campagne, *rure;* de la maison, *domo.*

NOTES DES EXERCICES.

§ 228. 1 Narbo, nis. — 2 Nemausus, si.

3 Domus.

4 Autissiodorum, ri.

Les plus grands hommes ont éprouvé l'ingratitude de leurs concitoyens.

Thémistocle *fut banni d'Athènes* et de toute la Grèce; Coriolan, Camille et Scipion furent *bannis de Rome*, et Annibal *fut exilé de Carthage*.

Denis le Jeune, renversé de son trône, *chassé de Syracuse*[5] et de la Sicile, donnait[6], à Corinthe, des leçons[6] aux enfans.

Ptolémée Philadelphe forma[7] une bibliothèque avec des livres profanes et des livres sacrés, qu'il *fit venir*[8] *de Jérusalem* et des autres villes de Judée.

Le jour que[9] César fut assassiné dans le sénat, on l'avait averti de ne pas *sortir*[10] *de chez lui*[11].

Dans les premiers temps de la république, on *allait chercher*[12] *à la campagne* les consuls, les dictateurs et les généraux.

Numa était *originaire de Cures*[13], dans le pays des Sabins[14].

Venio à patre, à venatione.—Mouvement figuré.

Le nom de la personne et celui de la chose se mettent à l'ablatif

---

EXERCICES ÉLÉMENTAIRES.

§ 229. Vous sortiez *de chez votre frère*, lorsque j'allais y entrer[1].

Vous revenez *de la pêche*, et moi je reviens *de la chasse*.

Le duc de Guise[2] venait de[3] quitter[4] *Henri III*, lorsqu'il fut assassiné.

Le maréchal de Catinat dit à Louis XIV, en prenant congé[5] *de lui :* Sire, je vais combattre vos ennemis, et je vous laisse le soin[6] de me défendre contre les miens.

Les méchans ne sont détournés *du crime* que[7] par la crainte du supplice.

La vertu ne vient ni *de la nature* ni *de la science*, mais elle vient *de Dieu*.

Timoléon délivra la Sicile *de la domination* des tyrans.

Dieu nous a placés dans l'univers immédiatement *après*[8] *lui*.

5 Syracusæ, arum. — 6 *Donner des leçons*, docere, eo.

7 Instruo, is, xì, *act.* — 8 Petitus, a, um.

9 Quâ die. — 10 Ne exirem, es. — 11 Domus.

12 *Étaient mandés de*, arcessebar, is.

13 Oriundus Cures, ium, *pl. m.* — 14 Dans le pays *ne se rend pas*. Sabinus, a, *doit s'accorder avec* Cures.

avec *à* ou *ab*. Ex. : Je viens de chez mon père, *venio à patre meo;* de la chasse, *à venatione.*

NOTES DES EXERCICES.

§ 229. 1 Cùm ingressurus essem ad is, ejus.

2 Guisia, æ. — 3 Venir de *se traduit par* modò, *tout à l'heure.* — 4 Discesseram, *s'était éloigné de.*

5 Discedo, is. — 6 Curam demando.

7 T. *sont détournés*, deterreo, es, *du crime seulement par..*

8 Proximus, a, um ; ab.

Le propre d'un homme de bien, c'est de ne rien dire qui soit contraire[9] *à la vérité*, de ne rien faire qui soit contraire[9] *à la justice* (*ou* qui s'éloigne *de la justice*).

Les Samnites[10] descendaient[11] *des Lacédémoniens*, et avaient conservé[12] les mœurs[13] et le courage de leurs ancêtres[14].

Dieu écarte[15] *des gens de bien* les véritables maux, c'est-à-dire les crimes et l'infamie[16].

§ 230. Cyrus, fils[1] *de Cambyse*[2] et *de Mandane*[3], fonda l'empire des Perses, l'an 559 avant J-C.

Les loups attaquent les chevaux *par-devant*[4], mais ils attaquent *par-derrière*[5] les taureaux, dont ils craignent les cornes.

La rondeur de la terre lui a fait donner le nom de globe[6].

Le mois de janvier, qui ouvre l'année, a été appelé ainsi *de*[7] *Janus*.

Notre salut naît quelquefois *des causes mêmes d'où* devait venir[8] notre perte[9].

La plupart des hommes, en voulant[10] commencer[11] la vie *par*[12] *les plaisirs*, se préparent, pour l'avenir, toutes sortes de[13] peines et d'ennuis.

Dieu est près *de*[14] *vous*, il est avec vous.

Les plus grands rois ne sont pas exempts[15] *du sort commun* des hommes.

Cicéron tenait[16] *pour*[17] *Pompée et pour le Sénat* (était du parti de Pompée et du Sénat).

Il est *de*[18] *votre intérêt*[19] de terminer cette affaire.

Cet homme[20] est-il votre valet *de pied*[21]?

Avez-vous vu le secrétaire *du cabinet*[22] du roi[23]?

Il est d'un homme bien né[24] de vouloir se faire une bonne réputation[25] *auprès de*[26] ses concitoyens.

Question *quà.* — *Iter feci per Galliam, per Lugdunum.*

Quand on marque le lieu par où l'on passe, c'est la question *quà*. A la question *quà*, tous les noms de lieux par où l'on passe se mettent à l'accusatif, avec *per*. Ex. : J'ai passé par la France, *iter feci per Galliam;* par Lyon, *per Lugdunum.*

9 Nihil loqui alienus, a, um. C'est *ne se rend pas.*

10 Samnites. — 11 T. *tiraient l'origine des...* duco, is; originem.
— 12 Retineo, es, ui, *act.* — 13 Disciplina, æ, *au sing.* —
14 Avitus, a, um.

15 Removeo, es, *v. a.* — 16 Flagitia, orum.

§ 230. 1 Natus, *avec ou sans* ex. — 2 Cambyses, is. — 3 Mandana,
æ.

4 A frons, tis. — 5 Tergum, gi.

6 T. *la terre est dite globe à cause de,* à, *sa rondeur.*

7 De.

8 T. *d'où menaçait,* immineo. — 9 T. *à nous la perte.*

10 *Tandis qu'ils veulent.* — 11 Auspicor, caris. — 12 A. —
13 *Toutes sortes,* nullus, a, um; non.

14 Propè à.

15 Eximo, is, ere, *act*

16 Sto, as. — 17 A.

18 A. — 19 Res, ei.

20 Ille. — 21 A pedes, pedum; tibi (*s.-ent.* servus).

22 Ab epistolæ, arum; minister, tri. — 23 *Au roi.*

24 Ingenuus, a, um. — 25 T. *de vouloir bien entendre,* benè
audio, is. — 26 A.

Transiit urbem. Transire ad hostes.

Quand on se sert de *transire,* verbe composé de *ire,* aller, et
trans, au delà, on met l'accusatif, sans la préposition *per :* il passa
par la ville, *transiit urbem.* Mais on dit, passer à l'ennemi, *transire ad hostes.*

EXERCICES ÉLÉMENTAIRES.

§ 231. Passerez-vous *par la Bourgogne*[1] et par *Dijon*[2]?

Si vous *traversez*[3] ce riche pays, vous comprendrez que c'est avec raison qu'il est appelé[4] Côte[5] d'Or.

Si vous passez par *Milan*[6], vous y admirerez un vaste temple incrusté de marbre.

Le jeune[7] Cyrus ayant été tué[8] à la bataille de Cunaxa[9], dix mille Grecs, qu'il avait pris à sa solde[10], *traversèrent* une immense étendue de pays[11], *au milieu*[12] *de nations enne-mies*[13], sans que jamais[14] les Barbares osassent[15] en venir aux mains[16] avec eux.

Le bruit[17] de la mort d'Alexandre s'étant répandu[18] *dans Babylone entière*[19], les habitans erraient *dans*[20] les rues de la ville, inquiets[21] du sort qui leur était réservé.

Charles-Quint ne craignit[22] pas de *traverser* la France et de *passer par Paris*, tant[23] il avait de confiance dans la loyauté[24] de François Ier!

Une parole[25] mordante passe[26] *de* bouche en bouche[27].

C'est[28] de l'Égypte que[28] les arts se sont répandus[29] *dans*[30] les riches contrées de l'Asie.

Dans les phrases suivantes, le verbe transire *se rapporte à la*

Scipion, pour attirer[1] Annibal hors de l'Italie, *passa en*[2] Afrique.

Les soldats d'Annibal ne *passèrent* jamais à l'ennemi.

Alexandre *passa en* Asie avec une armée de trente mille hommes.

Xerxès *avait passé en* Grèce avec un million[3] d'hommes.

Alexandre fit la conquête de l'Asie.

Xerxès fut honteusement chassé de la Grèce.

Iter faciam per domum avunculi mei. Cæsar iter fecit per Æduos.

Par chez, avec un nom de personne, se tourne ainsi : par la

NOTES DES EXERCICES.

§ 231. 1 Burgundia, æ. — 2 Divio, nis.

3 *Au futur.* — 4 T. *lui, accusat., être appelé.* — 5 Tractus, ûs, m.

6 Mediolanum, i.

7 Junior, is. — 8 *Abl. abs.* — 9 Apud Cunaxa, æ. — Conduco, cis, xi. — 11 Terræ, arum. — 12 Per. — 13 Infestus, a, um. — 14 Nec unquàm. — 15 *Osèrent (et les Barbares n'osèrent jamais).* — 16 Congredi.

17 Fama, æ. — 18 Cùm discurrissem, es. — 19 Totus, a, *à l'abl.* — 20 Per. — 21 Anxius, a, um.

22 Dubito, as, avi. — 23 Adeo. — 24 Habeo spectatus, a, um; *la bonne foi,* fides, ei.

25 Dictum, *n.* — 26 Circumferor. — 27 T. *par les bouches,* per os, oris, *neut.*
28 *Ne se rend pas.* — 29 Mano, avi, *v. n.* — 30 Per.

---

question quò, *et demande après lui la préposition* in *ou* ad, *suivant le sens.*

NOTES DES EXERCICES.

1 *Afin qu'il attirât,* ut extraho, is, ere, *act.* — 2 In.

3 Decies centena, orum; millia, ium.

---

maison de, *et se dit en latin* per domum. Ex. : Je passerai par chez mon oncle, *iter faciam per domum avunculi mei.*

EXERCICES ÉLÉMENTAIRES.

Voir les notes, § 382.

§ 232. En traversant [1] la Lorraine [2], ce voyageur a passé par Metz [3] et *par chez* votre frère, qui vous attend à la fin [4] du mois.

Les Helvétiens [5] ayant traversé [6] *le pays des Séquanais* [7], étaient arrivés [8] sur les frontières des Éduens [9], et les ravagaient, lorsque César attaqua et défit une partie de leurs troupes.

Je vous prie de passer par *chez moi*, avant d'aller [10] à la campagne.

OBSERVATIONS.

Constiterunt Corinthi, in loco nobili.

Quand, après un nom propre de ville, se trouve le nom commun, *ville*, *endroit*, on met d'abord le nom propre au cas mar-

---

EXERCICES.

§ 233. J'ai demeuré *à Florence*, ville d'Italie, et ensuite *à Naples* [1], *capitale* du royaume de ce nom.

Nous partirons dans deux mois pour *Amsterdam* [2], *ville* célèbre de Hollande; puis nous nous embarquerons pour *Londres* [3], *capitale* de l'Angleterre.

Il vient de *Syracuse* [4], *ville* de Sicile, fondée par les Corinthiens.

Platon partit *d'Athènes, sa patrie*, pour voyager dans les pays étrangers.

Bossuet [5], le premier des orateurs sacrés, est né *à Dijon* [6], *ville* de Bourgogne, et le célèbre poëte Corneille est né *à Rouen* [7], *capitale* de la Normandie.

Bayard, assiégé par Charles-Quint dans *Mézières* [8], *ville* dont les remparts étaient à moitié détruits, força l'empereur à se retirer.

Henri V, roi d'Angleterre, vint trouver à *Troyes* [9], *ville* de Champagne [10] la reine de France et le duc de Bourgogne [11], et fit avec eux un traité par lequel ils lui livrèrent la France.

NOTES DES EXERCICES.

§ 232. 1 Cùm transirem, es. — 2 Lotharingia, æ. — 3 Metæ, arum.
— 4 Sub, *acc.*

5 Helvetius, ii — 6 Iter, itineris, *n.;* habitus, a, um, *abl. abs.*
— 7 T. *par les Séquanais*, Sequanus, i. — 8 Pervenio, veni. —
9 Ædui, orum.

10 T. *avant que vous alliez.*

---

qué dans chaque question; mais on exprime la préposition devant
le nom commun. Ex. : Ils s'arrêtèrent à Corinthe, lieu célèbre,
constiterunt Corinthi, in loco nobili. — Je vais à Rome, ville
d'Italie, *eo Romam, in urbem Italiæ.* — Je reviens de Lyon, ville
de France, *redeo Lugduno, ex urbe Galliæ.*

NOTES DES EXERCICES.

§ 233. 1 Neapolis, is, *f.*

2 Amstelodamus, mi, *m.* — 3 Londinum, ni, *n.*

4 Syracusæ, arum, *f.*

5 Bossuetius. — 6 Divio, nis, *m.*

7 Rothomagus, gi, *m.*

8 Maceriæ, arum, *f.*

9 Trecæ, carum, *f.* — 10 Campania, æ. — 11 Burgundiones, num;
masculin pluriel.

Ce voyageur est parti de *Berlin* [12], *capitale* de la Prusse [13], et s'est rendu à *Hambourg* [14], *ville* d'Allemagne, située sur l'Elbe [15], où il s'est embarqué pour l'Angleterre.

REMARQUE. A la question *quà*, les noms propres de ville se

EXERCICES.

§ 234. J'ai passé par Lyon, par Marseille [1] et par Toulon [2], *villes* de France.

Lorsque nous irons à Rome, nous passerons par Milan [3], *ville* ancienne, et par Mantoue [4], *patrie* de Virgile.

Habitat in urbe Lugduno, in magnâ Româ.

Si le nom commun *ville* est devant le nom propre, il faut exprimer la préposition, et mettre le nom propre au cas de la préposition. Ex. : Il demeure dans la ville de Lyon, *habitat in*

EXERCICES ÉLÉMENTAIRES.

§ 235. L'empereur Julien passa plusieurs années *dans la ville de Lutèce*.

Il est parti *de la ville de Marseille*, pour aller en Italie.

Xerxès ayant appris que son armée avait traversé l'Hellespont, partit *de la ville de Suzes* [1].

Si vous voulez aller de Paris à Lyon, passez *par la ville de Châlons* et par Macon [2], pour voir les belles rives de la Saône.

Nous revenons *de cet immense Londres*, rendez-vous de [3] tous les peuples.

Cicéron partit de Brindes [4], port d'Italie, *pour la docte Athènes*.

Carthagine novâ conventus egit.

Les noms propres composés suivent la règle des noms sim-

12 Berolinum, i, *n.* — 13 Borussi, orum. —14 Hamburgum, g),
n. — 15 Positus, a; ad Albis, is.

---

construisent avec la préposition *per;* ainsi, on ne répète pas la
préposition devant les noms communs *ville*, *endroit.*

NOTES DES EXERCICES.

§ 234. 1 Massilia, æ. — 2 Telo, onis, *m.*

3 Mediolanum, i. — 4 Mantua, æ, *f.*

---

urbe Lugduno. Il se rendra dans la ville de Marseille, *se conferet
in urbem Massiliam.*

Lorsque le nom propre de ville est accompagné d'un adjectif,
il se construit avec la préposition qu'exige la question. : Ex. : Il
habite dans la grande Rome, *habitat in magnd Romd.*

NOTES DES EXERCICES.

§ 235. 1 Susa, orum, *pl. n.*

2 Cabillo, nis; Masticona, æ, *ou* Matisco, onis.

3 T. *dans lequel se réunissent*, in qui, quæ, quod; convenio,
is, *v. n.*

4 Solvo, vi; Brundusiæ, arum.

---

ples. Ex. : Il tint les états à Carthagène, *Carthagine novd conventus egit.*

14.

EXERCI

§ 236. Il demeure[1] à Aix[2], ville de Provence[3], et non[4] à Aix-la-Chapelle[5], ville d'Allemagne.

Je pars pour Saint-Émilion[6], et de cette ville je me rendrai à Bordeaux[7].

Nous partirons de Saragosse[8], ville d'Espague, pour nous rendre à Mérida[9], ville de Portugal[10].

J'ai passé par Saint-Quentin[11], ville célèbre par la bataille qui s'y[12] livra en 1557.

Nous irons à Soissons[13], autrefois capitale d'un royaume.

Saint Louis s'embarqua à Aigues-Mortes[14], ville de France, qui maintenant est éloignée de la mer de plusieurs lieues.

Habitat in domo Cæsaris, in rure amœno.

Domus et *rus*, suivis d'un génitif ou d'un adjectif, prennent la préposition : Il demeure dans la maison de César, dans une campagne agréable, *habitat in domo Cæsaris, in rure amœno.*

On dit aussi *domi meæ, tuæ, suæ, nostræ, vestræ, alienæ,*

EXERCICES ÉLÉMENTAIRES.

§ 237. Votre ami s'est rendu *dans la maison de votre père* pour vous voir ; mais vous étiez déjà parti pour la campagne.

J'irai, au commencement du printemps, *dans une campagne agréable,* et je ne reviendrai *chez moi* qu'à la fin de l'été.

Il s'est éloigné de *cette maison* qui lui a été si funeste.

Sortirez-vous aujourd'hui *de chez vous?*

Me conduirez-vous *à la campagne dont* vous m'avez parlé?

Jamais Agésilas ne fit entrer[1] *dans sa maison* les présents qu'il recevait.

NOTES DES EXERCICES.

§ 236. 1 Habito, as.—2 Aquæ, arum; Sextiæ, arum. —3 Provincia, æ. – 4 Non autem. - -5 Aquisgranum, i.

6 Sanctus, i; Emilianus, i.—7 Burdigala, æ.

8 Augusta, æ, Cæsarea, æ. —9 Augusta, æ; Emerita, æ.—10 Lusitania, æ.

11 Sancti Quintini Fanum, i.—12 Apud eam.

13 Augusta, æ; Suessonum.

14 Aquæ Mortuæ, Aquarum Mortuarum.

---

et *domum meam*, *tuam*, et l'on trouve assez souvert *domum* avec un génitif. Ex. : Il est venu, dit-on, dans la maison de Pomponius, *Pomponii domum venisse dicitur*. Tu es venu dans la maison de Roscius, *venisti domum Roscii*, etc. Cic. Cependant, il vaut mieux suivre la règle sanctionnée par l'usage.

NOTES DES EXERCICES.

§ 227. 1 Infero, intuli, *act.*

ADVERBES DE LIEU.

QUESTION *Ubi.*	QUESTION *Quò.*	QUESTION *Undè.*	QUESTION *Quà.*
Où, *ubi.*	Où, *quò.*	D'où, *undè.*	Par où, *quà.*
Ici où je suis, *hìc.*	Ici où je suis, *hùc.*	D'ici où je suis, *hinc.*	Par ici où je suis, *hàc.*
Là où tu es, *istìc.*	Là où tu es, *istùc.*	De là où tu es, *istinc.*	Par là où tu es, *istàc.*
Là où il est, *illìc.*	Là où il est, *illùc.*	De là où il est, *illinc.*	Par là où il est, *illàc.*
Là, y, *ibi.*	Là, y, *eò.*	De là, en, *indè.*	Par là, y, *eà.*
Ailleurs, *alibi.*	Ailleurs, *aliò.*	De quelque part, *alicundè.*	Par quelque endroit, *aliquà.*
Quelque part, *alicubi, uspiàm.*	Quelque part, *quopiàm.*	De quelque endroit que ce soit, *undècumque.*	
Partout où, en quelque lieu que ce soit, *ubicumque.*	Partout où, en quelque lieu que ce soit, *quòcumque.*		Par quelque endroit que ce soit, *quàcumque.*
Là même, *ibidem.*	Là même, *eòdem.*	Du même lieu, *indidem.*	Par le même lieu, *eàdem.*
Nulle part, *nusquàm.*	Nulle part, *nusquàm.*		
Dehors, *forìs.*	Dehors, *foràs.*		
Dedans, *intùs.*	Dedans, *intrò.*		

EXERCICES.

§ 238. Où êtes-vous?

Où allez-vous?

D'où venez-vous?

Par où passerez-vous?

Il était ici où je suis, là où tu es, là où est votre frère.

Il est venu ici où je suis, là où vous êtes, là où sont vos frères.

Il est parti d'ici où nous sommes, de là où tu es, de là où est votre frère.

Ils passeront par ici où nous sommes, par là où vous êtes, par là où est votre frère.

Je suis ici ; je vais là , j'y vais ; je viens de là , j'en viens ; je passerai par là , j'y passerai

Il est ailleurs.

Nous sommes allés ailleurs

Il est venu de quelque part

Il passera par quelque endroit.

J'ai vu quelque part.

Nous irons quelque part.

De quelque endroit que vous veniez.

Par quelque endroit que nous passions.

Partout où, en quelque lieu que je vous voie.

Partout où, en quelque lieu que vous vous rendiez.

Partout où vous passerez.

De quelque lieu que vous veniez.

Je l'ai trouvé là même.

Il vous conduira là même.

Il sont sortis du même lieu.

Ils s'en iront par le même lieu.

Je ne l'ai vu nulle part ; je ne l'ai conduit nulle part.

Il s'est arrêté dehors.

Il ira dehors.

Je les ai aperçus dedans.

Il s'est élancé dedans.

Supplément. (*Voir le* § 385, *Gramm.*)

QUESTION *ubi.*	QUESTION *quò.*	QUESTION *undè.*	QUESTION *quà.*
Utrobique.	Utrò.	Utrinque.	Quaquà. Eà.
	Utroque, utroquever-sus.		
Nullibi. Neutrubi *ou* Neutrobique.	Neutrò.	Aliundè.	
	Aliquò.		
	Quopiam (*sens négatif*).		
	Utrò citròque.		

Aliquoversùm. Aliorsùm. Introrsùm. Sursùm. Deorsùm.

EXERCICES.

§ 239. Quest. *Ubi.* — Il a été des deux côtés, dans les deux endroits.

Vous ne le trouverez nulle part, en aucun lieu.

Je ne le vois ni d'un côté ni d'un autre, ni en un lieu ni en un autre.

Quest. *Quò.* Duquel des deux côtés, vers lequel des deux côtés incline t-il?

Il incline des deux côtés.

Il n'incline ni d'un côté ni d'un autre.

Il l'a porté en quelque endroit, quelque part.

Je l'ai envoyé quelque part.

Ne l'avez-vous pas envoyé quelque part[1]?

Ils courent çà et là, de côté et d'autre.

Il se dirige [2] vers quelque endroit, ailleurs, dans l'intérieur; il court en haut, en bas.

Quest. *Undè.* Il nous a attaqués des deux côtés.

Nous venons d'ailleurs.

Quest. *Quà.* Par quelque endroit que vous passiez.

Il a passé par là.

EXERCICES GÉNÉRAUX.

SUR LES QUESTIONS DE LIEU.

§ 240. Vous étiez à Hambourg[1], ville célèbre d'Allemagne, lorsque je partis pour la ville de Berlin[2], où je me rendais[3] en sortant de Vienne[4], capitale de l'Autriche[5]; mais avant, j'avais passé par Francfort[6], ville située sur[7] le Mein[8].

Euclide[9] de Mégare[10] se rendait pendant la nuit de la ville de Mégare[11] à Athènes, pour assister pendant quelque temps aux leçons de Socrate[12], et à l'approche[13] du jour[14], il retournait dans sa patrie[15].

Démétrius de Phalère[16], banni injustement d'Athènes, se retira à Alexandrie, auprès (à la cour) du roi Ptolémée, qui le mit à la tête[17] de sa bibliothèque.

Pythagore[18] ayant appris[19] que Phérécide, qui avait été son[20] maître, était très-malade[21] dans l'île de Délos[22], fit aussitôt voile[23] de l'Italie pour cette île, et donna les plus grands soins[24] au vieillard.

NOTES DES EXERCICES.

§ 289. 1 Nonne quopiam, *etc.*

2 Tendo, is, *v. neut.*

NOTES DES EXERCICES.

§ 240. 1 Hamburgum, gi. — 2 Berolinum, i. — 3 Confero, fers. —
4 Vindobona, æ. — 5 Austria, æ. — 6 Francofurtum. — 7 Positus, a, um; ad. — 8 Mœnus, ni.

9 Euclides. — 10 Megarensis, e. — 11 Megara, æ. — 12 *Afin qu'il
entendît pendant quelque temps Socrate.* — 13 Sub. — 14 Lux,
cis. — 15 Domus, ûs.

16 Phalereus. — 17 Præficio, is, feci.

18 Pythagoras. — 19 Accipio, cepi. — 20 Pherecides, is ...; ejus. —
21 *Étre très-malade.* ægroto, as; graviter. — 22 Delos, li. —
23 Navigo, as. — 24 Fomentum, i, *neutre;* adhibeo, adhibes,
adhibui, adhibitum, *act.*; studiosè.

Sur les bords de [25] l'Hypanis, fleuve qui se jette dans le Pont-Euxin [26], naissent des insectes [27] qui ne vivent qu'un [28] jour.

Il y a deux chemins [29] pour les âmes [30], lorsqu'elles sortent [31] du corps, disait Socrate : les âmes souillées de vices entrent dans un chemin détourné [32], qui s'éloigne [33] de l'assemblée des dieux, tandis que les âmes [34] qui, dans les corps humains, ont mené un vie divine, ont [35] un accès facile vers les dieux.

Une femme qui plaidait [36] sa cause devant Philippe, que le vin faisait dormir [37], ayant été condamnée [38] injustement. s'écria qu'elle en appelait [39] de son [40] jugement : A qui en appelles-tu donc? dit le roi irrité.

J'en appelle, répondit l'accusée, de Philippe qui a bien bu [41] et qui dort [42] à Philippe à jeun et éveillé [43].

Le roi ne s'emporta pas contre [44] cette femme, mais il examina [45] sa [46] cause avec plus de soin [47], et rendit [48] une sentence plus juste [49].

§ 241. Je partirai d'Avignon pour Rome dans trois jours.

Socrate, le premier de tous, fit descendre [1] la Philosophie du ciel sur la terre, l'établit [2] dans les villes, et l'introduisit même [3] dans les maisons.

La fortune tourne [4] dans un cercle rapide [5]

Les abeilles se répandent de [6] leur ruche dans les prairies et dans la campagne [7].

La lune luit pendant la nuit, et envoie sur la terre la lumière qu'elle reçoit du soleil.

Timon, le misanthrope, parut [8] un jour dans l'assemblée publique à Athènes.

Étant monté à [9] la tribune [10], il prit la parole et dit [11] : Athéniens, j'ai un terrain [12] dans lequel a poussé [13] un figuier ; plusieurs citoyens se sont déjà pendus [14] à cet arbre.

Comme [15] je veux bâtir [16] sur mon terrain, j'ai voulu avertir ceux qui penseraient à se pendre [17], de [18] se hâter, avant que j'abatte [19] le figuier.

En nous faisant naître [20] de la même origine et pour [21] la même fin, Dieu nous a créés tous frères [22].

La propriété qu'[23]a l'aimant de se diriger [24] vers le nord n'a été connue [25] que [26] vers [27] la fin du quizième siècle.

25 Apud. — 26 Pontus, i. — 27 Quædam bestiola, æ, *f.* — 28 T. *qui vivent un seul.*

29 T. *deux chemins sont.* — 30 T. *des âmes.* — 31 Excedens, tis. — 32 Devius, a ; quoddam iter, *n.* — 33 T. *éloigné*, seclusus, a. — 34 T. *mais à celles*, iis verò. — 35 T. *est ouvert*, pateo, es, *v. n.*

36 Dico. — 37 Præ vinum, i ; dormitans. — 38 T. *lorsqu'elle eut été condamnée.* — 39 *Soi appeler*, provoco, as. — 40 Ejus.

41 Benè potus, a, um. — 42 Dormitans, tantis. — 43 Sobrius et vigilans.

44 Acerbiùs invehor, vectus sum ; in. — 45 Inspicio, inspexi. — 46 Ejus. — 47 Diligenter, tius. — 48 Fero, tuli. — 49 Æquus, æ.

§ 241. 1 T. *appela*, devoco, as. — 2 Colloco, as. — 3 Etiam.

4 Circumagor, gi. — 5 Orbis, *m.*, volubilis.

6 Evagor, aris. — 7 Campi, orum.

8 Prodeo, ii.

9 Cùm conscendissem, es. — 10 Suggestum, i. — 11 T. *il parla ainsi*, sic verba facio, feci. — 12 Area, æ, *f.* — 13 Cresco, crevi. — 14 Suspendo, is, di, *act.*

15 Cùm, *subj.* — 16 Ædes exstruere. — 17 De suspendio cogito, are. — 18 Ut, *subj.* — 19 Exscindo, is, ere.

20 Cùm gigno, genui, *act.* — 21 In. — 22 Consanguineus, i.

23 T. *cette force par laquelle.* — 24 T. *l'aimant se dirige*, vergo, is, *v. n.* — 25 Innotesco, tui, *v. neut.* — 26 *Ne... que*, non nisi. — 27 Sub.

. Arrivé[28] au pied des Alpes[29] qui séparent[30] l'Italie de la Gaule, Annibal s'ouvrit des chemins[31], et fit passer un éléphant, avec sa charge[32], là où[33] jusqu'alors[34] un homme seul et sans armes[35] pouvait à peine se glisser en rampant[36].

SYNTAXE DES ADVERBES.

Parùm vini, multùm aquæ, etc.

Les adverbes de quantité gouvernent le génitif. Ex. : Peu de vin,

EXERCICES.

§ 242. Trop souvent[1] la vérité a *peu de force*[2].

Il y a[3] *beaucoup*[4] *de sagesse* à s'exprimer brièvement[5].

La plupart des hommes ont *plus*[6] *d'esprit* que de *bon sens*[7].

Les grands hommes ont *moins*[8] *d'orgueil* que les hommes médiocres.

Il n'est personne qui n'ait[9] *assez de forces* pour[10] nuire.

Trop[11] *de fierté* nuit.

Qu'il y a[12] *d'erreurs* dans l'esprit des hommes!

Socrate avait[13] *autant*[14] *de modestie que*[15] *de science.*

Il y a[16] *bien assez*[17] *de gens*[18] qui n'ont *rien* à faire[19].

Les adverbes de lieu et de temps gouvernent aussi le génitif.

EXERCICES.

§ 243. En *quel lieu*[1] *du monde*[2] un traître est-il estimé? Nulle part.

L'affaire est toujours *au même*[3] *point*[4].

Où[5] *en*[6] suis-je?

Il me semble que vous savez[7] à *quel point*[8] *de folie* vous en êtes venu[9].

Les sots, dans la prospérité[10], en[11] viennent à *un tel point*[12] *d'arrogance*, qu'ils sont insupportables[13].

28 Posteaquàm venio, is. — 29 T. *aux Alpes.* — 30 Sejungo, is, *act.* — 31 Patefacio, feci, *act.;* loca, corum. — 32 T. *fit qu'un éléphant chargé pût aller,* effecitque ut, *subj.,* elephantus ornatus ire possem, es. — 33 T. *par où.* — 34 Anteà. — 35 Unus et inermis. — 36 T. *pouvait à peine ramper,* repere.

---

parùm vini. — Beaucoup d'eau, *multùm aquæ.* — Plus de force, *plus virium.* — Moins de vertu, *minùs virtutis.* — Assez de paroles, *satis verborum.* — Trop de piéges, *nimis insidiarum.*

NOTES DES EXERCICES.

§ 242. 1 Sæpius. — 2 Parùm vires, ium.

3 T. *il est,* inest. *Il y a, il y avait,* etc., se tournent par le verbe *être.* — 4 Multùm. — 5 T. *à un discours bref,* oratio, nis....

6 Plus. — 7 Sapientia, æ.

8 Minùs.

9 T. *à nul n'est,* nulli non est. — 10 Satis ; vires, ium ; ad.

11 Nimis.

12 Quantùm.

13 In Socrates, is ; insum. — 14 Tantùm. — 15 Quantùm.

16 Sum, es. — 17 Affatim. — 18 Homo, minis. — 19 T. *auxquels rien d'affaire est,* nihil, etc.

NOTES DES EXERCICES.

§ 243. 1 Ubinam. — 2 Gentes, ium.

3 Eòdem. — 4 Locus.

5 Quò. — 6 Locus, ci.

7 T. *vous paraissez savoir.* — 8 Quò. — 9 Progressus sim.

10 T. *les sots fortunés* insipiens, tis ; fortunatus, a, um. — 11 *Ne se rend pas.* — 12 Eò. — 13 Ut, *subj.* non ferendus sum.

En quelque endroit[14] *du monde*[15] que[14] soit le coupable[16], en *quelque endroit*[17] *du monde* qu'[17]il se transporte[18], sa conscience le[19] suit.

Adverbes de temps, etc. — (*Pridiè*, la veille, *postridiè*, le lendemain, gouvernent le génitif ou l'accusatif.) Voir la Gram., § 387.

EXERCICES.

§ 244. *La veille de la bataille* de Bouvines[1], Philippe-Auguste offrit. sa couronne à celui qui[2] en serait jugé plus digne que lui.

Le lendemain de votre arrivée, je partirai pour la campagne.

Vous êtes venu à Lyon le mois dernier[3], mais *à cette époque*[4] j'étais absent de cette ville.

Un homme *de cet âge*[5] était digne de respect.

Voici l'homme que vous attendez.

Voilà la récompense de[6] vos travaux.

Voyez ces citoyens armés, voilà les remparts[7] de la patrie.

Voici[8] *l'ennemi*, préparez-vous au combat.

Faites cela *à cause*[9] *de votre père.*

Platon seul[10] *vaut*[11] pour moi[12] *tous les autres*[13].

Il m'a écrit une lettre *aussi grosse qu'un*[14] *volume.*

Nous irons *au-devant*[15] *de vous.*

Cicéron *avait prévenu*[16] *les tentatives*[17] de Catilina.

Conjonctions. — Voir la Gramm., § 388.

EXERCICES.

§ 245. *Lorsque* les empereurs *mouraient*, le Sénat les mettait[1] au nombre[2] des dieux.

Ne[3] *nous inquiétons* pas[4] trop de l'avenir[5], *puisque*[6] nous ne *savons* pas *si*[7] nous *verrons*[8] le jour de demain[9].

14 Ubicumquè. — 15 Terra, æ, *ou* gens, tis. — 16 Homo scelestus. — 17 Quocumquè. — 18 Confero, feram, as. — 19 Suus, a; eum conscientia...

NOTES DES EXERCICES.

§ 244. 1 Boviniacus, a, um. — 2 Quicumque.

3 Superior, ris. — 4 Tùm tempus, poris.

5 Id ætas, tatis.

6 T. *cette récompense est de*, hæc sum, es; merces (sum *se place après* hic, hæc).

7 T. *ces remparts sont*, hic, hæc; sum, es; munimentum, *n.*

8 En *ou* ecce.

9 Ergò.

10 Plato unus. — 11 Instar sum, es. — 12 *A moi.* — 13 Cæteri, æ, a.

14 Instar.

15 Obviam.

16 Obviam ire, eo, ivi. — 17 Conatus, ûs, *m.*

NOTES DES EXERCICES.

§ 245. 1 Refero, fers. — 2 Inter.

3 Ne, *subj.* — 4 Anxius sum, es. Pas *ne se rend point.* — 5 Futurum, i. — 6 Cùm, *subj.* — 7 Utrùm, *subj.* — 8 T. *luira, se rend par le présent du subjonctif*, luceam, eas, *pour nous, dat.* — 9 Crastinus, a; dies.

Tandis que[10] l'armée d'Annibal *vivait* dans les délices[11] à Capoue[12], les Romains se préparaient[13] à renouveler[14] la guerre avec plus de vigueur[15].

Qu'[16]importe *que*[17] vous *soyez* riche *ou*[18] pauvre, *pourvu que*[19] votre condition vous *procure*[20] le bonheur?

Appliquez-vous[21] à l'étude, *jusqu'à ce que*[22] vous recueilliez les fruits de votre persévérance.

Si[23] les jeunes gens *suivaient*[24] les avis des vieillards, ils assureraient leur bonheur[25].

De là ce proverbe : *Si* jeunesse[26] *savait*, *si* vieillesse[27] *pouvait*[28].

Si Darius *avait cru*[29] Charidème, qui lui conseillait[30] d'[31]*employer*[32] l'or et l'argent dont brillait son[33] armée, à lever[34] des soldats aguerris, *peut-être n'aurait-il pas été*[25] vaincu par Alexandre.

Si vous vous *examinez*[36] avec soin[37], vous trouverez en vous-même[38] les défauts qui vous choquent[39] dans[40] les autres.

Si vous m'*attendez*, nous *partirons* ensemble[41].

Si nous *allons* en Italie, nous *passerons* par Lyon.

Pour être[42] heureux, il faut être[43] vertueux.

Ayez de l'indulgence pour les fautes d'un ami[44], *afin qu'*[45]*il soit indulgent* pour[46] les vôtres.

J'ai[47] tant d'affaires, *que* (pour *de sorte que*[48]) je ne puis venir.

Comme[49] la rouille ronge[50] le fer, de même[51] la paresse attaque[52] les facultés de l'esprit.

Dès qu'[53]Antoine vit fuir Cléopâtre[54], il cessa de combattre[55].

§ 246. *Quoique*[1] le méchant *soit* dans la prospérité[2], il n'est pas heureux.

Quoique[3] les Romains *aient* souvent *fait* la guerre aux Parthes, jamais ils n'ont pu les soumettre.

Puisque[4] la vertu seule *peut* nous rendre[5] heureux, pratiquons[6] la.

Alexandre se croyait invincible[7], *parce qu'il*[8] n'avait jamais été vaincu.

Supposez que, encore que, bien que[9] vous *ayez obligé*[10] un ingrat, vous ne devez pas vous repentir de vos bienfaits.

10 Dùm, *indic. ou subj.* — 11 Deliciæ, arum ; diffluo, is , ere ,
v. neut.— 12 Capua , æ.— 13 Accingo, is, ere , *act.* — 14 Red-
integro, as, are. — 15 Acriter, acriùs.

16 Quid. — 17 Utrùm, *subj.* — 18 An. — 19 Dùm , *subj.* — 20 Affero, fers.

21 Incumbo , is , *v. neut.* — 22 Dùm, *subj.*

23 Si, *subj.* — 24 Pareo , es , *v. n.* — 25 T. *ils prépareraient à
soi un bonheur certain.*

26 Juvenis. — 27 Senex. — 28 Valeo , ere.

29 Credo, didi, *dat.* — 30 Suadens, tis. *Lui ne se rend pas.* —
31 Ut, *subj.* — 32 Insumo, ere, *act.* — 33 Ejus. — 34 Conduco ,
cere, *act.* — 35 T. *je doute si,* dubito nùm , *subj.*, *il aurait été.*

36 T. *si vous aurez secoué vous-même*, excutio, cussi, ero. (Quand
le deuxième verbe après *si* est au futur, le premier se met aussi
au futur.) — 37 Diligenter. — 38 T. *dans votre sein*, in sinus,
ûs. — 39 Offendo , is , *act.* — 40 Apud.
41 Unà.

42 *Afin que tu sois*, ut. — 43 T. *sois.*
44 Ignosco , is , *dat. de la pers., acc. de la chose.* (*Pardonnez
à un ami ses fautes.*) — 45 Ut , *subj.* — 46 T. *il vous pardonne* ,
ignosco , is.
49 T. *je suis tiré par*, distringor, *ablat.* — 48 Ut , *subj.*

49 Ut , *indic.* — 50 Exedo, is, *act.* — 51 Ità. — 52 Afficio, is ,
act.

53 Ut , *indic.* — 54 Cleopatra , æ. — 55 Pugna , æ ; omitto, si , *act.*

§ 246. 1 Quanquam, etsi, tametsi, *indic.* — 2 *Se serve de la fortune prospère.*

3 Quamvis, licèt, etiamsi, *subj.*

4 Quandò, quandoquidem, *subj.* — 5 Facere *ou* præstare. —
6 Colo, is, *act.*

7 *Soi ne pouvoir être vaincu.* — 8 Quòd *indic. ou subj.*

9 Ut, *subj.* (*s.-ent.* fac). — 10 Officia confero, contuli ; in.

Tant que[11] vous *serez* heureux, vous compterez beaucoup d'amis.

Pour apprécier un homme, attendez *que*[12] le malheur l'*ait éprouvé*[13].

Les hommes accusent[14] la fortune, *comme si*[15] la fortune seule *était* cause[16] de leurs malheurs.

Socrate parla[17] à[18] ses juges *comme* s'[19]il eût été leur maître.

SYNTAXE DES NOMS DE NOMBRE.

Construction des nombres cardinaux et ordinaux.

Au-dessous de *vingt*, le plus petit nombre se place le premier sans la conjonction *et*, ou le dernier avec la conjonction. Ex.: *Tredecim* ou *decem et tres*.

Depuis *vingt* jusqu'à *cent*, le plus petit nombre se place le premier, en mettant une conjonction entre les deux nombres. Ex. : *Unus et viginti, duo et triginta*, etc. Si l'on ne met point de conjonction, on place le plus grand nombre le premier. Ex. : *Viginti unus, triginta duo*, etc. Au-dessus de *cent*, le plus grand nombre se place toujours le premier, soit qu'on emploie ou non la conjonction. Ex. : *Centum unus, centum et unus*, etc. Pour compter les mille, on suit la règle des nombres au-dessous de cent, *sex et viginti millia* ou *viginti sex millia*.

Pour les nombres *ordinaux*, on place (comme pour les cardinaux), jusqu'au *vingtième*, le plus grand nombre le premier avec la conjonction, ou le dernier sans conjonction. Ainsi on dira *decimus et tertius* ou *tertius decimus*, etc.

Au-dessus du *vingtième*, le plus petit nombre se place le premier avec la conjonction, ou le dernier sans la conjonction : *Quartus et vicesimus* ou *vicesimus quartus*.

Au-dessus du *centième*, on commence toujours par le nombre le plus grand. Ex. : *Centesimus quartus*.

On suit cette construction pour les nombres distributifs et pour les adverbes de nombre. Ex. : *Viceni singuli*, ou *singuli et viceni*, vingt et un pour chacun, *ou* vingt et un à la fois ; *vicies semel* ou *semel et vicies*, vingt et une fois, *etc.*

Mille.

Mille est indéclinable au singulier ; au pluriel, il se décline, *millia, ium, ibus*. Les milliers s'expriment par l'addition de *bis*, deux fois, *ter*, etc., devant *mille*, qui reste indéclinable, ou par *duo, tria, unum et viginti*, etc., suivis de *millia*, déclinable. — On dit

11 Donec, *indic.*

12 Homo, inis, ut rectè æstimo, as, exspecta dum *ou* donec, *subj.*
—13 Probo, as, *act.*

14 Incuso.—15 Quasi, ceu verò, tanquam, *subj.*—16 In causâ
esse, sum.

17 Verbo facio, feci.—18 Apud.—19 Perindè ac si, *subj.*

ındifféremment au singulier, *mille homines* ou *mille hominum.* Ex.:
Ibi occiditur mille hominum, c'est-à-dire *un millier* d'hommes,
ou *ibi occiduntur mille homines,* mille hommes y sont tués. —
Au pluriel, on dit plutôt *millia hominum.* Ex. : *Mardonium in
Græciâ reliquit cum trecentis millibus armatorum,* il laissa Mardonius dans la Grèce avec trois cent mille hommes. — Mais si *millia* est suivi d'un autre nom de nombre, il ne régit pas le génitif.
Ex. : *Habuit tria millia trecentos milites,* il avait trois mille trois
cents soldats. *Duo millia et viginti unum nummos insumpsit,*
il employa deux mille vingt et un écus. Remarquez dans cette
phrase *unum* suivi d'un nom pluriel (*nummos,* et non pas *num-
mum*).

Quand MILLE, en français, marque un nombre indéterminé, on l'exprime ordinairement par *sexcenti* ou bien par *permulti* : mille
dangers, *sexcenta, permulta pericula.* — Mille fois, *sexcenties ;*
je l'ai vu mille fois, *sexcenties eum vidi;* ou *sæpissimè,* etc.

Un million se dit *decies centena* ou *centum millia* (dix fois cent
mille) ou *decies* seul avec l'ellipse de *centena millia,* surtout
devant *sestertiûm,* exprimé par le signe HS. Deux millions, *vicies
centena millia* (c'est-à-dire vingt fois cent mille); trois millions, *tricies.....;* huit millions, *octogies.....;* dix millions,
centies.....; cent millions, *millies.....;* deux cent millions, *bis millies.....* — Un milliard, *millies mille millia,* mille fois mille milliers.

Soixante-dix, quatre-vingt-dix.

Soixante-dix, quatre-vingt-dix doivent toujours se traduire
comme s'il y avait *septante, nonante.* Ex. : Soixante-quatorze
lieues, *quatuor et septuaginta leucæ;* quatre-vingt-dix-huit, *octo
et nonaginta,* etc.

Nombres ordinaux.

Un, deux, trois, etc., énonçant, non le nombre, mais l'ordre et le rang, se traduisent par *primus, secundus, tertius,* etc.
Ex. : L'an dix-sept cent soixante-seize, l'hiver fut très-rigoureux,

anno millesimo septingentesimo septuagesimo sexto, hiems fuit acerrima. Remarquez qu'en latin on ne dit pas *onze cents*, *douze cents*, *dix-sept cents*, mais *mille cent*, *mille deux cents*, *mille sept cents*, etc.

Le deux, le trois juillet, je rencontrai, etc., *die secundo, tertio mensis Julii, mihi occurrit*, etc. (Voyez question *quandò.*) L'an 5000 de la création, *anno ab orbe condito quinquies mille-simo*, cinq fois millième.

EXERCICES.

§ 247. *Cinq mille trois cents soixante* Lacédémoniens périrent[1] dans la bataille que le roi Agis livra à[2] Antipa-ter[3], tandis que[4] les Macédoniens ne perdirent pas plus de *trois cents hommes.*

Quarante mille fantassins, *deux mille sept cents* cava-liers, les *deux* questeurs des consuls, *vingt et un tribuns* des soldats, *quatre-vingts* sénateurs, furent tués à la bataille de Cannes.

Trois mille fantassins et *trois cents* cavaliers furent faits prisonniers.

Xerxès, roi de Perse, s'arrêta[5] sur le haut[6] d'une mon-tagne, pour[7] considérer[8] son armée composée[9] d'*un million*[10] d'hommes.

Le Gange[11], un des grands fleuves de l'Asie, se jette dans la mer, après avoir parcouru[12] plus de[13] *dix-huit cents*[14] milles[15].

L'an 1811[16] fut remarquable[17] par[18] la comète qui pa-rut[19] alors.

Le plus heureux des hommes est exposé à *mille*[20] revers[21].

§ 248. On compte en France *quatre cents* villes, *qua-rante-trois mille* bourgs et villages, et *quatre mille trois cent quatre-vingts* rivières.

Annibal campa[1] à *trois* milles[2] de Rome.

Les jeux olympiques se célébraient tous *les cinquante* mois[3], durant cinq jours.

Il vient me voir *tous*[4] les ans, le 21 juin.

L'an *deux mil*[5] *cent* avant J.-C., Bélus fonda l'empire des Assyriens.

Ce jeune homme, qui avait donné[6] de si belles[7] espéran-ces, est mort *à l'âge de 21 ans.*

NOTES DES EXERCICES.

§ 247. 1 Cado, cecidi. — 2 Committo, misi, cum. — 3 Antipater, tri. — 4 Verò, *se met après un mot.*

5 Consisto, stiti. — 6 Jugum, gi. — 7 Undè. — 8 *Il considérât*, prospecto, as. — 9 Conflatus, a, um. — 10 Decies centenus, a, um ; mille, millia, ium.

11 Ganges, is, *m.* — 12 Emensus, a, um. — 13 Ampliùs. — 14 T. *mille huit cents.* — 15 Milliarium, ii, *neut.*

16 T. *millième huit-centième onzième.* — 17 Insignis. — 18 *Par le lever de*, ortus, ûs. — 19 Prodeo, is, ii.

20 Sexcenti, æ, a. — 21 Res adversæ.

§ 248. 1 Castra pono, sui. — 2 *A la* 3ᵉ *borne*, lapis, idis, *m.*
3 T. *chaque* 50ᵉ *mois.*

4 Singuli, orum.
5 *Deux fois millième*, bis, etc.

6 Concito, avi, *act.*, de se. (T. *qui avait excité de soi.*) — 7 Tam egregius, egia.

Ce vieillard est mort *à l'âge de* 91 *ans.*

L'an 3769 avant J.-C., Énos, fils de Seth [8], établit les premières cérémonies du culte que [9] les premiers hommes rendirent à [10] l'Être [11] suprême.

L'Angleterre a [12] *dix millions* [13] d'habitans ; la France en a *trente-deux* [14] *millions*, et la Russie *quarante-deux* [15].

La dette publique [16] de l'Angleterre [17] s'élève à [18] 20 *milliards* [19] de francs [20].

Unus, Ambo, Duo, et nombres distributifs.

Le pluriel de *unus* ne se construit qu'avec des noms qui n'ont pas de singulier : *una castra,* un seul camp ; *unæ litteræ,* une seule lettre (missive).

Ambo signifie *les deux, deux à la fois,* et se décline comme *duo.*

On dit indifféremment *viceni quaterni, quaterni et viceni,* etc. Les nombres distributifs ne s'emploient qu'au pluriel, et ils ont les trois genres ; ils font le génitif en *ûm.*

Il ne faut pas confondre les nombres distributifs avec les nombres cardinaux. Les exemples suivans feront connaître la différence qu'il y a dans l'emploi de ces noms.

Scipio et Annibal, cum singulis interpretibus, congressi sunt, Scipion et Annibal vinrent à la conférence, chacun avec un interprète.

Legavit Augustus prætorianis militibus singula millia num-

EXERCICES ÉLÉMENTAIRES.

§ 249. Les *deux* [1] armées sont maintenant renfermées dans *un seul* [2] camp.

Les *deux* généraux sont venus à la conférence [3], chacun [4] avec *un* [5] officier [6].

L'ennemi a levé [7] *deux* armées, mais *ces deux* armées ont été défaites dans la même bataille [8].

Nous avons acheté *deux* [9] maisons [10].

Nous avons visité *deux* temples [11].

Vous avez reçu *deux* lettres de moi.

Il manque *deux* lettres à ce mot [12].

8 *Indéclin.*—9 *Par lequel.*—10 T. *honorèrent*, veneror, atus sum, *accus.*—11 Numen, *neut.*

12 In Angliâ versantur.—13 *Cent fois cent mille*, centies centena millia.—14 *Trois cent vingt fois cent mille*, trecenties et vicies, *etc.*—15 *Quatre cent vingt fois cent mille*, quadringenties et vicies.

16 Publicum æs alienum.—17 Apud Angli, orum.—18 Abeo, is, ad.—19 *Vingt mille fois mille milliers*, vicies millies mille millia.—20 Libra francica, æ.

---

mûm, Auguste légua à chaque soldat prétorien mille sesterces : *mille nummos* signifierait mille écus entre tous les prétoriens. *Dentes triceni bini viris attribuuntur*, chaque homme a trente-deux dents : *triginta duo* signifierait trente-deux dents pour tous les hommes.

Ces noms distributifs doivent aussi se construire avec les substantifs qui n'ont point de singulier, ou dont le singulier n'a pas le même sens que le pluriel. *Bina castra* signifie deux camps ; *binæ ædes*, deux maisons. *Duo castra* signifierait deux châteaux ; *duæ ædes* signifierait deux temples. *Binæ litteræ*, deux lettres ; *duæ litteræ* signifierait deux caractères de l'alphabet.

Ne confondez pas *trini quadrini*, etc., avec *terni quaterni*, etc. *Trini* signifie *triple*. Ex. : *Trinis hibernis hiemare*, prendre ses quartiers d'hiver en trois endroits.—*Terni* signifie *trois pour chacun*, trois de chaque côté, trois à trois.

La même différence existe entre *uni*, *æ*, *a*, un, une, et *singuli*, *æ*, *a*, un pour chacun.

NOTES DES EXERCICES.

§ 249. 1 Ambo.—2 Unus, a, um.

3 Congredior, gressus sum.—4 *Ne se rend pas.*—5 Singuli orum.—6 Præfectus, i.

7 Conscribo, psi, *act.*—8 Unum et idem prælium.

9 Bini, æ, a.—10 Ædes, dium.

11 Ædes sacræ.

12 T. *ce mot est tronqué de deux lettres*, truncatus, a, um ; est, *avec l'ablat.*

15.

Le roi a donné *cent* [13] francs *à chaque* [14] soldat et *mille* [15] francs *à chaque* [14] officier.

L'ennemi a élevé des retranchemens en *trois* [16] endroits [17].

Le général a donné *à chaque* soldat *trois* [18] prisonniers.

Au signal donné, *les trois* [19] guerriers, de *chaque côté* [20], en viennent aux mains [21].

Les aigles pondent *trois* [22] œufs et font éclore *deux* petits [23].

A Lacédémone, dans les repas publics, il y avait *quinze* convives [24] *à chaque* [25] table.

Parties aliquotes; le tiers, le quart, *etc.* — Adjectifs en *arius.* —Nombres multiples en *plex.* —Adverbes terminés en *ùm* ou *ò.* —Substantifs et adjectifs formés des noms de nombre avec des

---

EXERCICES ÉLÉMENTAIRES.

§ 250. Il a reçu la *moitié*, le *quart*, le *tiers*, le *cinquième*, le *sixième* [1], etc., de cette somme.

Les *deux tiers*, les *trois quarts* [2], les *quatre cinquièmes* [3], les *cinq sixièmes* [4] de l'héritage vous appartiennent.

Il vous revient le *tiers d'un septième* [5], et non [6] *un tiers et un septième* [7].

J'ai vu un vieillard *de quatre-vingts* [1] *ans.*

J'ai reçu une pièce [2] *de dix as* [3].

C' [4]est un homme *de 40 ans* [5], *de 50 ans,* de 60 *ans,* etc.

Deux causes m'ont fait venir [1].

L'Océan sépare [2] les nations [3] par *trois* [4] bassins [5].

N. B. Consultez la Gramm. et les dictionnaires sur l'emploi de ces adjectifs, qui ne sont pas tous usités.

1° Marius consul *pour la sixième fois* [1].

Je viens *pour la dixième fois* [2], etc.

2° Je ne l'ai pas vu *de ces deux, trois, quatre ans* [1], etc., de ces *deux, trois jours* [2].

13 Centenus, a, um. — 14 Singuli, æ. — 15 Singuli, æ, a; millia, millium.

16 Trini, æ, a. — 17 Loca, orum.

18 Terni, æ, a.

19 Terni, æ, a. — 20 *Ne se rend pas.* — 21 Concurro, is, *v. neut.*

22 Pario, is, *v. act.;* terni, æ, a. — 23 Excludo, is, *v. act.;* bini, æ; pulli, *m.*

24 T. *quinze convives étaient placés*, quindeni conviva, æ, *m.;* accumbo, is, *v. n.* — 25 Singuli, æ.

---

substantifs, comme *biennium*, *biennis*, et *binus*, *a*, *um*, *biduum*. Voir la Gramm. lat., § 398 et 399.

NOTES DES EXERCICES.

§ 250. 1 Dimidia, tertia, quarta, quinta, sexta, *etc.*, pars, tis, *f.*

2 Duæ, tres partes. — 3 Quatuor quintæ. — 4 Quinque sextæ.

5 Tertia septima. — 6 Non autem. — 7 Tertia et septima.

1 Octogenarius, a, um.

2 Nummus, i. — 3 Denarius, ii.

4 Hic. — 5 Quadragenarius.

1 T. *la cause a été double* (duplex) *pourquoi* (cur) *je sois venu.*

2 Scindo, is, *act.* — 3 Gentium continuatio, nis, *f.* — 4 Triplex, icis. — 5 Sinus, *au sing.*

1° 1 Sextùm.

2 Decimùm.

2° 1 Hoc totum biennum, ii; triennium, quadriennium, ii, *etc.* — 2 Biduum, ui; triduum, *etc.*

3° Un arbre *de deux ans*, *de trois ans*[1].

Un enfant *de deux, trois, quatre ans*[2].

Vin *de deux feuilles* (*de deux ans*).

4° *Soldats de la vingtième légion*[1], *de la dixième*[2], *de la treizième*[3].

5° *Du troisième ordre, de la troisième classe*[1].

La fièvre *tierce*[1].

De la quatrième classe[2], etc.

Voir les Dictionnaires.

EXERCICES GÉNÉRAUX.

§ 251. L'année 1572 est célèbre[1] par le massacre de la Saint-Barthélemy[2].

Ptolémée, roi d'Égypte, ayant prié[3] Éléazar[4], grand-prêtre[5] des Juifs, de lui envoyer[6] les livres sacrés, et[7] des hommes habiles[8] qui les traduisissent[9] de l'hébreu[10] en grec, Éléazar choisit dans[11] *chaque* tribu, et envoya au roi *six* vieillards[12] très-habiles dans les *deux*[13] langues, qui firent[14] cette célèbre[15] traduction[16] des livres sacrés, qu'on appelle[17] la version[18] des Septante[19].

Octavie ayant entendu[20] Virgile lire[21], en l'honneur de son fils, les vers qui commencent ainsi[22] : *Tu Marcellus eris*, etc., se trouva mal[23], et[24] lorsqu'elle eut repris ses sens[25], elle fit[26] donner[27] à Virgile *dix*[28] (mille) sesterces[29] pour *chaque* vers.

Un seul quartier d'hiver[30] amollit[31] Annibal.

Lorsque Curius eut chassé Pyrrhus de l'Italie, le Sénat donna aux citoyens *sept* arpens du territoire conquis[32] sur[33] l'ennemi, et en assigna *cinquante* à Curius; mais celui-ci refusa[34] de recevoir plus qu'on n'avait donné à *chaque* plébéien[35], pensant[36] qu'un citoyen[37] qui ne se contenterait pas de[38] *sept* arpens était un fléau pour[39] la république.

Tel était le mérite, tel était l'air majestueux des généraux d'Alexandre[40], qu'[41]on les prenait pour[42] *autant de*[43] rois (que *chacun d'eux* paraissait être *un* roi).

Rarement *un* loup attaque *seul*[44] une bergerie, mais ordinairement[45] *deux* se réunissent pour cela[46].

3° 1 Biennis, triennis.

2 Bimus, trimus, quadrimus.

4° 1 Vicesimani. — 2 Decumani. — 3 Tertia decimani.

5° 1 Tertianus, a, um.

2 Quartanus.

NOTES DES EXERCICES.

§ 251. 1 Insignis. — 2 T. *le massacre étant fait*, editus, a, um, *le jour consacré à saint…* Bartholomæus.

3 Cùm rogavissem, es. — 4 Eleazarus, i. — 5 Summus pontifex, ficis. — 6 *Afin qu'il envoyât à soi.* — 7 T. *avec.* — 8 Idoneus, a, um. — 9 Verto, is, ere. — 10 Hebræa lingua. — 11 T. *par le participe : envoya six vieillards choisis de*, etc., selectus, a, um ; è. — 12 Vir senior. — 13 Uterque, traque. — 14 *Par lesquels fut faite.* — 15 Celeberrimus, a ; ille, illa. — 16 Interpretatio, f. — 17 T. *qui est appelée.* — 18 *Ne se rend pas.* — 19 *Ajoutez* interpretum.

20 Cùm audivissem. — 21 Recito, as, are. — 22 T. *ces vers sur son fils*, illos de filio versus. — 23 Deliquium animi patior, passus, a, sum. — 24 Deindè. — 25 Receptus animus, *abl. abs. au sing.* — 26 Jubeo, ssi. — 27 *Être donnés.* — 28 Denus, a, um. Mille *ne se rend pas.* — 29 Sestertia, ûm, *pl. n.*

30 *Quartier d'hiver*, hiberna, orum, *pl. n.* — 31 Solvo, is, vi, uct.

32 Ager, agri ; captus, a. — 33 Ex. — 34 Nolo, nolui. — 35 T. *qu'il n'avait été donné*, datus, a, um ; fueram ; singuli, æ ; e plebs, bis. — 36 Existimo, as. — 37 *Ce citoyen*, acc. — 38 T. *auquel ne seraient pas assez.* — 39 *Être pernicieux à.*

40 T. *les généraux d'Alexandre étaient de cette vertu et de cette vénération.* — 41 Ut, *subj.* — 42 *Tu penserais*, puto, are. — 43 Singuli, æ, a.

44 Unus. — 45 Plerumquè. — 46 Ad hoc.

Tous les oiseaux ont [47] *deux* ailes à l'aide [48] desquelles tous, à l'exception de l'autruche [49], peuvent voler.

Les rossignols pondent, au commencement [50] du printemps, *six* œufs au plus [51].

Les tortues pondent jusqu'à *cent* œufs [52], semblables à ceux [53] des oiseaux.

Elles les enterrent [54] hors de l'eau, et la chaleur du soleil les fait éclore [55].

Les coqs chantent à *trois heures différentes* [56] dans la journée [57].

Dans les premiers temps de la république, on s'occupait des affaires de la ville [58] *tous les neuf jours;* les autres jours étaient consacrés aux travaux de la campagne.

FIN DE LA DEUXIÈME PARTIE.

47 Sum, es. — 48 Remigium, ii. — 49 Struthiocamelus, i.

50 Primus, a, um. — 51 Quùm plurimùm.

52 T. *des œufs jusqu'à*, ad, *cent par le nombre.* — 53 *Aux œufs.*

54 *Qui enterrés*, defossus, a, um. — 55 *Et animés par...* animatus, ta, *éclosent*, excludor, eris.

56 T. *distinguent, par le chant, trois heures dans...* distinguo, is, *act....* — 57 Interdiù.

58 T. *les affaires urbaines étaient traitées,* res urbanæ; agor, ageris.

FIN DE LA DEUXIÈME PARTIE.